U0926277

与大师同行

经济思想史公开课

赵 峰◎著

Walking with Masters

Lectures on the History of Economic Thoughts

中国人民大学出版社
·北京·

目　录

“俗人”色诺芬

《荀子》说：“不学问，无正义，以富利为隆，是俗人者也”。说古希腊思想家色诺芬（Xenophon，公元前430—公元前355年）是个“俗人”，显然不是说他不学无术或者鸡鸣狗盗，而是说他是一个热衷于物质利益的世俗之人。在对待世俗经济方面，苏格拉底（Socrates，公元前469—公元前399年）最著名的两个学生色诺芬和柏拉图（Plato，公元前427—公元前347年）是两个极端。理想主义的柏拉图总是给人伟岸端庄、儒雅高洁的印象，而现实主义的色诺芬则显得利欲熏心、俗不可耐。

色诺芬作为一个“俗人”之“俗”，一是表现在其行为中，二是反映在其著作中。公元前401年，波斯王子小居鲁士与其叔为争夺王位开战，色诺芬加入了小居鲁士的雇佣兵，前往波斯参战。同样是参战，参加雇佣兵与参加卫国战争显然不同。苏格拉底曾经率领色诺芬和柏拉图参加过雅典与斯巴达之间的伯罗奔尼撒战争，参加卫国战争，是光荣而正义的。而色诺芬参加雇佣兵，很大程度上是出于金钱利益的考虑，这不仅与正义无关，也与苏格拉底一贯教导的处世原则相悖。苏格拉底并不支持色诺芬参加雇佣军，但色诺芬还是我行我素。这次参战以失败告终。色诺芬率领落败的部队回到雅典的时候，苏格拉底已经被雅典国民议会以“不信神”和“蛊惑青年”的罪名判处了死刑。因为色诺芬助战的一方曾经是雅典的敌人，加上担心色诺芬可能因为他老师的冤死采取行动，雅典国民议会决定将其放逐。色诺芬逃到斯巴达，从此不再参战也不从政，一心经营自己的庄园。后来他将自己经营庄园的心得写成了《经济论》一书。《经济论》采取对话体的形式阐释色诺芬的经济及管理思想，对话的主角是苏格拉底。在这部著作中，苏格拉底不再是柏拉图笔下那个道骨仙风的哲学家，而是一个现实得有些猥琐的庄园主和守财奴。总在喋喋不休地吹嘘积累财富和管理家产的技能和策略——尽管自己贫穷到了衣不蔽体的地步——从播种、田间管理、收割到储藏，从家具使用到孩子教育再到奴仆的指挥，苏格拉底俨然一位现代理财顾问。

色诺芬关于苏格拉底更加生动而丰富的言行描述集中体现在《回忆苏格拉底》中。在这本书里，色诺芬针对雅典国民议会对苏格拉底的审判进行了辩护，并全面阐述了苏格拉底的哲学思考。这部著作对苏格拉底言行的记述和个性的刻画，与柏拉图有着很大的不同。柏拉图笔下的苏格拉底是一个纯粹的哲学家，他负有将雅典人从庸碌的世俗生活中拯救出来的使命；他像牛虻一样不断叮咬雅典这匹肥马，力图使其保持振作。他希望雅典人不要沉迷于世俗的享乐之中，而是将更多的精力投入到灵魂的拯救和精神的提振上来；他所向往的有价值的生活，是一种与现实保持距离，对物质欲望保持克制的生活。色诺芬《回忆苏格拉底》中的苏格拉底，虽然还是一个哲学家，还在宣扬自制、德行、正义等等价值，但宣扬这些东西似乎不是因为这些东西本身有价值，值得追求，而仅仅是因为这些东西有助于达成某种目的，而这种目的往往和经济利益的实现有关。在色诺芬笔下，作为哲学家的苏格拉底具有明显的入世特点，他的使命不是将人们从世俗生活中拯救出来，而是推动人们积极参与世俗生活。

比如，谈及人与人的关系，色诺芬笔下的苏格拉底说："如果你通过为人服务，就会发现谁肯为你服务；通过你施惠于人，就会发现谁肯施惠于你。"① 虽然商品经济尚不发达，但色诺芬实际上已经将人与人之间的关系理解为商品交换关系。他甚至将利益关系扩展到一切人际关系包括伦理关系中。在他看来，人们是否服从传统的伦理，不是取决于伦理价值本身，而是取决于其经济效用。苏格拉底的儿子对母亲心怀怨恨，因为他的母亲不讲道理，脾气很坏。在柏拉图的笔下，苏格拉底强调孝顺父母是子女的本分，但在色

① 色诺芬：《回忆苏格拉底》，31页，北京，商务印书馆，1984。

诺芬的笔下，强调的是不孝敬可能会损害子女的切身利益，比如按照雅典的有关法规，不孝敬父母的人不能担任城邦的领导，还要被调查并被重罚。在《回忆苏格拉底》中，色诺芬用很多篇幅介绍了苏格拉底关于交朋友的观念。苏格拉底提出，作为朋友，应该具备正直、勇敢、坚毅、自制、智慧等素质，原因不在于这些东西是一个雅典的正直公民应该具备的素质，而是因为朋友应该比自己具有更高的道德素质，这样才有利于自己的提高。苏格拉底还强调对朋友表现友谊应该寻找合适的机会，那就是在朋友陷入困境的时候。为了解释这个问题，苏格拉底用了一个庸俗的比喻：“当有市价的东西最贱的时候就是买进的最好时刻。”①

色诺芬笔下苏格拉底的世俗形象，在他与赛阿达泰的交谈中表现得淋漓尽致。赛阿达泰是雅典一名绝色的妓女，苏格拉底一再听说她的美貌，决定前往一睹芳容。在与赛阿达泰的交流中，苏格拉底首先肯定赛阿达泰以自己的身体作为产业谋取生活来源并过上富裕生活的正当性，在他的观念里，利用身体致富同依靠家族财产没有什么不同；接着，苏格拉底以一个“专家”的身份，与赛阿达泰探讨了利用身体资源获取财富的技巧问题。苏格拉底告诫赛阿达泰：“首先你只能要求那些求爱的人做他们极不费力就可以做到的事情，然后你还要继续慷慨地还报他们，这样他们就会向你由衷地表示真诚，长久地爱你，并尽量地善待你。但如果你等他们向你提出要求的时候才把你的爱情给予他们，他们对你的感激心情就会最大。因为你看，即使是最美味的食物，如果是在人还不想吃的时候就给他摆上，也会觉得没有滋味；如果是在他吃饱的时候给他摆上，甚至还会令他讨厌，但如果是在人们饥饿的时候给人们什么，那末，即使是比较粗粝的食物，也会觉得很可口。”② 在向赛阿达泰传授调情谋财之术时，苏格拉底不仅表现得像某些现代“经济学家”对待权力和金钱时那样敏感和殷勤，其理由也有现代经济学的某种意味。“对于那些已经感到满足的人，就不要再把你的爱情给他们，也不要使他们想起这件事来，直到他们满足的心情已经消逝，再度感到有需要的时候，你就以

① 色诺芬：《回忆苏格拉底》，83页。

② 同上书，128页。

非常正经的谈吐和半推半就的姿态对付他们，使他们如饥如渴的心情达于顶点，因为在这样一个时刻，同样的赐予比在人们还没有感到那么迫切需要的时候给他要强得多了。”[①] 苏格拉底的谆谆告诫显示，他似乎领会到了两千多年之后的“戈森第一定律”：边际效用与满足程度成反比。在柏拉图的笔下，苏格拉底尽管不排斥女色，甚至也不排斥男色，但还不至于对于调情之术如此津津乐道、对谋财之道如此孜孜以求。苏格拉底对于君子的德行有着较高的要求，而且坚持身体力行；在他看来，一个不能控制自己欲望的人是一个懦弱的人，是一个对城邦有害无益的人，是一个人生历程中注定失败的人。所以，对性采取如此宽容态度的也许不是苏格拉底，而是色诺芬。

在经济思想史上，色诺芬第一个提出“经济”的概念，确定了以人们世俗的物质福利为对象的经济学研究的起点。经济学本身就是一门关于世俗生活的学问，“俗人”色诺芬热衷于这样的学问情有可原。也只有色诺芬这样的“俗人”而不是柏拉图那样的贤人才擅长研究这样的学问。

---

① 色诺芬：《回忆苏格拉底》，129 页。

柏拉图：欲望、分工与城市

柏拉图的《理想国》中，苏格拉底与弟子及朋友们讨论正义问题。问题起源于对城市败坏的原因分析。苏格拉底认为，雅典之所以败坏，是由于正义的丧失。苏格拉底区分了城市的正义和个人的正义，他认为城市的正义就是每个人按照天分在城市中做好一件适合自己的工作。在得出这个结论之前，苏格拉底与色拉叙马霍斯之间有过一场关于正义与非正义的精彩争论，我们可以第一次看到苏格拉底在辩论中处于下风。色拉叙马霍斯认为所谓正义在现实生活中就是"强者的利益"，他的例证具有强大的说服力，显示出柏拉图对时局的深刻忧虑。

柏拉图借苏格拉底之口所说的城市的正义，其实就是基于人的天分的社会分工，这也是他的"理想国"的构建原则。在他看来，上天在创造不同的人的时候混合了不同的金属，从而使人具有了不同的品性和天分，适合不同的职业。每个人都按照自己的天分在城市中寻找并尽力完成一项工作，城市的运转就会井然有序，城市的正义就在这个过程中实现了。这个观念有点后来的新教改革中的"天职"的意味。

苏格拉底说，分工的产生，同时还是适应人的需要或者欲望的过程。人有不同的需要，就要求有不同的行业或者产品来满足。比如，人需要食物，就要求有人从事农业；人需要衣服，就需要裁缝；因为大家要有房子住，所以需要工匠。这样，如果人们只有三种需要，就要求有三种职业。进一步，每个人都需要多种物品，而在分工背景下，每个人至多只生产一种商品；解决矛盾的方式就是交换。再进一步，为了使交换变得更加方便易行，就需要参与分工的各行各业集中居住，这样就出现了城市。这就是柏拉图或者苏格拉底从需要、分工及交换关系出发对城市产生的解释。这种解释中实际上有“交易费用”的观念，当然他还不可能有这一概念。

苏格拉底说到这里的时候，引来了柏拉图同父异母兄弟格劳孔的嘲笑——“苏格拉底，你所说的城市是一个猪的城市。”苏格拉底告诫格劳孔不要着急，接着娓娓道来人的欲望扩张与社会分工相互推动从而推动城市扩张及其性质变化的思想。在这里先解释一对概念：需要和欲望。在古希腊的观念里，需要和欲望是有区别的。需要具有自然的性质，而欲望具有超越自然的性质。衣服自然的功用是用来保暖的，穿得暖一些、体面一些都是需要。而过分讲究穿着，为了炫耀甚至其他变态的心理，那就是欲望。需要总是有限的，而欲望则是无限的。苏格拉底接着说，当人们的基本需要得到满足之后，为了使生活变得舒服一些，使生活质量提高一点，会有一些新的行业被引进，比如医生、厨师。这时的分工还是在满足人的基本需要，这时扩大并发展的城市是繁华的城市，还是健康的城市。

基本需要得到满足之后，欲望还在不断发展。适应人的欲望的发展，分工会进一步深化和细化，会有一些新的行业产生，比如诗人、舞者、乐师、妓女……城市的规模因为分工的深化和细化而扩张，分工也因为城市的扩张而不断深化和细化。进一步，在这种欲望扩张和分工深化的背景下，城市的性质也发生了变化。城市日益失去和谐与平衡，日益变得盲目和狂躁，成为“发高烧的城市”。再进一步，由于人的欲望在无限扩张，当城市的资源不能满足人们的欲望时，对外战争就不可避免地到来了。

在柏拉图的观念里，分工和城市的产生是适应人的需要或者欲望发展的结果。人的需要或者欲望的扩张，推动着分工的深化和城市发展，反过来，城市的扩张又进一步适应和推动着需要或欲望的发展。在之后的文化观念中，城市逐渐成为欲望和欲望满足及扩张的代名词。这一观念在《旧约·创世纪》中有着生动的描绘。

犹太人的先祖亚伯拉罕世世代代生活在一个叫做乌尔的地方，他们是游牧民族，靠放牧牛羊为生。一天，亚伯拉罕听到上帝的呼唤，要他离开乌尔；

上帝许诺他成为一个大国的君主，那里牛奶和蜂蜜像泉水一样流淌，他的子孙将像沙滩上的沙子一样多。只有侄子罗得愿意跟随，其他人都以为亚伯拉罕疯了。

他们一路放牧着牛羊，向着上帝许诺的迦南而去。牛群和羊群在不断增加。到了埃及的大草原，两家的仆人经常为争夺草场和水源而争吵甚至打架。于是亚伯拉罕决定和罗得分开。他们对草原进行了产权分割。划定边界之后，罗得选择靠近所多玛城的那片草场。之后，罗得慢慢移居到了所多玛。

所多玛和蛾摩拉是两座邪恶之城，那里的人集中了人类可能有的所有邪恶。上帝决定要毁灭所多玛，要将邪恶从世界上铲除。自从大洪水以来，这是上帝第一次决定对人类进行惩罚。大洪水之后，上帝立约不再对人类实施全面惩罚，这一次他决定毁灭所多玛和蛾摩拉，只是对人类中最邪恶的那一群人进行惩罚。

途中上帝和他的使者来到了亚伯拉罕的门前。亚伯拉罕是那样一个大义之人，他奉献出珍贵的清水给他们洗脚，又宰杀羊羔给他们充饥。上帝喜爱并宠爱亚伯拉罕，他许诺给亚伯拉罕一个儿子。离开的时候，上帝把毁灭所多玛和蛾摩拉的信息告诉了他。亚伯拉罕提出反对意见。他说所多玛城有很多恶人，但也有义人。如果毁城，意味着义人和恶人一样被毁。他想到的是他的侄子罗得。他央求上帝撤回决定。上帝说，如果所多玛城里有五十个义人，他将撤回决定；亚伯拉罕跟上帝讨价还价，如果只有四十个义人呢？上帝同意了。亚伯拉罕得寸进尺，如果只有三十个义人呢？上帝也同意了。如果只有二十个义人呢？上帝也同意了。如果只有十个义人呢？上帝同意了，但不能再少了。

上帝的使者进入所多玛城考察。所多玛果然是个邪恶到极点的城市。看到有外乡人进城，就有成群结队的流氓围着他们要行不义之事。罗得央求他们放手，说愿意将自己的女儿献给他们，但不要伤害外乡人。当晚，上帝的使者就住在罗得家里。所多玛城的义人仅有罗得一家，夫妇二人，女儿二人，女婿二人，果然不足十人。凌晨，上帝的使者将上帝的计划告知罗得一家，要他们离开所多玛，并告诫他们在上帝毁城之际，不能回头看。当罗得一家离开所多玛之后，上帝就将硫磺和火投向城里，顿时火光冲天。罗得的妻子因为好奇，回头一看，立刻变成盐柱。

《圣经》的故事有着诸多深刻的含义，有的是世俗的观念无法理解和把握的。关于所多玛作为城市所内含的欲望及欲望的扩张，却可以在柏拉图“欲望—分工—城市”的框架内得到理解。柏拉图的分析还显得朴素、简单甚至粗糙，但却可以成为后世进一步探讨的一个源泉和起点。实际上，柏拉图从分工的角度理解城市或者城邦或者国家产生的思想，成为思想史上一个重要的思路。而且，同近代以来的霍布斯及洛克等人的社会契约论相比，柏拉图的解释内含更多的经济学的意味。

亚里士多德："自然"的经济伦理观念

古希腊面临的最大经济问题是供给与需求的矛盾，不同思想家对此有不同的思考，也有不同的应对思路。总的来说，在生产力水平低下从而供给严重不足的背景下，人们更多地将平衡供给和需求的希望寄托在抑制需求上。这种观念一直持续到工业革命之前。受制于生产力水平，古希腊的思想家对物质需求大多持有某种程度的克制态度，色诺芬主张节制需求以平衡收入和支出，柏拉图希望通过国家对消费的控制来抑制需求，而亚里士多德（Aristotle，公元前384—公元前322年）则主张推行"自然"的经济伦理来制约需求。相对而言，严谨而又深刻的亚里士多德的思考要更加深入和系统一些。

"自然"具有本源（source）或本性（nature）的含义。按照古希腊人的观念，上天创造万物，赋予其本来的性质和功用，按照事物的本性或本来功用使用物品就是自然的，否则就是对自然的违背。"自然观"提供了一种经济伦理、一种行为规范，符合这一伦理和规范的行为就是合理的、值得提倡的；否则就是不合理的、不值得提倡甚至应该反对的。这一观念的规范作用有点像现代经济学中的"理性"概念，合乎理性的行为才是合理的，不合乎理性的行为就是一种不可理喻的疯狂。进一步，亚里士多德对财富、获取财富的手段及货币的性质进行了"自然"与"不自然"的界定。

在亚里士多德的观念里，财富的自然功用就在于满足人的需要，只有那些满足人的需要的物质条件才具有财富的性质，一旦超出这一范围，就不再构成财富。财富成为善的条件就是有限地获得和使用。需要强调的是，在古希腊思想家的观念里，"需要"与"欲望"有着不同的内涵和要求。"需要"

指的是人的基本需要，相当于马斯洛意义上生理层次的需求，有限性是这一类型需要的重要特点。“欲望”则指的是超出基本需要以外的那些需要，它不是产生自人的自然的本性，而是来源于社会环境的影响，这一类型需要的重要特点是无限性。比如说，粮食的基本功用是充饥，而人对充饥的需要是有限的，用粮食充饥或者用于充饥的粮食的性质都是自然的。粮食也可以用于超出充饥的用途，这些用途及用于这些用途的粮食就是非自然的。有限或无限成为界定和区分自然和非自然的标准。上天创造任一事物，所赋予的功用总是有限的，于是，有限地占有或者有限地按照其本来性质和功用来使用就是自然的，反之则是不自然的。

对获取物质财富的手段的伦理性质的判断也建立在这一标准之上。亚里士多德继承了色诺芬的“经济”概念，并将其视为一种有限地、自然地获取财富的手段。“经济”作为谋取财富的手段被分成两类，一是生产，二是交换。生产指的是实际的物质财富的生产，其目的是直接满足消费需要。由于需要是有限的，生产也就是有限的，因而是自然的。交换则被分成两类：一是物物交换，二是商品流通。物物交换的目的就在于消费需要，其目的是有限的，因而交换本身具有自然的性质。商品流通也就是以货币为媒介的交换，如果其目的在于另外一种满足需要的商品，则这种交换本身也是自然的；如果交换的目的不是物质产品而是货币本身，由于对货币的追求是无限的，没有止境，则这种交换就具有非自然的性质。在《政治论》中，亚里士多德这样说：“货殖似乎是围绕着货币转，因为货币是这种交换的起点和终点。因此，货殖所追求的财富也是无限的。一种技术，只要它的目的不是充当手段，而是充当最终目的，它的要求就是无限的，因为它总想更加接近这个目的。”[①] 如果货币只是手段，其目的是消费，那么对货币的需求就是有限的，而一旦货币本身成为目的，追求就变得无限。货币追求者总想接近目的，而目的又总在前面，于是追求永无止境。对货币的追求及货币的使用因此不再自然。实际上，在现代商品社会里，货币成为绝对的统治者，成为一切经济

① 亚里士多德：《政治学》，转引自巫宝三主编：《古代希腊、罗马经济思想资料选辑》，146页，北京，商务印书馆，1990。

活动的目的，就进一步推动着社会经济运行偏离自然的轨道，不仅异化了个体，也异化了社会。德国社会学家西美尔（Georg Simmel，1858—1918）在其《货币哲学》中，深入探讨了现代背景下当货币取得对经济生活的绝对控制之后所导致的异化现象，这是对亚里士多德关于货币使用的"自然"和"非自然"观念的深化和发展。货币最不自然的使用应该是借贷取息。在亚里士多德的观念里，货币的自然功用一是方便交换，二是定价。在这一范围使用货币是自然的，而超出这一范围则是不自然的。"在致富的各种方法中，借贷确实是最不合乎自然的。"[①] 因为借贷取息严重超出了货币的自然功用，就像要求父亲生孩子或者要求公鸡下蛋一样。

经济思想或者伦理观念总是时代的产物，作为一种意识形态，又总是特定阶级利益的反映，如同罗素（Bertrand Russell，1872—1970）在《西方哲学史》中所说的，"哲学家们的见解除了少数例外，都是吻合于自己阶级的金钱利益的。""每一个阶级都曾有过丰富的理论论据在支持着经济上对自己有利的意见。"[②] 在亚里士多德的时代，哲学家或者是地主、贵族，或者被地主贵族所雇用，而地主、贵族往往是借贷活动中的债务人，商人则是借贷过程中的债权人。从债务人的角度而言，免除利息当然是有利的，于是亚里士多德才会提出反对利息的主张。亚里士多德的反对借贷取息的观念影响深远，一直到中世纪，教会反对借贷取息的教义，还需要利用亚里士多德的言论来加以论证。

对物质利益的追求是经济发展和社会进步的重要动力，但人的欲望的无限性可能导致物质利益追求成为社会发展的某种破坏力量。亚里士多德的"自然观"作为一种经济伦理，体现着对物质利益的一种克制态度，从而成为平衡物质供给与物质追求，保障社会和谐发展的力量。但是，人类社会在不断进步，生产力的发展为人类需求及其满足的扩张提供了条件。在现代商品经济的背景下还按照2 000多年前自然经济时代的亚里士多德的"自然"的经济伦理来要求和规范人们的财富行为，则显得过时而荒谬。在这个意义上，

① 亚里士多德：《政治学》，转引自巫宝三主编：《古代希腊、罗马经济思想资料选辑》，150页。

② 罗素：《西方哲学史》，243页，北京，商务印书馆，1963。

亚里士多德“自然”的经济伦理是没有意义的。

不过，历史提供给我们的有用的东西不是历史本身，而是我们可以从中获取的启示和认识。如果我们能够从历史中学到或者启发到某些对我们理解今天的世界或者指导我们今天的行动有价值的东西，那么历史仍然是有意义的。作为具体的伦理规范的亚里士多德的“自然观”确实已经远远过时了，但是，如果我们将亚里士多德所倡导的“自然观”理解为一般的经济伦理规范，理解为一种约束人们物质冲动的机制，那么亚里士多德的“自然观”在今天仍然具有现实意义。在现代化背景下，这种意义不仅没有过时，反而需要进一步发扬光大。对物质利益的追求是社会进步的力量源泉，但也具有相当的危险性。尤其是在现代经济中，一方面，生产社会化的发展使社会经济各环节之间的联系日趋紧密；另一方面，货币化尤其是借助于网络的虚拟化又使这种紧密的联系带来的风险大大加强。个体行为的影响不再仅仅局限于个体或局部，而且可能深远地影响到整体，于是对个体行为的约束成为社会经济和谐发展的条件。20 世纪 90 年代末的英国巴克莱银行的倒闭事件就是一个典型的例子。一个普通交易员为了高额收益使用高风险的操作，其结果是使这家有着上百年历史的银行在顷刻间倒闭。

对个体行为进行惩戒的手段，或者是经济处罚，或者是法律惩处，但这些约束和处罚或者是外在的，或者是事后的。当损害已经实际发生，对违规者进行罚款或者其他法律惩处已经于事无补。是否有这样的可能，在实际损害发生之前进行预防，或者让行为者进行自我约束？如果这一切可能的话，那就是经济行为参与者的自我防范和自我约束，而经济伦理规范所发挥的就是这样的作用。大概因为这个原因，亚洲金融危机之后，沉睡了数百年的亚里士多德又引起了人们的注意。内在的预防性的经济伦理规范在一个急剧变化的经济世界里是必需的。

西塞罗和滕宗谅

西塞罗（Marcus Tullius Cicero，公元前106—公元前43年）是古罗马著名的政治活动家和思想家，也是历史上最有名的诡辩学者。滕宗谅（991—1047年）也就是范仲淹《岳阳楼记》中的那位滕子京，是北宋时期的一位政治活动家。风马牛不相及的两位古人，对于产权界定策略性问题的认识，却有着共通之处。

根据现代产权经济学的一般原理，产权界定的意义在于减少经济活动的不确定性，节约交易费用，提高经济运行的效率。产权界定越清晰，产权边界越明确，产权功能就越完善和强大。不过，作为一个经济过程，产权界定是需要成本的，更清晰的产权意味着更高的产权界定成本。同任何经济活动一样，产权界定也要求遵循成本—收益分析的原则。在既定成本下实现最大收益或者在既定收益下做到成本最小，这是决策的基本原则。现实世界是一个正交易费用的世界，就产权界定而言，知识、经验、技术及意识形态等等都会成为影响产权界定成本的因素。在产权界定收益可以预期的情况下，成本—收益分析要求对产权界定的清晰程度作出策略性的处理。如果清晰界定产权的成本过高，保持一定程度的产权模糊可能是可行且必需的。按照巴泽尔在《产权的经济分析》中的说法，有一些资源由于其内在性质的复杂性以及人们在界定产权过程中知识、经验及信息的有限性等等，其产权注定得不到清晰的界定。在产权界定过程中容忍某种程度的产权不清晰，就是现代经济学中关于产权界定的策略性的表现。

作为一个现实主义的思想家，西塞罗对产权问题的思考有着现实主义的特点。处在罗马从共和向帝制转变那样一个大变革的时代，西塞罗既认识到产权的清晰界定对于维护骑士阶级利益的重要性，也认识到由于产权清晰界定面临的困境从而对产权界定过程进行现实性和策略性处理的必要性。他相信产权界定对经济活动的积极意义，相信清晰的私有产权对于效率改进以及实现社会公正的促进作用。同时他还充分认识到，在一个现实的世界里，绝对清晰和绝对公正的产权可能意味着高昂的代价，从而可能是不现实的。如果产权界定的目的在于效率的改进，那么公平似乎就不是绝对的要求。当然，如此现实主义的理解并不意味着对公平的忽视。公平是产权界定的基础，没有公平就没有产权。不过，在公平与效率的权衡中，如果公平追求妨碍了效率的实现，那么适当放松对公平的要求也许更加可行。西塞罗强调，某些情况下，已经建立并运行的产权结构可能存在对公平的损害，但是如果重新界定产权意味着更高的成本和更低的效率，则承认并维持并不那么清晰和公正的现有产权是必要且可行的。西塞罗用以下故事解释了产权界定的策略性问题。

雅典的子城西西昂在僭主统治期间，最富有的600户人家被放逐，他们的财产被剥夺。50年后，阿拉图斯解放了西西昂，召回了被放逐的富户。此时，经过50年的买卖、继承、抵押等等，原来的产权结构已经被打乱。即使最初对富户财产的剥夺和分配是不公正的，在这几十年间通过交易获得的产权却可能是公平合理的。此时，剥夺现在的占有者并不公正，而不对原来的所有者进行补偿也不合理。于是阿拉图斯来到富饶的亚历山大里亚，向富有的托勒密国王筹措到一大笔钱款。阿拉图斯召集来那些被放逐的富户，努力使他们相信放弃原有的财产权而接受等值的现金补偿是可取的。大家听从了阿拉图斯的建议，接受了新的财产方案。阿拉图斯以卓越的智慧保证了和平的实现。

西塞罗策略性处理产权问题的思想在中国宋朝的滕宗谅那里得到过有效的实施。滕宗谅是因为经济问题被贬到岳州的。当年他曾经是边疆大员，负责戍守西北边关。因为违反财经纪律动用军费交好驻地豪酋被政敌举报，被贬至岳州做太守。滕宗谅初到岳州的时候，那里还百业废弛，经济凋敝；经过他几年的励精图治，岳州便政通人和，百废俱兴。滕宗谅决定重修岳阳楼，以彰显自己的宏伟抱负和治世才能。资金来源是一个问题。他不想再动用公款，只能想其他办法。当时在岳州盛行的“三角债”为滕宗谅解决资金来源问题提供了思路。滕宗谅来到岳州之前很多年，岳州曾经百业兴旺，商业繁荣。那一时期，商人之间相互借贷，形成复杂的三角债和多角债。在滕宗谅来到岳州前后的不景气时期，由于经济的凋敝，债务的清偿成为严重问题。滕宗谅到任之后，经济逐渐复苏，债务人的清偿能力逐渐增强。不过，由于迁延太久，债务清理困难重重。滕宗谅想到，对于繁复的债权债务关系而言，债权人亲自追讨债务面临种种困难，清理的成本可能高于其净值。如果债权人放弃其债权追求，由政府帮助追讨并将其转化为公共建设的捐款，对债权人可能是一件有意义的事情。滕宗谅于是发布告示：民间凡是债权债务关系确实存在而债权难以追讨的，可以向政府申诉，政府代为追讨，追讨回来的金额将用于岳阳楼的重修；凡是因为债权债务关系而捐赠于岳阳楼重修建设的，政府都将给予旌表。告示发出，债主纷纷告发，欠债者也争相奉献。滕宗谅借此募得一万缗钱币，完成了岳阳楼的重修工程。

对于滕宗谅的做法，历史上有着各种不同的评价。被现代经济学看成是策略性解决产权问题的创举的做法，实际上存在着模糊私人产权，甚至是破坏私人产权神圣性的嫌疑。作为政府干预市场自发运行的一种形式，滕宗谅的做法似乎是一个恶例。不过，思想或者理论总是要服务于现实的需要。某些情况下，追求绝对的产权清晰或者产权界定中的绝对公正在一个现实的世界里可能会得不偿失，因此策略性地处理产权问题有其必要性。西塞罗的想法和滕宗谅的做法，要求债权人放弃无法有效实现的私人产权，将私人债权转化为公共资源，表面上模糊和破坏了私人产权，却最终为资源价值的实现找到一条有效的路径。在这个意义上，西塞罗和滕宗谅对我们今天可能还具有一定的现实意义。

谁是这部经典的著者?

《论英国本土的公共福利》被看成是经济思想史的一部经典。这是一部对话体的政论著作。伊丽莎白时代（1558—1603 年）的某一天，爵士、博士、商人、制帽商、地主五个人聚在一起，对时下世人关注的社会经济问题展开讨论。主题涉及由于币制改革引起的通货膨胀及国家财政枯竭的问题，由于圈地运动引起的农业衰落及某些市镇凋敝的问题，由于宗教分歧及其他原因引起的信仰危机问题。讨论进行了三次，第一次列举现象，第二次是分析原因，第三次是探讨解决思路。

这部写作于 16 世纪中叶、出版于 1581 年的著作，一直被看成是早期重商主义的代表作。在商务印书馆中译本的前言中，其主题被概括为以下四个方面：(1) 只有金银才是一国的真正财富；(2) 对外贸易是一国财富的真正来源；(3) 对外贸易的原则是少买多卖；(4) 需要对外贸实施关税保护。这几个教条其实是主流经济学关于重商主义的一般观念，普遍用于对早期重商主义著作的一般性评价。

不过，以重商主义的简单教条评价《论英国本土的公共福利》却不一定合适。在这部著作中，作者的思想和观念绝不仅仅是简单而粗陋的重商主义教条。作者对于通货膨胀的影响、经济刺激的作用、货币流动的规律等等问题的认识远远不是“重商主义”的思想；就其所处时代的思想和学术发展而言，这些探讨显示出深刻的洞察力。而这一切，在以往主流经济学的研究中，似乎被有意忽视了。

书中在讨论通货膨胀的影响时，认识到通货膨胀对不同收入性质人群的不同影响。比如，就商人而言，进价上涨可以通过出价上涨来转移，因此他们的利益不会受到影响；对于制造商而言，原材料价格及工人工资的上涨，也可以通过商品涨价来转移，其利益也不会受到影响。这两类人群，收入都具有可调整的性质，物价上涨并不影响其实际收入。地主的情况不一样，因为地租是固定的，无法在短期内进行调整，通货膨胀将使其实际收入降低。国王的情况更加糟糕。不仅财政收入有固定收入的性质，而且通货膨胀期间财政支出会增加，于是国王的境况会严重恶化。

在讨论圈地运动的影响时，爵士对圈地持支持态度。他以为，圈地是有益而无损于社会利益的。因为就他的观察，圈地之后土地使用会更有效率，完成圈地的地区也比其他地区更富裕。博士提出了自己的不同见解。他说，个人利益与社会利益是可能存在冲突的。如果说对个人有利的事情就必然对社会有利，我们就得承认抢劫的合法性。圈地也是这样，从实际情况看，对个人确实有利，对社会也确实带来了祸害。作者提出通过法律来规范个人行为，使之与社会利益实现协调。但是，他对法律实施的效果又存有怀疑。个人利益与社会利益的关系是经济学的主题。此书出版后将近 200 年，斯密在《国富论》中才提出一个被认为具有最终解决方案意义的观念。

将这部著作的基本观念理解为自由主义也许比理解为重商主义会更加贴切一些。书中讨论到圈地运动导致畜牧业的大发展而种植业的衰落时，有人提出是否可能采用行政或者法律的手段来实现农业和畜牧业的均衡发展，作者表示反对。作者倾向于这样的观念，人们的行为更多受到利益的引导，而市场又是引导利益实现的关键，法律或者其他行政管制方式对于产业结构的调整不会起到有效的作用。作者以为，制约英国农业发展的最主要的因素正是政府管制。因为英法战争，政府对谷物贸易实施严格管制，控制生产，控制价格。正是因为被管制的谷物价格过低，才导致农民种粮积极性的下降，导致农业的衰落。解决农业衰落问题的方法很简单，就是放松管制，恢复谷物的自由贸易。对于英国政府长期奉行的限制小麦出口的政策，作者持明确的反对态度。他以为，所有的国家都需要相互帮助，国与国之间的贸易可以使参与国更加繁荣和富裕。在这里，作者已经有了将近 200 年后休谟的国际主义观念。作者的自由主义观念还体现在自由经营的政策主张上。英国的某些市镇，因为产业结构调整陷入凋敝。为了复兴这些市镇，需要引进优秀的技工。而英国由于受行会组织的影响，对外来技工采取了限制政策。作者主张不仅应该给予外来的优秀技工自由经营的权利，还要为他们提供各种优惠条件。

关于货币问题，作者也有着一些自己的独立见解。比如他将通货膨胀的原因之一理解为其他国家货币大量流入的结果。这种解释意味着货币数量论。不过，这一理论的优先权更多地被赋予与他同时代的法国人让·博丁（Jean Bodin，1530—1596）。事实上，该书还系统表述了“劣币驱逐良币”法则。针对当时由于币制改革即发行不足值货币引起的一系列问题，作者主张进行进一步的货币改革，发行和流通足值货币。有人提出，由于黄金储备不足，能不能先流通一部分足值货币，再慢慢过渡到全部流通足值货币。作者以为这种想法不现实。如果足值货币与不足值货币同时流通的话，足值货币必然会退出。这就是“劣币驱逐良币”。在经济学的历史上，这个法则的优先权也不属于本书作者，而是被赋予与他同时代的伊丽莎白一世的造币局长托马斯·格雷钦爵士（Thomas Gresham，1519—1579）。

还是有一些东西被归于本书作者名下。比如关于经济问题研究的学科定位问题。在讨论知识的有用性问题时，作者主张关于财富的知识是一国管理者应该具备的；在正式的学科体系还没有这门知识的地位的时候，可以在“道德哲学”名下讲授。现代经济思想史学家亨利·威廉·斯皮格尔给予这一认识很高评价，说它第一次确定了经济问题研究在正式学科体系中的合法地位，并形成了一个影响持久的英格拉传统。之后，从洛克到休谟到斯密到约翰·穆勒一直到约翰·内维尔·凯恩斯，都遵循这一传统，都是在道德哲学名下研究经济问题。

这部经典于1581年出版，最初有着一个冗长复杂的标题——《简释我国同胞近来常见的各类抱怨：绅士 W. S. 利用对话的方式彻底地争辩与讨论了全部观点，尽管其中有一些是不公正的和轻佻的》。关于该书的作者，一直是个有争议的话题。

该书用对话体写作，文笔优雅，见解深刻独到。起初有人认为作者是威廉·莎士比亚（W. William Shakespeare，1564—1616）。但该书出版时莎士比亚才17岁，不可能写出如此独特老到的政论书籍。绅士W. S. 究竟是谁一直存在争论。1891年，英国女学者伊丽莎白·拉蒙德在《英国历史评论》上发表文章，从这本著作中涉及的若干历史线索加以考证，确认作者是约翰·海尔斯（John Hales，？—1571）。约翰·海尔斯曾经在爱德华六世（1547—1553年在位）期间担任过议员，代表兰开斯特郡出席过爱德华六世的第一届议会。海尔斯还参加过圈地委员会，参与过圈地法案的制定并代表委员会在1548年8月及1549年8月两次赴考文垂就圈地有关案件调查处理。海尔斯的这些经历与书中显示的某些细节吻合。“血腥女王”玛丽（1553—1558年在位）上台后，因为受到政治迫害，海尔斯曾经离开英国。可能就是在这段时间他写了这部著作。伊丽莎白一世上台后，海尔斯回国并参与政治；后来因为发表不受女王欢迎的有关王位继承的意见而失宠，退出政坛。拉蒙德的论文提供了大量值得采信的证据，她的结论得到学术界比较一致的认可。经济思想史领域一些比较有影响的著作，如赫克歇尔的《重商主义》、罗尔的《经济思想流派》、熊彼特的《经济分析史》、斯皮格尔的《经济思想的成长》，都采用了拉蒙德的观点。

其实拉蒙德所提供的证据也只是说明将该书的作者确定为海尔斯比其他人更值得相信一些、更合适一些。她的证据也不绝对。她自己就发现书中的某些细节与海尔斯不是很吻合。关于该书作者还有另外一个候选人的说法在学术界也有影响，那就是托马斯·史密斯（Thomas Smith，1513—1577）。新奥地利学派代表人物默瑞·N·罗斯巴德的《亚当·斯密以前的经济思想：奥地利学派视角下的经济思想史（第一卷）》就持有这种观点。史密斯是都铎王朝时代的思想家和政治活动家。在爱德华六世时期，曾经担任摄政王的秘书；在玛丽女王执政期间，曾经为枢密院工作。史密斯对时政问题尤其是经济问题很感兴趣。可以确认属于他的写作于1554年的《备忘录》及1562年的《论罗马的货币》，与《论英国本土的公共福利》观点基本一致。罗斯巴德主要从政策主张及思想观念的角度否定海尔斯作为《论英国本土的公共福利》

的作者的身份。比如，该书对当时新设立的毛纺布税提出了批评，而海尔斯则是该税种的支持者；还有该书内容体现了作者对宗教问题持有一种超脱的情感，而海尔斯却是《圣经》读经会的执事和热心组织者，是一个虔诚的信徒。而且，可以确认属于海尔斯作品的写作于 1549 年的《辩白》一书，与《论英国本土的公共福利》的某些核心观念不仅冲突，甚至对立。

究竟谁是这部经典的作者，仍然不确定。也许是海尔斯，也许是史密斯，也许是二者之外姓名缩写为 W. S. 的某位不知名的作者。这样纯粹“学术”或者“学究”的考据有没有意义是个问题。不过，对于经济思想史的学习和研究而言，这样一部反映都铎王朝时代人们对社会经济问题的关注、考察和分析的著作却是有着重要意义的。它不仅让我们了解到那个时代的社会经济形势及人们的思考，而且，作者的那些分析和思考还成为后来经济学产生和发展的重要养料。

铭记前人的贡献并表达敬意是后学的义务。如果不能确定作者，那我们就对思想表达敬意吧！

蒙克列钦：一个天真的爱国者

在俄国经济思想史学家阿尼金的《改变历史的经济学家》中，安东尼·德·蒙克列钦（Antoine de Montchretien，1575—1621）具有多重身份，他是诗人、决斗者、流亡者、国王的亲信、叛乱者和国家的罪犯。在我看来，他是一个重商主义者，更是一个天真的爱国者。

蒙克列钦出生于一个中产阶级家庭，年轻时曾是一名出色的诗人和剧作家。据说，他的文学作品《赫克托》、《苏格兰》以及《诺曼底的历史》，至今还是法国文学的经典。30 岁那年，蒙克列钦卷入一场不光彩的决斗，杀了人，被迫流亡到英国。后来还去过荷兰。那时候的英国和荷兰相对法国而言，政治更加清明、经济更加发达。亲身经历让蒙克列钦对英国和荷兰的重商主义政策推崇备至，他希望有一天能够将这些国家发展工商业、振兴民族经济的措施应用到法国。流亡生涯改变了蒙克列钦，使他从浪漫诗人转变为现实主义者。

离开祖国四年后，蒙克列钦回来了。随后与一位富有的寡妇结婚，他的妻子资助他开办了一家五金加工厂，并从事五金商品的对外贸易。他的生意还算顺利，但这期间他主要的工作是写作他有关发展民族经济、积累国家财富的小册子。在这本命名为《献给国王和王太后的政治经济学》的小册子中，“政治经济学”这个概念第一次出现。那时候的国王路易十三还没有亲政，政权掌握在王太后手里，这大概是书名中出现“王太后”的原因。

作为一本重商主义的小册子，蒙克列钦的《献给国王和王太后的政治经济学》并没有比别的小册子多提供多少有价值的东西。无非在强调工商业是国家社会经济活动的基础，货币是国家的经济命脉，对外贸易尤其是出口是获得黄金的关键手段，政府应重视工商业，管制对外贸易，等等。熊彼特似乎对这位首次使用“政治经济学”概念的商人很是不屑，说这本书是毫无创见的平庸之作，充满推理错误，说作者仅仅具有粗浅的常识；甚至说“政治经济学”的“政治”误导了经济学，说一个经济学的门外汉将经济学的研究引向了歧途，等等。重商主义者大多不是专业研究者，他们所擅长的仅仅是提供政策建议而不是构建体系，所以缺乏分析或者缺乏创见也属正常。有人说，在重商主义时代，每个人都是自己的经济学家。大概说的是，重商主义时代的小册子作者虽然都在主张国家和社会利益，其实他们的主张都服务于本人或者本人所在行业甚至公司的利益。比如，蒙克列钦之后的托马斯·孟（Thomas Mun，1571—1641）的《英国得自对外贸易的财富》，就是赤裸裸为东印度公司辩护的。蒙克列钦是一个真正的、天真的爱国者，同时他似乎也是“自己的经济学家”。

蒙克列钦主张全面的排外主义，主张建立新型工场生产替代进口的消费品，主张建立技工学校培训工人以提高产品质量，主张采取保护性手段将外国产品排挤出去；主张国家立法禁止外国人染指本国资源的勘探、开采和冶炼。尽管蒙克列钦对英国的政治制度怀有好感，但在市场竞争领域，他还是认为外国人尤其是英国人并不可信，他们总是很狡猾地想尽各种办法来占领别国的市场。他提醒要提防从外国进口的书籍，因为外国书籍会败坏本国人民的精神，使他们成为外国商品的俘虏。他还说外国人是吸附在高贵的法兰西身躯上的水蛭，它们吸走了我们身上最好的血液，喂饱他们自己，然后离开。蒙克列钦还有很多想法都显得很天真、很可爱，甚至有些幼稚，比如他主张的对外贸易是一种只有出口没有进口的单向贸易。蒙克列钦也有一些主张显得不是那么可爱，而是有些严厉甚至可憎。比如，同大多数重商主义者一样，蒙克列钦主张劳动者的一生都应该将所有精力投入劳动过程。他说，懒惰是一种罪恶，必须予以消除，如果必要可以采取武力；他说，懒惰的双手就是魔鬼的双手，懒惰损耗了男人的力量，玷污了女人的贞洁；懒惰就是所有罪恶之母。所以，罪犯和违法分子都应该送去劳作。蒙克列钦还有一个想法，显示出某种直率的虚伪。作为从事五金生产和贸易的商人，他似乎很为自己的主打产品镰刀骄傲。他说法国镰刀竞争不过德国，不是因为质量不好，而是因为人们对外国产品的迷信。他说，法国人不使用本国生产的镰刀，这是国家的悲剧。他借此主张政府倡导使用本国产品。这样，蒙克列钦同大多数重商主义者一样，将自己的利益包装成国家利益，希望得到政府的支持。

蒙克列钦的著作得到了国王或者王太后的认可，该书问世后，他被任命为国家印铃保管人，这是一个相当于政府经济顾问的角色。1617 年，蒙克列钦又被任命为罗亚雷省沙基里尔的市政长官。当时的法国政府应该还是倾向于重商主义的。几年之后成为路易十三首相的“法国历史上最伟大的政治家”黎塞留就在国王支持下实施过一系列重商主义政策，推动了法国工商业的发展，大大振兴了法国经济。而法国历史上最有影响的重商主义者，路易十四的财政大臣柯尔培尔（Jean-Baptiste Colbert，1619—1683）的政策，就受到过黎塞留的影响。再往后，蒙克列钦的命运有过一次重大转变。不知道出于什么缘故，一帆风顺的蒙克列钦离开了政界，加入胡格诺教派，并领导了诺曼底的胡格诺教徒起义。1621 年蒙克列钦在一次战斗中被打死，时年仅 45 岁。蒙克列钦死后四天，法庭仍判处他有罪，他的尸体被拖行游街，最后被肢解、焚烧。

在经济学的历史上，作为重商主义者的蒙克列钦事实上没有多少影响。他的思想和主张一如熊彼特所说那样平庸、无创见。不过，蒙克列钦又确实是有影响的，至少，一直到今天还是经济学专业必修课的“政治经济学”总是与他的名字联系在一起。

托马斯·孟：一个开明的重商主义者

17 世纪 20 年代前后，英国遭遇过一场经济萧条。从 1618 年到 1620 年，伦敦出口的布匹由 102 300 匹减少到 85 700 匹，两年后继续减少到 75 600 匹。一场关于这场经济萧条的原因的论战在政界和商界展开。经济萧条的原因被归结为国内货币供应不足，而东印度公司的货币出口被某些竞争对手指责为罪恶之源。

托马斯·孟（Thomas Mun，1751—1641）当时是东印度公司的董事，他在 1621 年出版的《论英国与东印度的贸易》为东印度公司的政策进行了辩护，在这本小册子中，孟建立了作为重商主义最重要基础理论的“贸易差额论”。之后，孟对这本小册子作了进一步的修改和完善，写成了更加系统和严谨的《英国得自对外贸易的财富》。该书在孟去世后由他的儿子在 1664 年出版。重商主义者们写过很多小册子，绝大多数都不过是观念的陈述和政策的罗列，很少有理论和分析价值。托马斯·孟的《英国得自对外贸易的财富》是少有的具备一定理论分析价值的著作。因为其中的“贸易差额论”事实上成为对重商主义观念和主张的最好阐述，这本书被马克思称为“重商主义的圣经”。

东印度公司受到的最严厉的指责，就是向印度输出了货币。因为印度对英国的产品需求不大，它向印度的出口总是小于进口。在顽固的重金主义者眼里，这种明目张胆的制造逆差的行为无异于卖国。可是在托马斯·孟看来，重金主义者们未免过于眼光短浅、视野狭隘。他以为，实现顺差、实现货币的流入确实是对外贸易的直接目的，但这一目的的实现不应该仅限于一段时间或者对一个国家的贸易。东印度公司与印度的贸易确实存在逆差，但是，从印度进口的产品被东印度公司再转口出售到其他欧洲国家，所实现的货币流入大大超过对印度货币的流出。因此，从较长的时段和更广的范围看，东印度公司的贸易还是顺差。也就是在这个意义上，托马斯·孟强调，东印度公司对印度的贸易是英国财富的重要来源。他以这样轻松的口气回应了反对者的指责："我们倘使只看到农夫在下种时候的行为，只看到他将许多很好的谷粒抛在地上，我们就会说他是一个疯子而不是一个农夫了。但是当我们按照他的收获，也就是他的努力的最终结果，来估值他的劳动的时候，我们就会知道他的行动的价值及其丰富的收获了。"①

为了批判狭隘的重金主义者对于货币功能的肤浅认识，托马斯·孟似乎发展出了关于货币的资本职能的观念。他以为，货币与贸易是相互推动的，"货币产生贸易，贸易增多货币。"② 将货币投入到贸易中，通过运输、加工及销售，才能实现货币的增值——"增多货币"。他强调，如果一个国家有了贸易顺差、有了货币的流入而不再投入进口，将使国内货币供应增加，将提高国内产品的价格，从而丧失在国际市场上的竞争力。他的这一认识，似乎有了100年后的大卫·休谟关于硬币流动的国际平衡机制的某些观念。孟的这一认识，也体现出他思想的开明和开放。

作为一个重商主义者，托马斯·孟在《英国得自对外贸易的财富》中还体现出更多开明的观念。至少他不像主流经济学视野下的重商主义者那样狭隘和浅薄。主流经济学所塑造的重商主义者，对"蒙田谬误"大多坚信不疑——在国际贸易中，一国所得就是另一国所失。柯尔培尔就坚称，要增进法国的利益，就只有损害他国利益。长期从事对外贸易的孟虽然也坚持贸易保护和干预，但对国际贸易中国家与国家利益的相互性有更多的理解和认识。他说："各种慷慨大方和大摆场面的事情也是不可废除掉的，因为倘使我们要如此节俭，甚至只要用区区几种外货或一点也不用之后，试问我们怎能将我们的可怜的商品输出呢？我们的船舶、海员、军火，我们可怜的工匠和许多其他的

---

① 托马斯·孟：《英国得自对外贸易的财富》，19页，北京，商务印书馆，1997。

② 同上书，14页。

人，将会怎样呢？难道我们指望别的国家拿货币来送给我们，买走我们一切的商品，而无须我们出钱去买或去交换它们的商品么？”① 孟的这种观念，内含着100年后大卫·休谟被人称道的“世界主义观念”。孟没有休谟那样的无私和坦荡，但他对国与国利益相互性的认同就重商主义者而言还是难能可贵的。

托马斯·孟思想的开明还体现在他对奢侈消费的经济意义的认同上。孟之前，无论在古希腊还是中世纪，奢侈消费总是被赋予负面的意义。可以理解，在生产力极端低下的背景下，社会资源只能勉强满足大多数人的基本消费，某些人群的奢侈消费也就意味着其他人将陷入极端贫困甚至丧失生活来源的境地。传统意义上对奢侈消费的评价，一贯是伦理的视角。孟避开了这种狭隘思路，从经济意义上来认识奢侈消费可能具有的意义。他说：“贵族、绅士和其他大有作为的人，在房屋、衣着和其他方面大摆场面，是不会使国家贫困的。倘使这种弄得很新奇和费用奇昂的工作，是由我们自己的人民，用我们自己的原料来完成的，它便会使富人的钱财用来维持贫人的生活，那就成为公共财富的最好分配方法了。”② 富人的奢侈消费可能为穷人提供劳动就业的机会，这样开明的认识在重商主义时代确实难得。这一观念似乎也预示着18世纪的“孟德维尔悖论”——奢侈消费对个人是恶性，对社会则是善举。其实，“悖论”并不存在，存在的只是考察问题的视角。奢侈消费从伦理上讲是恶行，从经济上讲是善举。二者可以并行不悖。

重读《英国得自对外贸易的财富》，拨开主流经济学的迷雾，发现托马斯·孟并不是那样一个狭隘的重商主义者，他的开明具有启蒙主义的意味。甚至，一直作为他的象征的以货币输入为目的的“贸易差额论”，也不一定就是他著作的主题。

①② 托马斯·孟，《英国得自对外贸易的财富》，60页。

柯尔培尔：一个“大理石般的男人”

让·巴蒂斯特·柯尔培尔（Jean-Baptiste Colbert，1619—1683），出身于商人家庭。他的家族与王室有着商业联系，这使他年轻时就可以接近权力上层。21 岁的时候，他父亲为他买到军需专员一职，在首相黎塞留（de Richelieu，1585—1642）主教手下工作。为振兴经济，荣耀国王，黎塞留实施过一系列重商主义政策。1642 年黎塞留去世，首相一职留给了朱尔斯·马萨林（Jules Mazarin，1602—1661）。在 1651 年后的 10 年里，柯尔培尔一直担任马萨林的私人专员，为他理财，帮助他收受贿赂，也参与政策制定。1661 年马萨林去世，路易十四（1643—1715 年在位）没再设立首相一职。马萨林去世前向路易十四举荐柯尔培尔接替他执掌国家经济事务，柯尔培尔后来成为财政大臣，实际管理权限扩展至司法、贸易、工业、建筑、海军、殖民地等领域。柯尔培尔被称为“经济沙皇”，他掌管法国经济达 22 年，一直到去世。

柯尔培尔执掌法国经济大权之时，经济形势并不乐观。工业落后，商业混乱，农业衰落以及财政危机是他和路易十四共同面临的困境。当时的征税权落在包税人手里，他们肆无忌惮地横征暴敛；穷人承担了沉重的税收负担但国库并不充裕，税收大部分落在了贪婪的包税人及参与分赃的政府官员腰包里。为了应付紧迫的财政支出，政府不得不大量出售官职，而这种饮鸩止渴的政策只会进一步加剧贪腐，降低行政效率。上任之初，柯尔培尔就大刀阔斧地对腐败而低效的财政制度进行改革。他建立特别法庭整肃舞弊要员及其贪污行为，废除大量官职并将此前出售的官职赎回；公开拍卖包税权并调整以往不公平从而不利于经济发展的税制结构。柯尔培尔还建立了历史上第一个政府财政预算，试图通过以预估收入控制支出，形成量入为出的稳健财政制度。他成功的财政改革使路易十四执政期间的财政收支实现了盈余。

要实现国家的富强，关键还是要实施重商主义，要发展工业化，要加强国家对经济生活的管制，要大力推进对外贸易。柯尔培尔是一个典型的重金主义者，他绝对相信“蒙田教条”——国际市场上所能实现的利益是一定的，一国所得就是他国所失。他在1669年给路易十四的上书中说：“这个国家之所以繁荣，不仅依靠自己，而且还得依靠损害所有邻国的愿望。”[①] 货币不仅是发展经济的手段，更是决定对外战争胜负的法宝；拥有货币就是拥有财富，就是拥有对外制胜的杀手锏。因此，“应通过从货币来源国吸引货币，增加公共流通中的货币量；将货币留存在本王国内，并防止其离开王国；向人民提供必要手段，以从货币中获得利益。”[②] 在就财政问题致国王的备忘录中，柯尔培尔强调了国与国之间在争夺财富过程中的必然冲突。“由于整个欧洲范围内流通的货币总量是个固定的数额，仅仅不时从西印度群岛得到一点补充，可以肯定且可以证明的是，假如法国只有1.5亿利弗尔处于公共流通中，则若要设法让流通量增加2 000万、3 000万或5 000万利弗尔，则必然同时会从邻国那里吸走等额的货币量。”[③]

柯尔培尔充分认识到，获取财富的重要手段在于对外贸易，他说“单靠充足的货币便能繁荣并强大”，而货币供应量的显著增加“只能靠贸易以及依附于贸易的一切”来获得。[④] 为了大力发展对外贸易，柯尔培尔组织建立享有垄断权的贸易和殖民公司；大力支持对加拿大、密西西比河领域等海外地区的探险和拓殖；积极开展港口建设，大力发展造船业；大力发展海军，以保护远洋贸易。为了增加贸易顺差，还制定和实施一系列保护国内市场，推动产品出口的税收政策。提高关税以减少国外工业制成品进口，降低关税促

① 默瑞·N·罗斯巴德：《亚当·斯密以前的经济思想：奥地利学派视角下的经济思想史（第一卷）》，392页，北京，商务印书馆，2012。

② 伊奈丝·缪拉：《科尔贝：法国重商主义之父》，134页，上海，上海远东出版社，2012。

③④ 同上书，135页。

进外国原材料进口及本国制成品出口，等等。

柯尔培尔重商主义政策的核心是发展制造业。在柯尔培尔主持下，兴建了肥皂厂、镜子厂、冶炼厂、造船厂、军火厂、毛纺厂、麻纺厂、丝织厂、挂毯厂、制绳厂、器皿厂、花边厂、造纸厂、家具厂、车辆厂，等等。这些工厂以“皇家工厂”的名义组建，享有相应行业或产品生产的垄断权。在柯尔培尔的经济革命中，国家主导着制造业的发展。政府帮助企业招聘外国企业家和工匠，为开办企业提供免税待遇、市场特权、免费场地、开业津贴等，还帮助企业收买国外的商业秘诀，帮助进口机械工具等等。为促进制造业发展，柯尔培尔着力改善基础设施，统一国内市场。政府资助修建了连接大西洋和地中海的朗格多克运河，还强制农民以服劳役的方式修筑了 15 000 英里的公路。通过降低水陆交通通行费，撤废或限制国内关税，统一国内税则，流通环境得以大大改善。

同其他重商主义者一样，强调对生产过程的劳动投入，积极鼓励人口增长也是柯尔培尔政策的核心内容。柯尔培尔主张最大限度地动员劳动力投入生产，鼓励早婚，鼓励生育，鼓励使用童工。他鼓励年轻人在 20 岁以前结婚，并对人口众多的大家庭实行累退性减税。他主张限制神职人员的数量，强制无业者做工。柯尔培尔强调，必须为任何年龄的男人和未婚妇女找到工作，为的是“保护他们脱离作恶的机会”。他要求学徒期满的工匠日工作 12 到 16 小时，“除了恰当和必要的吃喝外，中间没有休息时间”。他认为过多的节假日妨碍生产的节奏，应该大大减少。1669 年的法令将休息日中的圣日减少 17 天，他的理由是“多数工人都是粗野之徒，会在这些本应虔诚信奉上帝、老实操持家务的日子里纵酒宴乐、为非作歹。”[①] 柯尔培尔“强制劳动”的主张，更多的是出于经济方面的考虑。显然，人口数量的增长及劳动投入的增加，可以有效降低工资，降低制造业成本。

柯尔培尔的重商主义，还包括为发展制造业而实施的一系列政府管制。柯尔培尔授予“皇家工厂”特许垄断权，一是出于财政目的，二是出于管理

① 伊奈丝·缪拉：《科尔贝：法国重商主义之父》，169 页。

和控制的需要。柯尔培尔对勤劳节俭、努力工作、讲求实效、理性而自觉的荷兰人很是崇敬，而对自己的自由散漫、缺乏严谨作风的同胞则不是很信任。他尤其看不起那些眼里只有自身利益而没有国家和社会责任的目光短浅、自私贪婪、机会主义的商人。为此，他强调对经济活动进行全面的管制。1666年，柯尔培尔发布法令，要求所有自由工匠加入行会，其目的是对工业发展实施有效监督检查，以规范工作流程，执行统一的产品标准，提高产品质量。柯尔培尔要求对整个纺织工业领域实行一套无情的纪律约束。如果生产布时不严格遵守关于布匹宽度、长度、厚度以及染色程序等方面的规定，那就是非法的，将要受到制裁。他认为，如果没有某种令人恐怖的检查机制，便无法实行“最高程度的完美”[①]。整个任职期间，柯尔培尔勤勤恳恳、兢兢业业、任劳任怨、忠于职守。他制定严格的规章制度并亲力亲为监督实施，为了国王的事业，他不怕得罪利益集团。他在工作中总是那样冷酷、理性、严肃而强硬，当时的人们称他为“大理石般的男人”。

路易十四曾经的梦想是使法国成为欧洲最强大的国家，并让每个法国人都能吃上鸡。他的理想的实现并不容易。如果没有柯尔培尔，这一切也许只能是幻想。柯尔培尔执政期间，法国的制造业得到了大发展，不仅基本消费品和军事用品实现了自给，还在国际市场上赢得竞争力。国内经济建设蒸蒸日上，财政状况实现好转；如果没有柯尔培尔重商主义打下的经济基础，路易十四期间的大肆征伐及其成效将不可想象。柯尔培尔上任时，法国只有战舰 18 艘，而到他去世的时候，已经有 276 艘。据历史学派的先驱者弗雷德里希·李斯特所说：“到他去世的时候，法国已经拥有毛纺织机五万台，丝织品年产值达五千万法郎；国家岁入增加了两千八百万法郎。这时法国已拥有高度发达的渔业、大批的商船和一支强大的海军。”[②] 在现代著名经济史学家 W. W. 罗斯托的眼里，柯尔培尔的影响是世界性的。“柯尔柏（柯尔培尔）的榜样，不仅为法国在路易十四时期成为强国奠定了基础，也对整个欧洲大

① 伊奈丝·缪拉：《科尔贝：法国重商主义之父》，167 页。

② 弗雷德里希·李斯特：《政治经济学的国民体系》，52 页，北京，华夏出版社，2009。

陆的经济政策产生了深远的影响。”①

后世对柯尔培尔主义有各种不同的评价。在主流经济学的观念中，柯尔培尔的形象基本上是负面的。一个普遍性的论调是，柯尔培尔的重商主义是一种非均衡的发展政策，他过于重视工商业而忽视了农业，甚至以牺牲农业来发展工商业。其结果，在工商业得到迅速发展的同时，农业衰落了。进一步，农业的衰落破坏了工商业的基础，最终导致法国整个经济体系的崩溃。李斯特对此持有不同的意见。他认为，柯尔培尔的重商主义政策是他生前法国经济强盛的源泉，却不是他身后法国经济衰落的祸首。柯尔培尔之后法国经济衰落的原因在于路易十四1685废除“南特敕令”。

柯尔培尔去世后，他的重商主义政策的实施有所放松。但是，一些负面的影响还是逐渐显现出来。比如特许垄断经营权的出售导致形形色色的寻租，破坏了市场的正常运转；比如过分严厉的管制抑制了创新，制约了技术进步；比如对粮食价格的管制导致农民种粮积极性的下降并导致农业的衰落，等等。极端重商主义遗留的问题逐渐恶化，加剧了法国经济的衰退并成为后来财政金融危机爆发的原因。再往后，在反思、批判和清算柯尔培尔主义的过程中，强调农业重要性并主张自由放任的法国重农学派逐渐兴起。

① W. W. 罗斯托：《这一切是怎样开始的——现代经济的起源》，46页，北京，商务印书馆，1997。

约翰·罗：天才与赌徒

在主流经济学的历史上，约翰·罗（John Law，1671—1729）算不上经济学家或者思想家。但是，约翰·罗却又是思想史上有着重要影响的人物。经济学的历史是从斯密正式开始的，斯密经济学的一个重要来源是重农主义。而马克思说，重农主义的产生，受到两个因素的直接影响，一是柯尔培尔的重商主义，二是约翰·罗的货币改革。同柯尔培尔一样，约翰·罗在历史上的形象也是负面的。他们在历史上的意义，似乎仅仅是成为18世纪古典经济学家们攻击的对象——古典经济学是在批判和清算重商主义的过程中产生和发展的。

约翰·罗出生于爱丁堡的银行世家，他的父亲是苏格兰有影响的大银行家。罗天资聪颖却又不务正业，作为一个花花公子，过着纸醉金迷的生活，因此而得到“浪荡子约翰”的绰号。20岁时，罗厌倦了爱丁堡的生活，他需要一个更广阔的世界来施展才华，于是他来到伦敦。继续着花天酒地的生活，约翰·罗成为职业赌徒。成为赌徒并不是一件不光彩的事情，据孟德斯鸠在《波斯人信札》中所说，在当时的欧洲，赌徒也是一种身份和地位，它意味着财产、尊贵及出人头地所拥有的一切。约翰·罗是那样一个风流倜傥的赌徒，他在赌场上大显身手，又在消费中引领潮流。他的身边总围绕着一群粉丝，他们向往他的生活，羡慕他的天才。他曾经败坏了爱丁堡的风气，现在又继续败坏着伦敦，传统道德的维护者将他视为洪水猛兽。

1694年，约翰·罗23岁，他参加了一场不光彩的决斗并杀死了人。罗被关进了监狱，并被判处死刑。在一些有影响的大人物的游说下，国王同意赦免他。死者家属不愿意放过他，更有一帮卫道士希望他在世界上消失。在朋友的帮助下，罗逃离监狱，离开英国。他选择去荷兰。荷兰是最早进入资本主义的国家，也是罗所向往的冒险家的天堂。在荷兰，约翰·罗开始做些正经事情。荷兰发达的银行制度深深吸引着罗，他对当时欧洲规模最大的阿姆斯特丹银行进行了深入研究，对纸币发行制度形成了自己系统的认识。

10 年后，约翰·罗回到他的祖国苏格兰。他选择回来并非因为爱国，而是因为在那里可能有他的发展机会。当时的苏格兰正陷入严重的经济萧条之中，工业衰落，商业停滞。罗认为，苏格兰的经济问题在于贸易落后，而贸易不振的原因又在于缺乏货币。他相信重商主义者托马斯·孟的信条——货币推动贸易，贸易推动货币。解决苏格兰经济问题的关键在于增加货币，而货币可以无中生有地创造出来。1705 年，约翰·罗出版了《论货币与贸易——兼向国家供应货币的建议》，提出他的不动产银行计划。建立不动产银行，即发行以土地作担保的纸币："如果一块地租为 100 镑的土地价值 2 000 镑银币，这块土地可以通过纸币来转让，这种纸币可以分割，那么，就可以把这块土地当作 2 000 镑流通货币，任何接受这种纸币的人所得到的价值，就等于相同数额的硬币所具有的价值。"① 尽管苏格兰没有适于铸造货币的资源，但那里有着充分的土地，也就是有着发行纸币的充分的担保品。发行纸币不成问题。而且，以土地为担保的纸币，其信用不仅不会比以金银为担保的纸币差，甚至会更好。土地之所以比金银更适合作为担保品，因为土地数量不会增减从而土地价值稳定而可靠；因为土地可以改良从而其价值可以增加；因为对土地的需求会增加从而土地的价值会上升；因为土地不会丧失其用途从而其价值不会降低；还因为土地的用途不会被其他商品所取代，等等。约翰·罗对自己的计划信心满满，但苏格兰政府却以为这不过是一个疯子的狂想，是一个痴人在说梦。

又过了 10 年，约翰·罗终于等到了机会。帮助他实现理想的，不是苏格兰也不是英格兰，而是法兰西。柯尔培尔之后，法国经济陷入衰退，甚至出

---

① 约翰·罗：《论货币和贸易——兼向国家供应货币的建议》，85 页，北京，商务印书馆，2007。

现严重的财政危机。1715 年，路易十四去世，他年幼的曾孙登基，这就是路易十五。当时法国外债高达 30 亿利弗尔，而每年的税收仅 1.45 亿利弗尔，除去 1.4 亿利弗尔的政府日常开支，能用于支付外债利息的仅仅 500 万利弗尔。面对国家的财政危局，摄政王菲利普·奥尔良公爵心急如焚。这时，约翰·罗带着他的纸币银行计划出现了。创办纸币银行的计划被苏格兰议会拒绝之后，约翰·罗又来到欧洲大陆，继续他的赌徒生活。在一个又一个城市，他掀起一阵又一阵狂潮，他演绎着财富的神话，引领着时尚的潮流，也不断刺激着卫道士们的神经。当他最后决定定居巴黎的时候，他带来的财产高达 160 万利弗尔。这笔巨额财产来自赌博以及证券投机和珠宝买卖。当约翰·罗向奥尔良公爵呈献他的纸币计划的时候，奥尔良应该清楚这可能是一个饮鸩止渴的计划。可是，在当时那样危急的局势下，奥尔良还有什么更好的选择吗？

1716 年，奥尔良授权约翰·罗组建一家私人银行，以不完全准备发行纸币。首期仅发行 6 000 万利弗尔，收到了意想不到的效果。经济受刺激而复苏，纸币的信用不断提高，市价不断攀升。受此诱惑，1718 年，奥尔良授意将罗氏银行改组为皇家银行，也就是中央银行，再次发行纸币 10 亿利弗尔。罗所发行的纸币，也非如《论货币和贸易》中所主张的那样以土地为担保的纸币，而是一种以金银为担保的纸币，只不过这种纸币并不要求完全准备。其实也正是因为不完全准备，银行才有了货币创造的能力。当然，这样一把双刃剑，也留下了巨大的风险。开始的时候，一切还算正常，纸币的发行推动了经济发展，国家的债务困境也得到缓解。

此前的 1717 年，因为纸币发行的成功，约翰·罗被赋予特许权，成立密西西比公司，垄断对东印度、中国及南太平洋的贸易，并获得对密西西比流域的开发权。在密西西比流域开发上，公司还是做了一些工作，公司开发建设了一座新城，这就是新奥尔良。公司成立之时，发行了 2 万新股，其对象主要是贵族、大银行家及大土地所有者。为了增强吸引力，公司承诺每年支付股息每股 200 利弗尔。新股发行取得巨大成功。密西西比公司股票成为市场热捧的对象，股价在短时间内翻了几番。因为巨大的市场吸引力，公司再次发行5万新股。一时间，密西西比公司股票的发行和交易引致巨大的投机狂潮。有30万人抢购公司股票。外地人纷纷涌入巴黎，为应付紧张的住宅，旅馆将床铺开到了阁楼，厨房甚至在马厩里。约翰·罗所在的街道因为投机者的大量涌入而水泄不通，约翰·罗不得不搬家。约翰·罗一时间成为上流社会的红人，贵族们争相接近他，为的是得到新股发行的优惠。有的贵族不顾身份从烟囱潜入约翰·罗家里，还有贵妇人为了接近约翰·罗故意将马车弄翻在约翰·罗经过的马路上，以引起怜香惜玉的约翰·罗的注意。因为股份公司和纸币银行的成功，约翰·罗不仅被批准加入法国籍，还被任命为财政大臣。

约翰·罗将密西西比公司的运作与皇家银行的纸币发行结合起来，为政府债务问题提供一个新的解决方案：发行股票——回收纸币——购买国债——以国债为准备进一步发行纸币……一切似乎运转得井然有序，股价在上涨，物价也在上涨，国债被清偿。这一体系持续有效运转的条件，是公众对公司及纸币的信心。对公司的信心要求公司正常有序地经营，要求持续增长的利润，但是，密西西比公司并没有实实在在从事对外贸易和海外开拓，或者说，它实际所从事的工作与股价远远不匹配。对纸币的信心要求银行充分的准备、完善的财务结构，但约翰·罗所信奉和坚持的就是不完全准备。最终，问题在某个薄弱环节出现，约翰·罗的体系宣布解体。

约翰·罗掀起的金融制度改革，掀起了一场财富狂潮。在密西西比泡沫膨胀期间，越来越多的投机者实现了发迹致富的美梦。“百万富翁”这个词汇就是在这期间出现在巴黎的。约翰·罗的改革成就了很多人的财富梦想，而约翰·罗却没有利用这个机会捞取个人利益。当他因为操控新股发行而成为巴黎上流社会追逐的红人的时候，他没有为牟取私利留下任何空间。他拒绝徇私舞弊，拒绝走后门。同时代的圣西门公爵说，在约翰·罗身上看不到任何欺骗和贪婪。约翰·罗一生都在赌博，但一个赌徒也可以是有理想、有信念从而是有德行的。他将改革视为一种使命、一种理想，而不是个人发家致富的机会。为了事业的成功，他愿意牺牲某些经济的甚至政治的利益。

在新股发行的时候，位高权重的孔蒂亲王找到约翰·罗，要求得到购买新股的某种优惠，罗拒绝了他。气急败坏的孔蒂亲王决定破坏罗的改革计划。此前，他已经乘着约翰·罗货币改革的东风发了大大的一笔横财。他用马车拉着从炒作密西西比公司股票赚取的皇家银行的纸币，要求兑现。皇家银行没有那么多黄金白银满足亲王的兑现要求。罗氏体系存在内在风险并且面临崩溃的消息走漏出来，由此引起更大规模的挤兑。情况极端危急的时候，一天就挤死了 15 人。约翰·罗采取的拯救危局的措施是禁止硬币流通，其结果使公众对纸币彻底丧失信心，纸币大幅贬值。股市因此受到拖累，密西西比股票价格大跌，最终成为废纸。泡沫破灭了。创造财富神话的约翰·罗成为罪人。他使很多人短时间成为百万富翁，又使他们的财富瞬间灰飞烟灭。曾将约翰·罗奉为神明的公众现在对他充满着仇恨，他们要求审判并判处他死刑。要是没有奥尔良公爵的保护，失去大臣职位的约翰·罗寸步难行。在这年年底，约翰·罗带着儿子潜逃出巴黎。他留在巴黎的全部财产被没收。此后，约翰·罗继续在欧洲各大城市游历，继续他的赌徒生涯。他不再那么风光，不再那么传奇；他不再像以前一样被粉丝们围绕，也不像以前那样能够引领潮流。1728 年，孟德斯鸠见到了约翰·罗。他已经很衰老了，总在絮絮叨叨自己的风光无限，他仍然相信自己体系的正确，相信自己思想的价值。

马克思说约翰·罗既是骗子又是预言家。说他是骗子可能说不过去。约翰·罗相信他的计划，而且毕生忠实于自己的理想。骗子们大多是现实主义者，而约翰·罗的人生证明他是一个理想主义者。更切合实际的判断，约翰·罗是一个天才和赌徒。他的《论货币和贸易》，他在巴黎的货币制度改革，他的纸币制度发行及管理思想，他的银行货币创造的思想，证明他有着思想创新及管理创新的能力。约翰·梅纳德·凯恩斯将约翰·罗视为通货管理思想的鼻祖，而后人又把凯恩斯看成是约翰·罗在现代的化身。但约翰·罗终究还是一个赌徒。在货币改革之前他在赌博，在货币改革失败之后他还在赌博，而他的货币制度改革本身，也是一场赌博。

约翰·罗还是一个花花公子。一个含着金钥匙出生的人，很难不成为花花公子。他的花花公子的品格，甚至在他的理论著作中都能体现出来。在他的理论中，纸币和货币、信用和金钱、信贷和资本之间没有什么区别。有了钱就可以推动经济，而钱可以无中生有创造出来。他不知道也不需要知道，推动经济的资本本质上并不是货币更不是纸币，而是现实的投入品，是劳动力、原材料和工具设备。资本从何而来？资本代表什么？资本如何促进就业和生产？……对于一个花花公子而言，这些都不成其为问题。这些问题是被前置了的、是被假设了的。一个花花公子的世界是一个别人为他准备好了的世界！

总的来看，约翰·罗是一个实践者、一个冒险家、一个花花公子和理想主义者、一个天才和赌徒。约翰·罗在主流经济学历史上的形象是负面的，但他对历史的影响，不论正面还是负面，确实是重要而且不能忽视的。

威廉·配第："泛经济主义"

所谓"泛经济主义"，指的是一种从经济的角度分析、解释并解决一切经济或非经济问题的思维方式。在"泛经济主义者"的视野里，一切问题都是经济问题，都可以进行成本—收益、投入—产出的分析，都可以从经济的角度找到原因及解决的思路。古典经济学的创始人之一威廉·配第（William Petty，1623—1687）就是这样一个"泛经济主义者"。

对经济学来说，威廉·配第作为创始人之一的地位无可置疑。这位热衷于出人头地、娴熟于投机取巧的冒险家，不仅是医学博士、解剖学教授、音乐学教授、外科医生、土地测量总监、议员、骑士、大土地所有者，更是"政治算术"的发明人，是现代经济学的奠基者。马克思说他是"政治经济学之父"，同时也是统计学的创始人。威廉·配第对经济学发展的贡献主要有两个方面：一是第一次系统研究了政治经济学的方法问题，奠定了政治经济学作为独立学科的方法论基础；二是他关于诸多经济问题的研究，拓展了经济学的研究领域。当然，在之后的经济学发展历程中，不同经济学家或者经济学流派对配第思想的评价并不一致。比如，马克思主义经济学更多承认并继承的是配第思想中与价值或者剩余价值有关的那些东西，凯恩斯主义经济学更多承认并继承的是与宏观经济学有关的东西，现代经济学可能更多继承的则是与方法论有关的东西。

据科学社会学奠基人罗伯特·金·默顿的《十七世纪英格兰的科学、技术与社会》，在威廉·配第所处的17世纪，在清教伦理的潜移默化之下，科学成为一种时代精神；配第对经济学研究方法的探索，是这种时代精神的一种体现。配第的"政治算术"，同时是对培根（1561—1626）及霍布斯（1588—1679）经验主义认识论传统的一个继承和发展。霍布斯曾经是培根的学生，而配第曾经是霍布斯的研究助手。配第的"政治算术"，实质上是一种统计学的或者算术的、归纳的或者实证的研究方法；同不借助于数字、计量及尺度的传统的演绎和推理相比，配第所主张和应用的"政治算术"，在提高解释的能力及沟通的效率方面具有明显的优越性。在配第的时代，还没有正式的国家统计，他所能利用的具有较高可信度的统计数据，主要是教堂的出生和死亡登记。在他的著作中使用到的各种数据，大多是"据说"、"据推测"。不过，尽管粗陋，配第方法论的方向是正确的，他实际上成为后来经济学应用数学的重要渊源。当然，配第的这种影响包括了积极和消极两个方面，比如在配第那里就已经出现了这种倾向——数据是用来证明所要证明的观点的，其真实性并不重要。他说，能够证明为真实的就是真实的。

配第在方法论上的另一个重要影响，是他提出了"科学研究非道德化"的命题。我们知道，约翰·海尔斯（？—1571）以来的传统，经济学就是在道德哲学的框架下展开的。本来，按照现代经济学史学家卡尔·波兰尼（1886—1964）的说法，经济问题总是嵌入政治、历史和文化环境之中的，没有真正可以脱嵌的经济问题，也没有真正可以脱嵌的经济学。波兰尼的观点是针对日益形式化从而日益脱离现实并失去解释力的新古典经济学而言。就古典经济学形成时期的威廉·配第来说，"科学研究的非道德化"主张仍然具有重要意义。介入分工过程并承担专业化的职能，是学科产生和成长的必要条件。"科学研究非道德化"主张的意义在于，它有助于将经济学从道德哲学的庇护和束缚中解脱出来，使其确立自己独立的研究对象，构建自己独立的研究方法，最终使其成为独立的研究学科。在经济学的历史上，这项工作进展并不顺利——至少斯密的传统背离了这一进程——不过，最终的发展还是与配第指明的方向一致。

现代经济学借助于理性选择工具，将其研究领域侵入政治、社会、历史、文化等领域，这种现象被叫做"经济学帝国主义"。经济学历史上的第一个帝国主义者应该是威廉·配第。如果说获得诺贝尔经济学奖的加里·贝克尔因为拓展经济学的研究空间而深化了经济学研究的话，配第则是在拓展经济学研究空间，建立经济学研究领地的过程中建立了经济学。配第是经济学的哥伦布。天资聪明又勤于思考的配第研究了他所处时代的几乎所有经济问题：分工和市场，价格和价值，垄断和竞争，供给和需求，成本和收益，工资和利润，货币和利息，税收和地租，国际贸易和国家干预……他对一切经济问题都兴致盎然，他对所有有趣的问题都愿意下功夫研究探索。他的很多研究成果成为后人继续前行的阶梯。他的最低工资理论、人口理论、税收理论、地租理论，在斯密及斯密之后的古典经济学中，都有着重要的影响。恩格斯（1820—1895）曾经这样评价配第："配第在政治经济学的几乎一切领域中所作的最初的勇敢尝试，都为他的英国后继者所接受，并且作了进一步的研究。在1691年（达德利·诺思的《贸易论》——本文作者）到1752年（大卫·休谟的《政治论丛》——本文作者）这段时期，这一过程的痕迹，就是对于最肤浅的观察者来说，也是十分明显的，因为这一时期比较重要的经济著作，无论赞成或者反对配第，总是涉及配第的。"①

配第的"经济学帝国主义"是"泛经济主义"的一种表现。对于现实主义的配第而言，经济问题是一切社会及政治问题的核心。不仅一切经济和非经济的问题都可以用经济学的思维来解释和分析，而且，经济手段也是解决一切经济和非经济问题的法宝。在一个经济的世界里，在一个人们以经济利益为行为准则的社会中，没有什么问题不可以归结为经济问题，没有什么经济问题不能通过经济手段来加以解决。"泛经济主义"的观念在他出版于1662年的《赋税论》中有着明显的表现。知道配第的人都知道配第的这句名言——"土地是财富之母，劳动是财富之父"。将这一句话解释为劳动价值论的一个例证实在是一种误读，配第说这句话是为了强调劳动或者劳动力对于国家财富生产的重要性，而他对这种重要性的强调体现的正是"泛经济主义"的观念。配第是在《赋税论》之第十章《刑罚》中提及这句话的。他说："我们认为，土地是财富之母，劳动是财富之父，劳动是创造财富的能动的要素。

① 恩格斯：《反杜林论》，234页，北京，人民出版社，1993。

所以我们要记住，国家杀死其成员，或者切断其成员的肢体，或者将其监禁，都等于惩罚国家本身。因此，国家应该尽可能地避免对其成员实行这种惩罚，而把这种惩罚改为能够增加劳动力和公共财富的罚款。"[①] 很明显，配第的意思是，劳动是财富的来源，因此破坏劳动力就是破坏财富的生产。对于刑事犯罪，最好的惩罚手段是罚款而不是刑罚。至于交不起罚款的人，可以将其罚为奴隶，这样做增加而不是减少劳动力。配第还认为，欧洲国家因为宗教问题而爆发的战争，直接原因也在于对宗教异端者采取了不适当的手段加以迫害，如极刑、剥夺自由、残害身体。采用罚款才是一种更加有效的手段，既可以保持劳动力，保持财富的生产手段，又不至于引起更大的仇恨。以罚款取代刑罚的"泛经济主义"观念，自然是一种天真幼稚的浪漫观点。经济手段有其特定的适用范围，并非什么问题都可以用经济方法来解决。某些超越经济性质的问题，只能使用非经济的手段来分析、解释和解决，在这些领域应用经济手段，其效果可能适得其反。

配第的"泛经济主义"观念，还体现在他对某些传统伦理道德的背离上。个人的奢侈消费在传统伦理上是不具有合法性的。但是在配第看来，只要对经济发展有好处，只要有利于国家财富的增长，是否吻合传统伦理就无所谓了。他说："搞盛大的集会，看起来毫无意义，但是正是这种盛大的集会的支出使得被征收上来的货币立刻回到了那些对社会最有用的人的手里，也就是回到了酿酒师、烤面包师、鞋匠、裁缝等人手里"[②]。这样的收入循环，使经济得以发展，使财富得以增长。他甚至还提出绝对的浪费对于经济增长也可能具有积极的经济效应，这一观念早于曼德维尔（1670—1733），更远远早于凯恩斯（1883—1946）。他说，社会上的闲散人员无事可做是一种浪费，"即使是让他们到索尔兹布里平原修建无用的金字塔；或者是让他们把斯顿亨奇的石头运到塔山上去；或者让他们做其他类似的工作，都无所谓。至少这类工作既可以锻炼他们的精神，使他们养成服从命令的习惯；又可以锻炼他们的身体，使他们在

① 威廉·配第：《赋税论》，91页，北京，华夏出版社，2006。

② 同上书，27页。

必要的时候能够从事为社会带来更多收益的劳动。"①

配第的"泛经济主义"观念，显示出他的经济分析的不成熟。美国经济学家迈克尔·佩罗曼说过这样一段话："在古典经济学开始的时候，焕发出一种少年人般的光彩，或许没有一位古典经济学的实践者在成就方面，或是在不成熟方面，可以与无可比拟的威廉·配第相提并论。"② 这种不成熟，也许正是科学探索和创新的特点。一旦成熟了，创新可能也就消失了。

---

① 威廉·配第：《赋税论》，23页。

② 迈克尔·佩罗曼：《资本主义的诞生——对古典经济学的一种诠释》，128页，南宁，广西师范大学出版社，2001。

约翰·洛克：为财产权辩护

对经济思想史来说，哲学家约翰·洛克（John Locke，1632—1704）有着特别重要的意义。马克思说，洛克的哲学是之后政治经济学一切观念的基础。在某种意义上，经济学的核心精神——自由竞争、市场选择、财产权保护——是经由洛克而被逐渐塑造出来的。作为认识论的经验主义的近代代表，洛克的白板论不仅为经验主义提供了新的有力的解说，而且这一观念因为强调人的主观能动性，强调人在知识探索中的自主性而提升了人的存在价值；他的社会契约论所构建的理想政府是一个有限的民主的政府，公民让渡裁判权而保留着基本的天赋人权，因此有监督、限制、重新选择代理人的权利，这一观念内含的个体自由和社会民主与霍布斯有着根本的不同；他的关于人的行为动机的享乐主义观念，将人的行为动机建立在对幸福或者痛苦的主观感受上，由于幸福或者痛苦仅仅是个人的感受，个体是自身感受唯一享受者和评判者，这一观念由此必然导致自由主义。

洛克生活在变化多端、风起云涌的 17 世纪中后期到 18 世纪初的英国，政治上的资产阶级革命及经济上的产业革命和对外扩张使这个时代充满着变化，也充满着朝气，也使洛克的人生丰富多彩。洛克的思想既是对他所处时代的社会经济变化的反映，也是他丰富人生的写照。在洛克的 17 世纪，科学和理性已经确立了在先进知识分子思想中的崇高地位，成为一种进步的时代精神。那个时代最受欢迎的是数学、物理学、化学、医学等这样一些具有自然科学性质的学科。科学是那个时代先进知识分子的追求，在科学精神引导下，洛克在牛津大学就学和工作期间，开始研究医学。在洛克的成长过程中，受到培根的重要影响，他接受了培根的科学精神和经验主义认识论，同时也接受了培根倾向于专制主义的政治理念。

1667年，当时的政治家阿什利勋爵到牛津大学访问他的一位医生朋友，洛克与之相识。还没有取得医生执业资格的洛克自告奋勇为勋爵做了一次外科手术，成功治愈了困扰勋爵多年的包虫病。勋爵异常欣赏洛克，邀请他成为自己的私人医生和秘书。后来，阿什利勋爵被再授为沙夫茨伯里伯爵，并担任财政大臣。因为需要帮助伯爵准备关于经济问题的文稿，洛克开始研究经济问题。洛克同时还是沙夫茨伯里伯爵的孙子即后来的沙夫茨伯里伯爵三世的老师。再后来，沙夫茨伯里伯爵三世成为著名的哲学家。曼德维尔主张个人的"恶德"是社会进步的动力源泉，他因此将主张人的理性在不断成长从而美好和谐的道德世界可能实现的沙夫茨伯里伯爵三世树为攻击的靶子，在《蜜蜂的寓言》中对之大肆挞伐。再后来，斯密在《道德情操论》中又批判了曼德维尔并对沙夫茨伯里伯爵三世表示支持。这一切都与洛克有着某种关联。

沙夫茨伯里伯爵不仅是一位政治家，也是一位有影响的哲学家，他持有古典自由主义的观念。成为沙夫茨伯里伯爵的私人医生、秘书、顾问和亲密朋友之后，洛克的思想有了某些变化。他放弃了从培根主义那里继承来的倾向于专制主义的观念，全面接受沙夫茨伯里伯爵的自由主义。默瑞·N·罗斯巴德在《亚当·斯密以前的经济思想：奥地利学派视角下的经济思想史(第一卷)》中说："从沙夫茨伯里那里，洛克吸收了辉格党完整的古典自由主义观点，正是沙夫茨伯里把洛克改变成一个坚定的、为宗教宽容奋斗终生的斗士，也成为自我所有财产权利和自由市场经济等概念的自由意志主义倡导者。"[①] 有人说，没有沙夫茨伯里，洛克绝对不会成为洛克。

洛克成为沙夫茨伯里伯爵私人秘书之后写作了他的第一篇经济学论文，这就是1668年的《论降低利息率及提高货币价值的后果》。当时有人主张政府干预市场利率，将通行的6%的利息率降低为4%。主张者提出的一个理由

① 默瑞·N·罗斯巴德：《亚当·斯密以前的经济思想：奥地利学派视角下的经济思想史（第一卷)》，493页。

是，荷兰经济繁荣，就是因为其利息率很低。其实这是一种倒因为果的思维。经济繁荣使货币供给增加，利息率才得以降低，而不是相反。洛克的文章提出了一个对后来的自由主义经济学有着重要影响的观点——借贷利率受货币资本供给和需求的影响，呈现出自然的水平，任何市场干预最终都归于无效。这就是“自然利息率”的观念。“自然”的观念就是市场的观念，也就是自由主义经济学的核心观念。后来斯密的“一只看不见的手”，萨伊的“供给自动创造需求”，弗里德曼的“自然失业率”等等，都是这一观念的发展。说来颇有趣味。洛克的祖父曾经是大地主，到了父亲一代也许是热衷于参加革命——老洛克曾经参加过克伦威尔的骑兵——家道中落而成为小地主。洛克一生都热衷于积累财富。每有收入就进行投资，或者是对外贸易，或者是有价证券。这是一种清教徒的精神，努力工作，积极积累财富却又勤俭持家，节制消费。洛克去世时，积累下 2 万英镑的财富，这可是一大笔钱！而在 1676 年的时候，洛克曾经贷放过 600 英镑，利率就是 6%。

洛克一直跟随着沙夫茨伯里伯爵。查理二世上台后，英国的政治生活中还一直充斥着自由主义与专制主义、资产阶级与封建力量、新教与天主教的斗争。沙夫茨伯里伯爵后来成为反对派的领导人，而洛克则是他的同盟军。1679 年，为了阻止查理二世的弟弟天主教徒詹姆斯二世上台，沙夫茨伯里伯爵领导部分议员提出“排斥法案”。之后，议会分离为代表资产阶级、新教的辉格党和代表封建贵族、天主教的托利党。为了同保皇的、专制主义的、君权神授的观念作斗争，洛克从 1881 年开始写作《政府论》。《政府论》的上篇集中于对君权神授、王权至上的观念进行清算和批判，因此具有破坏的性质；下篇则具有建设的特点，包括了具有重要历史影响的社会契约论、财产权理论及国家权力构成及制衡的理论。在之后的思想发展中，《政府论》不仅成为自由主义经济学的经典，更是资产阶级法权理论的重要渊源。《政府论》还没有写作完成，洛克经历了一场重要的变故。1682 年沙夫茨伯里伯爵组织了一次谋反，事情败露，逃往荷兰。因为与伯爵的亲密关系，担心受到牵连和迫害，1883 年洛克也逃亡荷兰。洛克出逃之后，他的住房被充公，财产被罚没。

洛克在《政府论》中阐述的关于财产权的理论，是对私人财产权的辩护，也是对政府侵犯个人财产权暴行的控诉和谴责。洛克认为，自然界的各种资源是上帝赋予众生的，因而是共有的。但是，我们每个人都只属于自身，我是我的所有者。每一个人对自身身体的应用具有所有权或者控制权，从而对自己身体应用的结果也具有所有权和控制权。当人通过劳动，也就是通过应用自己的身体使某一共有的自然资源脱离自然的状态时，因为无法将自有的劳动同共有的资源分离开，于是就形成对财产的排他的所有权。每个人对自身的所有权都是天赋的、神圣的，因而经由自身劳动形成的财产所有权也是神圣的。洛克进一步强调，在天赋的生存权、自由权和财产权中，财产权具有基础的地位，因为没有财产就不能生存，没有财产权也没有自由。在这个意义上，可以说财产权就包括生存权和自由权。现代著名经济学家、自由主义经济学的最卓越的代表哈耶克就财产权对自由的意义作了进一步的阐述，他说，自由是人生最重要的价值，人们追求自由不是为了实现别的目的，而是为了自由本身。私有财产的功能在于为独立的个人实现自由划定一个“私人领域”，所以财产权利是个人自由不可分割的部分。现代著名经济学家、公共选择学派的创始人詹姆斯·布坎南在其《财产与自由》中，将洛克关于财产权与自由的关系作了进一步的深入系统的分析。布坎南说，对于自由的实现而言，财产权的意义在于为人们提供退出市场的选择，也就是说，财产权的意义在于退出权。因为有财产，人们可以避免由于进入市场而遭受的尊严受损和自由丧失，可以避免被市场套牢，避免被奴役、被压迫。但是，布坎南并非提倡人们凭借财产权退出市场而进入自给自足的生存中。布坎南更深远的意味是，只有市场是可以退出的，人们才会选择进入。财产权终究是自由选择的基础。洛克还继承和发展了西塞罗以来关于政府与财产权保护的观念，人们签订契约进入社会，目的之一是要得到政府对财产权的保护；如果政府不仅不保护私人财产权，反而成为破坏财产权的元凶，那么，政府的存在就是不合法的，公民有重新构建契约的权力。

沙夫茨伯里伯爵逃往荷兰的第二年就去世了。洛克在荷兰期间继续他的研究和写作。1685 年，沙夫茨伯里伯爵和洛克所反对的詹姆斯二世即位，英国政府向荷兰政府提出引渡 85 名谋反者的要求，洛克名列 84 名。荷兰政府拒绝了英国政府的要求。居留荷兰期间，洛克结识了荷兰执政奥伦治亲王及其妻子玛丽。玛丽是詹姆斯二世的女儿，新教徒。1688 年，英国议会各方力量达成妥协，驱逐了詹姆斯二世，迎立奥伦治亲王和玛丽共同执政。这就是“光荣革命”。这次政变，确立了英国“君主立宪”的政治制度，英国资产阶级革命经过妥协而完成。获得解放的洛克与玛丽女士一同乘船回国。1690 年，《政府论》出版；1691 年，《论降低利息率及提高货币价值的后果》出版。

一个人的思想和人生可能会有着某种关联。也许正是因为有着财产权被剥夺的经历，洛克的财产权理论才会那样清晰、那样深刻、那样意义深远。

达德利·诺思：第一个正确理解利息的人

马克思将达德利·诺思誉为17世纪英国资产阶级“最著名的理论经济学家之一”和“第一个正确理解利息的人”，而美国经济思想史学家斯坦利·L·布鲁说他是“世界上第一位杰出的自由贸易者。”[①] 为这位商人与政客赢得历史盛誉的，是他一生唯一的一部著作——薄薄的不过两万字的《贸易论》。

达德利·诺思（Dudley North，1641—1691）出生于英国贵族家庭，年轻时在土耳其经商，同时兼任垄断英国与中东贸易的黎凡特公司及垄断英国对非洲大陆贸易的非洲公司的董事。1681年达德利回到伦敦，那时他已经是一名成功的商人。达德利回国后所做的第一件大事，是协助他的兄长吉尔福特勋爵弗兰西斯对约翰·洛克的老师和朋友沙夫茨伯里伯爵的叛国罪进行调查和指控。辉格党领袖沙夫茨伯里伯爵因为受到托利党政府的迫害，试图组织武装反抗，计划暴露而失败。在这一事件中，洛克也受到牵连。达德利的工作很有成效，他因此被查理二世授予爵位，并被任命为海关专员、下院议员，后来还成为詹姆斯二世的收入管理人。因为对当时社会热议的经济问题的关注，达德利·诺思在1691年写作了《贸易论》一书，去世后由他弟弟罗杰·诺思（1653—1734）在1692年编辑出版。作为托利党人的达德利·诺思与作为辉格党人的约翰·洛克政见不同，但他们关注着相同的问题，并有着比较接近的自由主义主张。1668年，洛克担任沙夫茨伯里伯爵秘书之后不久

---

① 斯坦利·L·布鲁：《经济思想史》，41页，北京，机械工业出版社，2003。

就写作了《论降低利息和提高货币价值的后果》，反对政府操控利率，主张利率的市场决定。这部著作也是在“光荣革命”之后的1691年出版。达德利·诺思的著作似乎不像洛克的著作那样在当时就产生了重要影响。洛克的著作出版之后，就引起了广泛的关注，支持和反对的声音都热烈而经久不息。在18世纪，洛克关于货币和利息的思想深刻地影响过坎蒂隆、孟德斯鸠、休谟和斯密。达德利·诺思的《贸易论》没有这么幸运。这部著作出版后似乎遭到了有计划的查禁，很快就从市面上消失。这种情况可能与“光荣革命”后托利党的失势有关，与达德利·诺思参与对沙夫茨伯里伯爵的调查和指控有关。罗杰·诺思后来为他的兄长们写过一部传记，记述他们的人生奋斗和思想成果。一直到19世纪早期，在《贸易论》初版100多年后，罗杰的传记才引起了喜欢藏书的麦克库洛赫（1789—1864）的注意，将其再次编辑出版。李嘉图阅读之后，对其中的自由贸易思想给予了很高评价，之后，达德利·诺思才进入经济思想史的先贤祠中。达德利·诺思再次进入人们视野并受到重视，也与马克思对他的高度认同有关。

达德利·诺思1691年写作《贸易论》的背景与洛克1668年写作《论降低利息及提高货币价值的后果》相同，当时人们在热议英国有没有可能通过降低利息率来促进经济发展。提倡降低利息率的一个理由是，荷兰因为利息率低而推动了经济发展。这种牵强的解释显然是一种倒因为果的谬误。经济发展才是利息率降低的原因。洛克的主张是，利息率作为货币资金的价格，同其他商品价格一样是市场供求作用的结果，政府通过法律操控利息不仅无效，而且有害。洛克提出的“自然利息率”的观念后来成为自发市场观念的一个重要来源。达德利·诺思的分析更加简明扼要且切中要害。他认为，利息相当于货币资本的“租金”，决定利息率的不是货币，而是借贷资本的供求关系。同洛克相比，诺思的认识是一个进步。在洛克那里，决定利息的是货币的供求，也就是说，洛克还没有能够区分货币和借贷资本。洛克和诺思都受到配第的影响，但与同样没有区分货币和借贷资本的配第相比，诺思的认识显然已经深化了。也就是在这个意义上，马克思说：“诺思看来是第一个正确理解利息的人。”在后来的休谟的《政治论丛》里，提出了“真实资本”概念，他的认识与诺思才是一致的。在进一步的分析中，诺思发展出了自发市场机制作用下最优货币供应的思想。诺斯认为，在自由市场即货币自由铸造条件下，利息率即借贷资本价格的提高将使部分处于贮藏状态的金银被铸造而投入交易；而利息率的降低将使部分流通中的铸币被熔铸而退出流通。“货币的来去和多少，会自行调节，并不需要政治家帮忙。……货币少了，金银块就被铸造成货币；金银块少了，货币就被熔化。”[①] 因此，自由市场将保证任何情况下的货币供应与货币需求相适应，从而实现货币供应的最优。

诺思指出，降低利息率将减少借贷资本供应，在借贷资本需求一定的情况下，将引起借贷者之间的竞争，借贷资本供给者和需求者之间将通过各种秘密协议来规避法律。控制利率的法律终将失效。而且，通过法律人为降低利息率对经济发展尤其是对外贸易也是有害的。对外贸易面临更大的风险，要求较高的利率作为风险补偿理所应当。有时候对外贸易中的借贷利率可以高达 36%。如果法律将利率人为控制到 4%，对外贸易将会中断。所以，“最好是让借贷双方按他们的实际情况自行订立契约”[②]，而不是政府一厢情愿地干预。诺思进一步指出，利息率的降低不能推动贸易，而只会助长奢侈消费。根据当时英国的情况，借贷资本中只有十分之一用于经营业务，大部分用于个人消费。但是，即使这样，也不能提高利率以节制奢侈。进一步的分析中，诺思展示了他与曼德维尔同样深刻的关于奢侈消费与经济增长关系的认识。诺思认为，贸易发展的主要动力，来自人们贪得无厌的欲望。“假如人们仅仅满足于生活必需品，我们的世界将是一个贫穷的世界。”[③] 正是因为人们的贪婪和虚荣，因为人们不断增长的欲望，才推动着生产、贸易和经济的发展。通过法律禁止或限制奢侈，就是在断绝经济发展和社会进步的动力。所以，“有禁止奢侈法律的国家一般是贫穷的，因为，当人们受到这些法律限制，其花费范围较没有这些法律限制时来得狭窄的时候，他们的勤劳和才智同时受

① 达德利·诺思：《贸易论》，122 页，北京，商务印书馆，1982。
② 同上书，106 页。
③ 同上书，112 页。

到挫折，而这种勤劳和才智他们本来会用来获得钱财，以维持自己，按照自己的愿望充分予以花费。”[①] 诺思实际上已经阐释了后来被叫做“曼德维尔悖论”的“私人的恶德与公众的利益”的观念。他说：“禁止奢侈的办法对于维持家庭生活也许是可行的，但国家财富的增长却因此受到阻碍，因为财富唯有在从一个人的手到另一个人的手的不断转移中，才会更快地增长。”[②] 诺思为自由市场辩护的逻辑严谨而彻底，他反对以法律的形式降低利率，也反对提高利率以抑制奢侈消费。利息率唯一的调节手段只能是市场供求，破坏市场作用的任何做法都只会破坏经济正常运行。

诺思进一步从财富和货币观念出发来阐述自由贸易思想。诺思以为，财富是经由人们的勤劳和精明生产出来的超过人们消费需要的剩余，是满足人们进一步生产和消费的积累物。货币并不是财富，它既不是消费的对象也不是生产的工具，而只是价值尺度及方便交换的工具。以往的重商主义者主张贸易差额及保有货币，他们对财富的理解是荒谬的。他说：“谁也不会因为用货币、金银器等形式把自己的财产留在身边而变富，相反，倒会因此而变穷。只有财产正在增长的人才是最富的人，不管他的财产是农场的土地，还是放出去生息的货币，还是投入商业的货物。如果有人出于一时的高兴，把他的全部财产变换成货币，并私藏起来，他就立即感到自己的穷困随着吃空活资本而增长。”[③] 在这里，诺思已经能够理解资本只有在运动中才能不断增值的性质，所以马克思说诺思的这一思想是“古典经济学最早的发现之一。”当然，同之后的杜尔哥从利润产生的角度对资本运动的理解相比，诺思的认识还显得浅显，但这一认识在他的时代已经难能可贵了。诺思进一步强调了政府干预的无效性和市场自发调节的必然性。他说，以法律或其他形式对市场自发运行进行干预，就好像“费力筑墙去围杜鹃鸟”，“这是徒劳的，因为从来也没有一个人是靠政策致富的；而和平、勤劳和自由却能促进贸易和财富，此外别无其他途径。”[④] 对重商主义的批判和清算，诺思的态度比配第、洛克

---

①② 达德利·诺思：《贸易论》，113 页。

③ 同上书，109 页。

④ 同上书，123 页。

甚至休谟都更加坚决和彻底，在这方面他成为亚当·斯密最直接的先驱者之一。

现行的诺思的《贸易论》，由“前言”、“论减低利息”、“论铸币”、“附录”四部分构成。其中的“前言”，以作者朋友的身份对作者的思想观念、政策主张及研究方法进行评价。其中对方法论的探讨得到经济思想史研究者的高度重视。新奥地利学派的默瑞·N·罗斯巴德在其《亚当·斯密以前的经济思想：奥地利学派视角下的经济思想史（第一卷）》中这样介绍和评价：“达德利开创了后来的坎蒂隆、萨伊和西尼尔所采用的分析方法，20世纪的路德维希·米塞斯将其称为‘人类行为学’。人类行为学是建立在少数几个植根于理解现实的广泛而又不证自明的公理的基础之上的经济理论，进而从逻辑上演绎出这些强有力的正确公理的含义。”[①] 从公理出发进行演绎，构建体系，其实正是现代经济学的研究路径。只不过，按照罗斯巴德的说法，新古典的前提是假设的、不真实的；而米塞斯的“人类文化学”的前提则是来自人们的共同知识或文化基因，因而是真实的。真实与否根本上来讲也许只是一个抽象层次的问题。理论总是意味着抽象，没有抽象就没有分析，也就没有理论。之所以讲这一段，与确定“前言”的作者有关。关于“前言”的作者有三种说法，一是达德利本人，二是他弟弟罗杰，三是麦克库洛赫。从写作特点来看，“前言”与后面几篇文章的写作风格明显不同，可以确定不是一个人所写。罗斯巴德说是罗杰所写，但没有提供任何解释。将“前言”作者确定为麦克库洛赫可能更加合适一些。第一，我们现在所用的版本是被麦克库洛赫编辑过的，他在编辑过程中加上一篇热情洋溢的介绍文章合情合理——即使是假托作者朋友的身份；第二，“前言”的文风简洁而又优美，这与麦克库洛赫曾经创办报纸并长期担任编辑的身份相吻合；“前言”对该书内容的总结和提炼，反映出作者对经济学理论的深刻理解，并能反映出19世纪经济学的某些观念，而麦克库洛赫正是19世纪的经济学家；第三，“前言”中得到后世经济思想史一致好评的方法论分析，与李嘉图的“抽象演绎”的

① 默瑞·N·罗斯巴德：《亚当·斯密之前的经济思想：奥地利学派视角下的经济思想史（第一卷）》，507页。

方法至少高度相近，而麦克库洛赫正是李嘉图最忠实的弟子。如果说罗斯巴德有意避开麦克库洛赫而将“前言”作者记在罗杰名下，这也情有可原——罗斯巴德高度反感李嘉图的劳动价值论，也高度厌恶在李嘉图功劳簿上的“抽象演绎”。

曼德维尔：美德与恶德

琼·罗宾逊在其《形而上学、道德与科学》一文中讨论了这样一个问题：如果你的收入超过基本生活需要，剩余的部分用于奢侈消费还是用于施舍？如果只有这样两种选择的话，这确实是个问题。人是自利的，奢侈消费更加符合人性。可是，在这个世界上甚至就在你的身边有人还处于饥寒交迫当中，你的奢侈消费就有了犯罪的性质。至少它是不高尚的。慷慨和施舍也许是处理剩余财产的一种合适的方式，至少从出发点来看，它是道德的、高尚的。深入一些分析问题还会显示出其复杂性。奢侈消费也许不那么邪恶，而施舍也并不一定能真正帮助到穷人。富人的奢侈消费可以为穷人提供就业机会，使勤劳的人们获得生活来源。在这个意义上，奢侈消费甚至对社会道德进步具有促进作用。另一方面，施舍或者捐赠可能会助长懒惰，鼓励闲散，成为损害社会道德的力量。高尚的动机带来并不高尚的结果，而并不高尚的行为反而成为推动道德进步的力量。奢侈消费还是施舍捐赠，今天看来是个两难的问题。对于 18 世纪初的曼德维尔来说，这个问题却并不两难。

曼德维尔（Mandeville，1670—1733）出生于荷兰鹿特丹，早年在莱顿大学学习哲学和医学。1691 年获得医学博士学位后，在荷兰行医，专治歇斯底里症。1696 年移居英国，在伦敦作为神经及精神病专家行医，同时也治疗肠胃病。曼德维尔既有着高超的医术，也有学术研究的兴趣，曾经写过有关忧郁症及歇斯底里症的论文。使曼德维尔引起世人注目并在思想上留下深刻影响的并非他的医术或者医学论著，而是他对社会经济问题的分析和思考。1705 年，曼德维尔出版了一篇寓言诗《抱怨的蜜蜂，或骗子变作老实人》。

他在诗中讲了这样一个故事：在一个蜜蜂的王国里，蜂们过着奢侈而放荡的生活；各种欲望的膨胀推动着社会分工的发展，王国呈现出繁荣兴旺的景象。后来，有蜜蜂抱怨这种奢侈放荡的生活在道德上并不可取，于是众神让王国恢复严谨的道德、简朴的生活。蜂们不再奢侈放荡，各种恶德销声匿迹，蜜蜂的王国也就此衰落下去。曼德维尔写作此诗，意在嘲弄人类的自负。他关于人类社会发展的深刻思考，在其中还没有得到深入的阐述。此诗的发表，在社会上却引起很大反响。短期内一再再版，还有手抄本的流行。为了充分阐释自己对社会经济活动的思考，曼德维尔在原诗之外，加上一篇《美德之起源》的论文和二十五篇对原诗的评论或注释，在 1714 年，以《蜜蜂的寓言——私人的恶德，公众的利益》的书名出版。1723 年，曼德维尔又在前一版本基础上，加进《论社会本质之研究》、《论慈善和慈善学派》等论文再版。这次再版，引起更加广泛的社会关注，并引来传统道德维护者们的一致批判。米德尔塞克斯郡法庭判定此书扰乱社会秩序，是一种公害。被列为禁书的《蜜蜂的寓言》反而引起人们更多的注意，影响不断扩大。1728 年，曼德维尔为此书又增加了六篇对话，进一步深入阐述他对人类道德发展的思考。

曼德维尔思想的核心，被认为是对美好的社会与繁荣的社会能否并存的思考。在他看来，社会进步的推动力量，只能是发自人的本性的各种各样的恶德，如自私、虚荣、骄傲、嫉妒、恐惧等等。如果没有人们对自身利益的追求，经济的发展和社会的进步没有任何可能性。一个社会就像一架巨大的风车，而自利是推动风车运转的风力。他将人的自利本性推向极致，认为人除了自利之外，不可能有其他任何道德。即使人们的行为会表现出某些利他的倾向，但利他归根结底也出于行为主体对自身利益的考虑。即使在社会发展中存在所谓道德，道德也只是统治者出于自身利益需要用于维持社会稳定的一种工具。强势的人们提倡道德，因为那是他们利益之所在，而弱势的人们遵循道德，因为除此之外，他们没有别的选择。一个充满自利恶德的社会之所以同时是一个繁荣的社会，因为各种恶德为经济的进步提供了动力。因为人们的奢侈消费，推动了分工的发展；也因为对国外奢侈品的需求，推动了国际贸易的发展；因为人们强烈的虚荣心，推动了人们的勤劳和进取；因为人们的妒忌心，推动人们对更高收入和更高经济社会地位的追求。曼德维尔不屑于沙夫茨伯里伯爵三世关于人类道德趋向于进步的观念。沙夫茨伯里伯爵认为，人具有理性的精神，追求道德的不断进步和完善，因此，一个充满美德的社会是可以期待、可以实现的。曼德维尔认为，在人类的个体行为中，决定性的是人的本能，理性只是本能的奴婢。不是本能服从于理性，而是理性服从于本能。以理性约束人的本能，就是约束经济发展和社会进步的力量，就是拒绝人类社会的发展进步。他认为，沙夫茨伯里伯爵关于人类道德趋于进步和完善的观念，尽管美好，尽管给人以安慰，但仅仅是一个乌托邦。这种思想只是对人类的一种恭维，而不是对人类道德发展的实事求是的分析。他强调，他所证明的恶德促进人类进步的观念并不意味着他就是恶德的主张者和支持者，他只是实事求是告诉人们人类社会发展的规律是什么样的，而不是试图告诉大家人类的道德世界应该是什么样的。

曼德维尔之所谓"美德"和"恶德"，其实是一对相对的概念。他所说的"恶德"相对于"美德"而言，而所谓"美德"只是传统社会所崇尚的观念或者风尚。传统社会是一个稳定的循环的静态社会，其主流的道德观服务于社会结构的稳定和传统关系的延续，因此崇尚禁欲、节俭、自制等"美德"。在这种道德观下，自利、消费、张扬个性等因为对传统社会存在致命的破坏影响而被界定为"恶德"。但是，这些"恶德"对于传统社会是致命的解构力量，对于新兴的资本主义社会却是一种建构性的积极力量。在曼德维尔的时代，现代意识已经觉醒，资本主义生产方式正在建立，在突破封建束缚的过程中，一种新的道德观也正在建立。曼德维尔之所谓"恶德"，其实是资产阶级的新道德，它主张积极进取以实现个人价值，主张个性张扬以推动社会进步，主张扩展视野以开拓事业，主张及时行乐以展现人生的美好。迪福笔下的鲁滨逊、歌德笔下的浮士德、狄更斯笔下形形色色的资产阶级暴发户都是这种资产阶级新道德的践行者，而被马克思视为"毫无气节"的威廉·配第也是资产阶级新道德的代表人物。

也许因为曼德维尔实事求是的分析触犯了人类尊严，在他的时代以及在他之后的时代，曼德维尔在主流观念中一直是一个异端。弗兰西斯·哈奇森是亚当·斯密的老师，也是曼德维尔的夙敌。曼德维尔《蜜蜂的寓言》第三版出版后，哈奇森就在《伦敦日报》上发表文章对其进行批判；后来还出版专门著作清算曼德维尔的危险而恶劣的道德观。哈奇森认同沙夫茨伯里伯爵关于人类在理性指导下可以实现道德进步的观念，相信人类通过道德计算能够构建起完美的道德体系。亚当·斯密在《道德情操论》中，以一章的内容对曼德维尔进行批判。斯密将曼德维尔的理论称之为一个粗俗不堪的试图抹杀美德与恶德区别的体系，一个厚颜无耻、肆无忌惮、崇尚虚荣、欺骗、自私自利、铺张浪费的体系。斯密对曼德维尔的思想的评价，有刻意曲解的嫌疑。他说曼德维尔的危害性和危险性在于他鼓吹奢侈、淫荡和炫耀，他提倡一种现实而低俗的道德观。这种说法并没有很好理解曼德维尔的本意。曼德维尔确实主张那些被传统观念界定为“恶德”的东西是经济发展和社会进步的力量源泉，但是，他并不主张放纵个人私欲。他客观地认识到人的私欲的放纵可能带来危害社会的后果，因此主张建立健全的制度来对个人行为实施某些干预。斯密对曼德维尔的评价有某些个人化的东西，他对曼德维尔的憎恶并不仅仅出于学术因素。曼德维尔在《蜜蜂的寓言》中对沙夫茨伯里伯爵那种平和、中庸、出世的文人进行了尽情的嘲讽，而斯密本人也是这样的文人。其实，斯密应该从阅读曼德维尔的著作中受到过一些有益的影响，比如，斯密关于自利与社会进步的观念，关于分工的形成及作用的观念，关于制度的自发演进的观念，就与曼德维尔非常接近。斯密在《国富论》中关于自利与交换以及天赋与分工关系的阐述，与曼德维尔在《蜜蜂的寓言》中的表述非常接近。

因为斯密的影响，在主流经济学的历史上，曼德维尔有着不好的名声。不过，曼德维尔关于奢侈消费与经济发展关系的认识还是具有重要的历史影响。奢侈消费尽管在道德上并不高尚，但是，富人的奢侈消费可以为穷人提供就业机会，这使奢侈消费具有积极的经济意义。——恶之花可能开出善之果。曼德维尔对奢侈消费积极的经济效应的阐述生动而深刻，这也是《蜜蜂的寓言》留给经济学的最重要的遗产。这一思想后来被称作“曼德维尔悖论”，是奢侈消费有益论的最重要代表。将奢侈消费具有积极的经济效应理解为一种“悖论”似乎只是一个噱头。将奢侈消费理解为一种个人的恶行，这是一种伦理和道德的评价；肯定奢侈消费的积极的经济效应，这是一种经济的评价。对一种现象两种不同角度的评价，这里并不存在什么矛盾或者“悖论”。尽管曼德维尔在他的时代没有多少知音，但在现代经济学中却得到越来越多的认同。凯恩斯对他的奢侈消费有益论给予很高评价，因为他认为奢侈消费可能成为解决有效需求不足的可靠手段；哈耶克也对曼德维尔给予高度认同，因为在曼德维尔那里有他关于制度的自发演进的思想。

即使主张“恶德”是社会进步的推动力量，曼德维尔也不是一个粗鄙庸俗和道德败坏的人。曼德维尔于1733年去世时，杂志上刊载的讣告这样评价他：“他具有广泛的才能，非凡的智慧，强有力的判断力。他精通古籍，擅长于许多哲学领域，是一个对人性好奇的研究者。……在其职业中，他以仁慈与和蔼著称；就其私下的性格而言，他是一位诚挚的朋友；就其生活中的行为而言，他是一位绅士。”①

① 曼德维尔：《蜜蜂的寓言》，中译本序言，4页，北京，中国社会科学出版社，2002。

布阿吉尔贝尔：法国农民的辩护人

马克思将布阿吉尔贝尔（Boisguillebert，1646—1714）看成是法国古典经济学的先驱者。在他的观念里，法国古典经济学从布阿吉尔贝尔开始，经由魁奈和杜尔哥，到西斯蒙第结束。分别作为法国和英国古典经济学创始人的布阿吉尔贝尔和配第总是被马克思相提并论。配第是个轻浮的、掠夺成性的、毫无气节的冒险家，而布阿吉尔贝尔虽然身为路易十四的法官，但却既热情又勇敢地替被压迫阶级声辩。不仅是个人品德的不同，由于研究的现实背景的差异，布阿吉尔贝尔和配第的思想观念和政策主张也有着明确的差异。比如，在配第那里，重商主义的观念还若隐若现地存在着，而在布阿吉尔贝尔那里，重商主义已经被彻底抛弃。

布阿吉尔贝尔生活的时代，差不多与路易十四的执政相始终。在17世纪中后期，柯尔培尔的重商主义政策对法国经济振兴及国力增强起过强心针式的作用。柯尔培尔去世后，不仅他立足于富国强兵的重商主义政策被废止，已经得以整顿的政治经济秩序又再度陷入混乱。而且，1685年废除“南特赦令”导致大量新教徒资本家、企业家及优秀技工的外流，使法国失去发展经济的重要力量。到了布阿吉尔贝尔研究和著述的17世纪末期，法国经济已经陷入工业衰落、商业萧条、农业面临崩溃的困境。法国经济发展所面临的问题，主要来自重商主义的政府干预和管制、行会的控制和垄断以及混乱的税收制度。这些因素造成法国经济的整体落后以及法国社会的极大不平等。布阿吉尔贝尔的表兄沃邦元帅在《王国什一税草案》中说，全体居民中十分之一是贫困的，十分之五处于贫困的边缘，十分之三处境窘困，只有十分之一生活较好，其中生活豪华奢侈者仅千人左右。

布阿吉尔贝尔出身于法国诺曼底省鲁昂地区一个“穿袍贵族”家庭。“穿袍贵族”是通过购买官职而晋升社会上层的有产者，他们占据着祖传的司法和行政职务。布阿吉尔贝尔本来可以通过继承权而成为法官或者行政官员的，因为与父亲关系不睦，他被剥夺继承权。转而从事商业而发家之后，1675 年布阿吉尔贝尔以巨款买下鲁昂地区法院法官一职。因为审理案件的需要而经常走访民情，布阿吉尔贝尔耳闻目睹了法国人民生活贫困和深受奴役的悲惨境地。他对此不是采取明哲保身或熟视无睹的态度，而是挺身而出充当受压迫的法国农民的辩护人。1694 年，布阿吉尔贝尔向财政大臣邦夏尔特提出缓和地方经济困境，让老百姓休养生息的意见。布阿吉尔贝尔希望以自己的拳拳赤子之心感动政府，但邦夏尔特将他看成是个疯子。

布阿吉尔贝尔希望公众了解法国农民的困境，于是在 1695 年出版了《法国详情》。这部著作有一个长长的副标题——“法兰西财富减少的原因及其补救的简便措施。一月内就能供应国王所需要之全部资金，并使全体人民富足起来。”在布阿吉尔贝尔看来，法国经济衰落，国力下降的原因之一是国家实施压制农业发展的政策。柯尔培尔以来，实施了一系列损害农业以支持工商业的政策，限制农产品出口，压低农产品价格。农产品低价使农民失去种粮的积极性，导致土地荒芜，产量大减。这种影响进一步波及工业和商业。原因之二是混乱的、不公平的税收制度。布阿吉尔布尔的书中主要分析了达依税的影响。达依税也叫军役税，实行包税制度，针对产业和收入征收。达依税的征收具有很大的随意性。贵族和教会占有财富的绝大部分，但享受免税特权。其他的大土地所有者也可以通过贿赂免除纳税义务，税负主要被经济和社会地位低下的小农承担。这种累退的税收制度加剧了小农的贫苦化，加剧了破产。在随意性极大的税收制度下，劳动生产率的提高只会在更大程度上增加纳税负担，于是，农民失去提高劳动生产率的积极性。小农甚至将耕牛耕马宰杀，以免无谓增加纳税负担。

对葡萄酒销售的管制及繁重的酒税也是加剧经济困境的重要成因。政府对葡萄酒销售实施严格的管制，运输和销售都需要向稽查员呈报，而稽查员通常会刁难酒商，以索取贿赂。种种盘剥加上奇高的酒税，葡萄酒价格被大大抬高。高价格抑制了消费。葡萄酒生产和销售无利可图。30年间，在诺曼底地区，有四分之三的葡萄树被拔掉。关税同样危害深重。过高的关税将国外产品拒之门外，也剥夺了本国产品的出口市场。对外贸易的管制加剧了走私，而打击走私又为关税征管员提供了一个谋取私人利益的机会。过境税更加危害深重，它造成严重的市场分割，极大提高了销售成本，从而极大地破坏了消费。布阿吉尔贝尔说，从中国进口产品，要经历风暴、海啸、海盗等等风险，但其价格只提高三到四倍，而在法国国内，因为过境税的层层盘剥，价格可能要提高十到二十倍！

整顿税制是治理经济秩序，增加国民财富的关键。布阿吉尔贝尔提出的解决措施比较简单。在他看来，改变达依税随意征收的制度，改为制度性、规范化的按比例征收，有关问题就可以迎刃而解。由于酒税、关税、过境税等具有对生产和消费的巨大破坏性，应该取消。布阿吉尔贝尔试图通过税收改革在一个月内解决问题的想法确实有些乐观甚至天真。税制总是涉及方方面面的利益，其变革需要一个长期复杂的博弈过程。即使后来的杜尔哥当上了财政总监，他想实施相关的收入分配制度改革也不容易，他甚至因为推动改革而丧失了官位。1705年，柯尔培尔的侄子德·马尔担任法国财政总监，他同情布阿吉尔贝尔，打算将他吸收进财政部门。涉及方方面面的利益关系，而且布阿吉尔贝尔的名声在政府高层并不怎么好，德·马尔试图重用布阿吉尔贝尔的计划落空了。

1705年，布阿吉尔贝尔出版了《论财富、货币和赋税的性质》一书。该书首先对重商主义的财富观进行了彻底的清算。布阿吉尔贝尔认为，财富是满足人们需要的生活必需品和非必需品，财富归根结底来自农业生产活动，农业是财富最终的来源。布阿吉尔贝尔这一观点，被认为是后来的重农学派思想的重要来源。布阿吉尔贝尔进一步批判了重商主义的金银财富观。他认为，货币本身并不是财富，而只是方便交换的工具。将货币看成是财富而且是财富的唯一形式，这是一种对假神的崇拜、是一种迷信。他还认为，对金钱的迷信和依赖助长了剥削和压迫、欺诈和盗窃，“贵金属为商业服务的一点功劳，还抵不上他所造成的罪恶的百分之一。”① 他强调，在商业社会，金钱造成的祸害，“甚至超过了那些恶名昭著、肆无忌惮、穷凶极恶的强盗。”② 布阿吉尔贝尔否认重商主义将货币看成是财富唯一形式的认识，有一定的积极意义，但他因此而否认货币对社会经济发展的积极意义，全然否定货币的价值，则是走向了另外一个极端。

针对极端的重商主义政策实施造成法国农业衰落进而拖累国民经济的事实，布阿吉尔贝尔阐述了保持国民经济整体均衡及遵循自然的经济规律的重要性。他说：“为了保持幸福的境界，就必须使一切事物、一切商品、继续不断地处于平衡状态。”③ 商业停顿的原因是价格比例的失调，而价格失调则是因为政府的人为干预。社会经济的发展存在着客观的自然秩序，“只有大自然能够安排这个秩序并维持和平；其他的权力，尽管处于善意，如果要过问其事就会将全盘搞坏。”④

因为社会经济各个环节之间是相互联系的，因而奢侈品生产也具有积极的意义。“奢侈品工人从给他挣钱谋生的人那里购买他的生活必需品，从而维持着农民产品的价格，只有这样才使农民能够向地主纳租，于是地主有能力向工人购买货物。”⑤ 这是思想史上对奢侈消费的积极经济效应的一次清晰的分析。在后来的著作中，布阿吉尔贝尔对这一问题还有着更加深入的论述。

1706 年，布阿吉尔贝尔又出版了深入讨论农业问题的《谷物论》一书。在对重商主义错误的农业政策进行批判时，布阿吉尔贝尔阐释了他关于国民经济整体均衡的思想。在他看来，国民经济各个部门及各个环节之间，存在不以人的意志为转移的客观规律，各部门各环节之间保持协调关系，则整体经济能够实现均衡发展，否则，整体经济的运行将陷入困境。正是因为政府对农业采取错误的干预政策，才导致农业的衰落，并进一步拖累了其他行业。“没有一种行业的失调能够不同时将它的不幸立刻地或逐渐地反映到其他一切

---

① 《布阿吉尔贝尔选集》，145 页，北京，商务印书馆，1984。
② 同上书，148 页。
③ 同上书，164 页。
④ 同上书，162 页。
⑤ 同上书，158 页。

行业上去，它们形成一条财富的链条，只有组成链条的各个环节连接在一起的时候才有价值，一旦从中脱掉一个环节，它们就会失去价值，至少会失去大部分的价值。”①

因为国民经济各个环节之间存在相互依存的比例关系，奢侈品生产因此在国民经济整体中具有重要的意义。“假使富人被迫节省了他们的非必需品，而这些物品的生产对于许多手艺和职业的存在又是必不可少的，那么这种节省就会造成全面的解雇和普遍的荒废。”② 地主减少奢侈品消费，不仅会破坏奢侈品和非必需品工人的生活，而且会败坏整个国家。一个地主每年省下五十、一百或者三百个法郎，结果会使整个国家蒙受一万、两万、三万、四万和五万法郎，甚至更大的损失。布阿吉尔贝尔对这一问题的分析，似乎有乘数的含义。③

布阿吉尔贝尔希望通过自己的写作，反映民间疾苦，陈述国家面临的危险，能够引起政府高层的重视。他一本本书籍的出版却没有达到预期的结果，这让他产生了失望。在 1707 年出版的《法国的辩护书》中，他的言辞和态度显得有些激愤。在这部著作中，他以更加犀利的言辞、更加丰富而确实的信息，控诉上流社会，为穷苦的法国农民辩护，并向上流社会发出挑战。他将法国经济不振及法国农民贫苦的原因归结为官员的贪婪和税收制度的混乱。他说：“包税者和征税官是使国王和人民破产的尽人皆知的盗贼。”④

同年，因为先前的《法国详情》没有引起公众和政府的足够注意，布阿吉尔贝尔增加了一个《补篇》后将该书再次出版。新版的副标题给他带来了灾难——“法国在路易十四统治下即将破产”。随后他被监禁、被流放。那一年，布阿吉尔贝尔 61 岁。

马克思和恩格斯说布阿吉尔贝尔的著作是记述法国路易十四时代农民普遍破产和贫困的经济学。布阿吉尔贝尔却不仅仅是“法国详情”的记述者，

① 《布阿吉尔贝尔选集》，205 页。
② 同上书，228 页。
③ 同上书，218 页。
④ 同上书，328 页。

而且是一位卓越的思想家。在批判和清算重商主义及其影响时，在分析法国经济困境及其成因时，布阿吉尔贝尔发展出若干具有重要意义的经济思想。他关于农业的基础地位及农业是财富最终来源的思想，他关于自然秩序及自由放任的思想，成为后来以魁奈为代表的重农学派的重要思想来源；他关于整体经济均衡的思想，关于国民经济各部门各环节比例关系的思想，成为宏观经济分析的重要先驱；他关于奢侈消费的积极经济效应的思想，不仅领先于被认为是这一问题最权威的论述者的孟德维尔，而且其分析的系统和深刻也不亚于后者。

理查德·坎蒂隆："经济学家中的企业家"

在经济思想史上，理查德·坎蒂隆（Richard Cantillon，1680—1734）不仅第一次提出了"企业家"（entrepreneur）概念，还深入分析了企业家的本质和企业家收入的性质与特点。坎蒂隆认为，企业家活动的本质就是冒险，企业家是企业活动或社会经济活动的风险承担者；由于承担风险，企业家的收入具有不确定性的特点。

坎蒂隆说："一国的所有居民都是相互依存的；可以把他们划分为两类，即企业家和工资收入者；可以这么说，企业家所拿的是不确定的工资，而所有其他人，当他们有工资时，其工资数额是确定的，虽然他们的职能和社会地位是很不相同的。将军领薪水，侍臣享俸禄，家仆拿工资，这些人都属于上述后一类。所有其他的人，不管是备了资本，还是不备资本，凭自己的贡献赚取收益的，可以认为都是在收入不确定的情况下过日子，都是企业家，哪怕是乞丐和强盗，也是属于这一类企业家。"[①] 这段话表现出坎蒂隆对企业家及企业家收入认识的深刻洞见：依靠收入生活的人们可以分成两类，企业家和工资收入者；后者的收入是确定的，而前者的收入是不确定的；即使是乞丐和小偷也可以看成是企业家，因为他们同从事工商业活动的企业家一样，具有承担风险和收入不确定的特点。坎蒂隆的认识，与现代经济学有着相当的一致性。

新制度经济学中，企业被看成是要素所有者合同关系的载体。企业生产

① 理查德·坎蒂隆：《商业性质概论》，27 页，北京，商务印书馆，1986。

经营活动的进行，需要具备土地、资本、劳动、企业家才能等要素；要素所有者之间，需要签订一系列的合同，以界定权利和责任、利益和风险。由此，企业被看成是一组合同关系的连接点。进入合同关系的要素所有者事实上可以分成两类。前者的收入可以在合同中清楚而明确地加以界定，他们获得的是“合同收入”，是一种确定性的收入；后者的收入来自企业总收入扣除合同收入即成本之后的余额，他们享有的是一种“剩余”，是一种不确定的收入。为什么会出现这样一种制度安排？奥利弗·哈特的“不完全合同”理论给出了答案。企业生产经营活动的正常开展有赖于要素所有者之间合同的签订。如果合同是完全的，就能够预见到合同有效期内所有可能出现的情况（包括政策变化、市场波动、自然灾害以及合同关系人的机会主义等等），并能明确规定在各种情况发生时各方的权利和义务、利益和责任的分配。一个完全的合同自然是一个有效的合同，是一个能够保证企业高效运转的合同。在完全合同条件下，合同各方的权利和收入都被明确规定，所有人的收入都是确定的。但是，合同的订立需要信息，而信息是有成本的。签订完全的合同，需要完全的信息。现实世界高度复杂且处于不断变化之中，完全信息的要求不可能实现。或者说，一个完全的合同将导致无限的成本，是不值得也不可能签订的。存在信息成本的背景下，现实的合同只能是不完全合同；虽然合同的不完全性可能为机会主义留下后路从而带来事后的交易成本，但在信息成本约束下，这是唯一可能的选择。不完全合同背景下，部分要素所有者的收入是确定的，而部分要素所有者的收入是不确定的；后一类人作为风险承担者，成为获取不确定收入的“剩余索取者”，他们就是坎蒂隆的所说的“企业家”。

坎蒂隆也是一位企业家。从职业上讲坎蒂隆是一位金融家；从行为方式和精神特质上看，坎蒂隆也完全具备企业家的特点。

坎蒂隆作为金融家的经历与约翰·罗主持的法国货币改革有着紧密关系。法国由于路易十四时代实施极端的柯尔培尔重商主义政策而陷入严重的财政和金融危机，路易十五上台后，任用来自苏格兰的约翰·罗进行货币改革，以图摆脱危机。约翰·罗的货币改革，一是1716年成立的以土地为抵押品的纸币银行；二是1717年政府特许成立的密西西比公司。约翰·罗通过发行股票收集纸币，再用纸币购买国债，然后用国债作为抵押发行纸币，以此维持政府的运转。虽然取得了一时的成功，但约翰·罗的金融体系非常脆弱。1720年，改革失败。约翰·罗在巴黎主持货币金融改革期间，坎蒂隆正在巴黎从事金融和贸易业务。坎蒂隆预料到约翰·罗的改革注定失败的结局，但他相信凭借自己的智慧能够火中取栗。坎蒂隆成立了一家金融公司炒作股票，赚取了大量利润。为了回避风险，坎蒂隆将赚取的纸币兑换为硬币，再转移到英国和荷兰。坎蒂隆的成功投机实际上是对约翰·罗改革的破坏，约翰·罗利用职权，将坎蒂隆驱逐出法国。坎蒂隆离开法国的时候，约翰·罗的改革已快走到尽头。当约翰·罗体系最终崩溃时，巴黎90%以上的银行倒闭了，而它们的资产大多进入了坎蒂隆的腰包。

1729年，坎蒂隆再次回到巴黎定居，这段时间，他主要从事两件工作。一是应付诉讼，二是写作《商业性质概论》。

坎蒂隆在密西西比狂潮中的投机行为，被认为有欺诈的嫌疑：他代客买卖股票并代为保管，同时还以客户股票为抵押为其提供贷款进一步购买股票；在股价处于高位的时候，坎蒂隆将客户股票卖出，再在低位补进。当股市崩盘时，坎蒂隆已经携带利润离开，留给客户的只是一文不值的股票。坎蒂隆有着丰富的金融和法律知识，又有着出众的辩才，他将自己的成功归结为对市场的敏锐观察和良好预期，在一次又一次的诉讼中保持了胜利。不过，坎蒂隆保住了自己的资产，却未能保住自己的性命。1734年一个冬天的夜晚，坎蒂隆雇用了11年然后在10天前解雇的厨师潜入他的房间将他杀害并烧毁了房子（也有人认为这不过是狡猾的坎蒂隆的金蝉脱壳之计，他为了避免没完没了的诉讼而制造这个假象，然后逃往美洲）。

作为一个成功的金融投机者，坎蒂隆的冒险精神体现出企业家的某种特质。而企业家的"创新精神"的特质，则体现在其《商业性质概论》中。坎蒂隆遇难后，他的手稿的命运也一波三折。最初发现手稿的是重农学派创始人之一的米拉波（1715—1789），他在学习坎蒂隆著作的基础上写作出版了自己的著作而引起魁奈（1694—1774）的注意并成为魁奈的学生，重农学派由此产生。米拉波之后，坎蒂隆再次被遗忘；边际革命之后，杰文斯（1835—1882）再次让世人了解了坎蒂隆的价值。杰文斯认为坎蒂隆对经济学的贡献超过了斯密之前的任何人。他认为，坎蒂隆的思想深刻影响了重农学派，而重农学派又是斯密经济学的重要来源，因此，坎蒂隆的《商业性质概论》可以看成是现代经济学的重要渊源。他说："它（《商业性质概论》）比我们知道的任何一本书都更有资格被称为关于经济学的第一篇论文。……同任何一部单独的著作相比坎蒂隆的著作都更有理由被看作是政治经济学的摇篮。"①

暂且不论坎蒂隆对构建经济学理论体系的贡献，就具体研究内容而言，坎蒂隆经济学的创新性突出表现在两个方面，一是他提出的社会总产品流通的初步方案成为后来的魁奈"经济表"的重要来源（熊彼特将坎蒂隆说成是弄清楚循环流转问题的第一位经济学家，是第一个绘出"经济表"的人）；二是他第一次提出"企业家"概念并深入研究了企业家的性质及企业家收入的不确定性问题。这两个方面都体现了坎蒂隆天才的创见和深刻的洞察力。在这个意义上我们可以说，坎蒂隆是"经济学家中的企业家"。

---

① 杰文斯：《理查德·坎蒂隆和政治经济学的国籍》，载理查德·坎蒂隆：《商业性质概论》，161页，北京，商务印书馆，1997。

魁奈和他的重农学派

在经济学的历史上，魁奈（Francois Quesnay，1694—1774）及重农学派有着特别重要的地位。这种重要性很大程度上是通过斯密和马克思的著作而确立的。斯密《国富论》的第四篇《论政治经济学体系》实际上属于学说史的范畴，只讨论了重商主义和重农学派。对重商主义，斯密竭尽妖魔化之能事，将其描绘为一种偏狭、粗陋、野蛮、弱智的学说；对于重农学派，斯密虽然没有竭力吹捧，但还是作了充分肯定。说他们的思想和学说“最接近于真理”。斯密撰写《国富论》时，还曾经设想将其题献给魁奈，只是因为魁奈在《国富论》出版之前两年去世，这一设想才作罢。有人说，对于斯密之前的思想或者学说，凡是被斯密引用或者肯定过的，就将获得某种永恒性；同样，凡是被斯密批判和谴责过的，就将万劫不复。得到斯密肯定的例子就是重农学派，而被斯密否定的例子，除了重商主义，还有曼德维尔。马克思在提升重农学派的历史地位方面增加了新的砝码。马克思对魁奈及重农学派的推崇甚至会让包括斯密在内的古典经济学家嫉妒，马克思说重农学派是现代政治经济学的真正鼻祖，说魁奈的《经济表》“毫无疑问是政治经济学至今所提出的一切思想中最有天才的思想。”① 马克思如此肯定甚至推崇魁奈及其重农学派，有着他自己的学术兴趣的原因。一是魁奈的“纯产品”理论包含着马克思构建政治经济学体系的理论基础——剩余价值理论的某些东西；另外，在魁奈的《经济表》中，有着他认为极为重要的关于社会再生产理论的

① 《马克思恩格斯全集》，中文2版，第33卷，415页，北京，人民出版社，2004。

某些核心观念。

弗朗索瓦·魁奈出生于巴黎郊区一个并不富裕的律师家庭，因为兄妹众多——他在兄妹13人中排行第十，从小没有受过正式教育。据说艰苦条件下的魁奈有着强烈的求知欲，他曾经一早出门到巴黎买书，一路读着回来，到家就将一本书读完。16岁的时候，魁奈外出学医，做外科医生的学徒。后来又到了巴黎，在一个雕版家手下做学徒，同时在附近的大学学习医学、化学、植物学、数学和哲学等等。24岁时魁奈完成学业，正式开业成为外科医生。魁奈的时代，是科学、理性和启蒙的时代，知识精英们将对世界的探索作为自己的使命。后来成为著名外科医生的魁奈，不仅仅懂得放血术，还对科学的探索充满兴趣。1730年他发表了论文《放血效果的观察》，受到学术界的重视。1736年，他出版《动物经济论》一书，论述了生理学的哲学基础，并将人类社会的运转类比为人体血液循环，提出自由放任的社会主张。魁奈在医学界和学术界地位不断提高，引起路易十五及其情妇庞巴度夫人的注意。1749年被聘为庞巴度夫人的侍医，住进凡尔赛宫。后来，因为成功治愈皇太子的痘疮，又被任命为路易十五的御医。

当时的法国还是一个高度专制的封建国家，柯尔培尔重商主义政策的破坏性影响及约翰·罗货币改革失败的阴影还没有消除。17世纪末18世纪初布阿吉尔贝尔所揭示的那些社会经济问题——工业落后，农业衰落，商业萧条，财政困难，人民生活困苦——还没有得到改善，造成路易十四时代经济问题的那些原因——税制的苛繁而沉重，行会的垄断和政府的管制，市场的分割和经济秩序的混乱——还依然存在并日趋严重。进入上流社会的魁奈有机会更多地了解社会经济问题，有机会与更多的知识精英交往，也对这些问题及成因有更深入的理解。因为对农业问题的关注，魁奈分别于1756年和1757年，在狄德罗主编的《百科全书》上发表了两篇论文《租地农场主论》和《谷物论》。在这里先说一下《百科全书》。1747年狄德罗准备将一套来自英国的《百科全书》翻译成法文出版。当他发现很多条目内容陈旧且充斥着宗教偏见后，决定编辑一部新的《百科全书》，以探索新知识，宣扬新思想。在那样一个严酷的专制时代，宣扬新思想是一件冒险的事情。《百科全书》还没有正式出版，狄德罗就因为“危险思想”被捕入狱，住了几个月的监牢。为了应对严格的书报检查，《百科全书》的编辑采取了一种挂羊头卖狗肉的策略。词条正文是能够应对检查的传统思想和观念，新的思想则被放在附录当中。魁奈当时已经是学术界和思想界有影响的人物，为了避免因文获罪，他发表的这两篇经济学论文所署的都是他儿子的名字。

《租地农场主论》应该是经济思想史上最早的技术经济学论文之一，其主要内容是用算术或者数学或者统计的方法对两种农业耕作或经营模式进行效率比较，为法国农业改革提供对策建议。魁奈以为，法国农业发展落后的重要原因之一是经营方式落后。农业的发展需要通过资本积累来扩大规模，改进技术，提高效率。而当时法国流行的小农经营却是一种不利于效率改进的制度。小农经营是一种用牛耕作的、两圃轮作的经营方式。土地所有者提供耕牛、种子等生产资料，分配上实行分成地租。小农经营由于规模小，效率低，积累率低，因而不利于农业的发展。在经济学的意义上，小农经济还存在其他一些问题，比如分成租一般而言不利于提高经营者的积极性。另外，租地农场主更愿意将耕牛用于非耕作的其他用途以实现自己的直接利益，从而形成对地主利益的损害——这是一个委托代理问题。大农经营是一种用马耕作、三圃轮作的经营方式。租地农场主自己购置生产资料，实行固定地租。魁奈以充分的数据证明，大农经营规模更大，效率更高，剩余更多；因为积累率高，投入增加，可以带来进一步的规模效益。大农经营的固定租相对于分成租而言，更有利于提高经营者的积极性；而且，生产资料由经营者购置还有效解决了外部性及委托代理问题。

接着于1757年发表的《谷物论》除了继续对大农经营和小农经济进行技术经济学的分析之外，还探讨了财富问题，提出了“纯产品”概念，阐述了单一税的思路。“纯产品”概念对于魁奈及其重农学派来说有着特别重要的意义，是他们构建理论体系的基础。魁奈所谓的“纯产品”，指的是农产品中补偿生产资料、工人及农场主的生活资料之后的剩余产品。纯产品的价值形态就是剩余价值，马克思因此将魁奈看成是最早对剩余价值进行研究的思想家之一。在魁奈的观念里，工业和农业的不同在于，农业中借助于自然的作用，可以增加社会财富——“只有上帝才能创造财富”——这就是纯产品；工业生产因为没有自然的参与，只能将财富“相加”，而不能使财富“增加”。因此，农业生产属于生产性劳动，而工业、商业及其他行业则是“非生产”的。对生产的这样一种偏狭的认识具有神学的性质。为此，对重农学派怀有好感并一向宽和仁慈的斯密也不得不表示怀疑，甚至忍不住进行了讽刺。他说，按照重农学派的逻辑，我们准备用类推法，认为每一对结婚的夫妇不生育两个以上的孩子就没有生殖力。“纯产品”概念的一个重要意义在于证明农业在国民经济中的重要性。按照魁奈的说法，只有纯产品才是财富，而且，只有农业才生产纯产品，因此，农业成为财富的唯一生产部门，也成为各行业收入的最终来源。

借助于“纯产品”概念，魁奈还分析国民收入在社会各部门之间的分配及社会总产品的实现问题。这种分析集中体现在他1758年发表的《经济表》中。《经济表》被看成是魁奈最重要的作品，在其中，魁奈以图表的形式分析了社会总产品在生产阶级、土地所有者阶级及不生产阶级之间的分配过程，分析了社会总产品的循环流转过程，分析了社会再生产顺利进行的条件。按照马克思主义经济学的理解，社会再生产的顺利循环，要求当年生产的总产品能全部售出，这叫价值实现；还要求第二年再生产需要的投入品全部能买到，这叫做实物补偿。而价值的实现和实物的补偿又要求国民经济各环节之间存在合理的比例关系。魁奈因为表达了马克思意图表达的某些思想而受到马克思的高度认同，他被马克思看成是古典经济学时代最有天才的思想家。在经济学后来的发展中，魁奈的“经济表”被看成是宏观经济分析的一次成功尝试，是对宏观经济均衡的一次卓越分析，还是现代国民收入分析的重要来源。其实，在魁奈之前，关于整体均衡、经济循环及比例关系，布阿吉尔贝尔已经有过明确的表述。而在布阿吉尔贝尔之前，关于宏观分析，关于国民收入，在威廉·配第那里已经有了思想的萌芽。荣誉归于魁奈，并不是因为表述的清晰或者论证的严谨，而是相反。魁奈的“经济表”可能是经济学历史最难懂的文献。实际上，在马克思之前，没有人理解过这部天书。魁奈的门徒们将“经济表”吹捧为除了文字和货币之外人类最重要的发明，但他们当中没有一个人能够理解其中的奥妙。与魁奈同时代的一位思想家西蒙·尼古拉·昂利·兰盖（1736—1794）对魁奈门徒对“经济表”的盲目崇拜作出这样的评价：“我们对你们视为神圣福音的荒谬绝伦的图表符号没有任何敬意。孔子在《易经》中，曾画一个表，包括六十四卦，也用线相连，以说明阴阳变化，你们的《经济表》足以与之比肩，但整整晚了三百年（关于《易经》的作者及时间有误——本文作者注）。二者的相似之处在于它们都难以理解。《经济表》是对常识、理性和哲学的侮辱，表中各栏的再生产净值总是以零结束，任何人的研究成果若有这样的标志，足以表明要理解他是徒劳的。”[①]

魁奈一生勤于思考，勤于写作，即使六十多岁之后才开始研究经济学，还是写过很多经济学著作。在魁奈所有的著作中，只有最初的《租地农场主论》和《谷物论》还算内容充实、条理清楚、逻辑合理。后来写过的很多东西，大多数内容繁杂、结构混乱、逻辑矛盾。极端一点说，魁奈的有些文章，堪称是思维混乱、逻辑冲突的典范。他在《谷物论》之后写作的《人口论》和《赋税论》在他的思想体系中具有重要地位，在其中进一步阐述了关于“纯产品”，关于生产性与非生产性及关于税收的思想，但其矛盾和混乱实在让人无法卒读（因为《百科全书》在1759年由于唯物主义倾向而被查封，这两篇论文在魁奈生前没有公开发表）。以《人口论》中关于使用价值的一段话来证明。——“使用价值经常是一成不变的，经常或多或少地取决于人的因素，取决于人们的需求，以及人们对拥有该物品的愿望。”[②]——使用价值既取决于人的需求和愿望，又是一成不变的，这是一种什么样的匪夷所思的超人的思维形式啊！再看一段话，“只有那些用劳动生产为人们所必需的产品的人才创造财富……那些用自己的双手制造货物的人们并不创造财富。”[③] 同一段话，前后居然这样矛盾，如果你不怀疑这是疯话，就只有怀疑自己的智力

① 默瑞·N·罗斯巴德：《亚当·斯密之前的经济思想：奥地利学派视角下的经济思想史（第一卷）》，586页。

② 《魁奈经济著作选集》，119页，北京，商务印书馆，1979。

③ 同上书，144页。

了。“财富”应该是经济问题研究的核心，魁奈也无例外地经常讨论“财富”。但是，在魁奈的著作中，几乎没有两个地方说到“财富”时，所表达的含义是相同的。一会儿说只有纯产品才是财富，一会儿又说有使用价值的东西就是财富，一会儿说货币不是财富，一会儿又说货币是财富，一会儿说工业不生产财富，一会儿又说生产财富……大卫·休谟对魁奈及其门徒这种故弄玄虚的文风深恶痛绝，他在给一位法国朋友的书信中说：“我希望你在你的著作中痛击他们，打垮他们，粉碎他们，使他们化为灰烬。”①

魁奈同时代一位官员说他“本事大得像魔鬼，狡猾得像猴子”。魁奈著作的矛盾、混乱、故弄玄虚，有时候被理解成在极端专制主义舆论控制下的一种生存策略。如同他的门徒米拉波所说，最高明的人什么都说但又什么都不说，这样才不会进巴士底狱。米拉波（Mirabeau，1715—1789）的功夫也许没有魁奈那样高明，他就曾经因言获罪，被关进监狱，后来还是魁奈利用庞巴度夫人的关系将他捞出来。米拉波发现坎蒂隆的《商业性质概论》之后进行了深入的学习研究，形成了关于农业经济问题基本思想。他不仅出版了坎蒂隆的著作，还出版了作为自己学习研究心得的《人类之友》一书。魁奈就此书与米拉波展开了讨论，其结果是使米拉波成为魁奈的第一个门徒。后来，魁奈周围又聚集了梅西埃、杜邦等对农业经济问题有着浓厚兴趣的年轻学者，重农学派就这样形成了。重农学派或者重农主义一词，由杜邦在1768年发表的《重农主义——对人类最有利的政治组织的原则》中提出。他所定义的“重农主义”，是一种关于自然秩序的学说。“自然秩序”观念，从重农学派的历史渊源——布阿吉尔贝尔、坎蒂隆等等——以来，一直都是理解社会经济运行的核心观念。重农学派关于自由放任的观念，以“自然秩序”为基础，重农学派的重农观念，也以对“自然秩序”的理解为前提。

重农学派是经济学历史上一个真正的学派，这个学派的联系紧密，目标明确，团结一致，甚至使他们有了“宗派”的性质。熊彼特说，在经济学的历史上，只有马克思主义经济学进而凯恩斯经济学才能与重农学派相比。其

---

① 杜尔哥：《关于财富的形成和分配的考察》，102页，北京，华夏出版社，2007。

实，就对导师信条的坚定不移的维护而言，重农学派可能是独一无二的。在重农学派这样一个组织内，只有一个导师，那就是魁奈；只有一种学说，那就是魁奈的纯产品学说；只有一种精神，那就是魁奈主张的自然秩序精神。这个组织有定期的聚会，有固定的聚会地点，有专门的期刊发表他们的作品。他们每周二在米拉波侯爵府上聚会研讨社会经济问题，他们将他们著作的出版地一律写成“北京”。他们将魁奈看成是最高权威，魁奈所有的言论只能去理解，而不需要怀疑，更不能批评。对待外来的批判，他们会一致对外，群起回击。观点的正确与否并不重要，重要的是要维持魁奈的权威。在魁奈的观念里，经济发展需要资本积累，而储蓄则是一种“漏出”。这一观点受到杜尔哥的批判。杜尔哥认为，储蓄最终会转化为投资，资本并没有漏出。在理论交锋中，魁奈的门徒即使被击败也不愿意承认魁奈的错误。杜尔哥本来接受魁奈重农主义的很多观念，比如纯产品、自然秩序、农业的基础重要性等等，但他不愿意将自己认同为重农学派的成员。重农学派成员们自称为“经济学家”，杜尔哥就一直拒绝“经济学家”的称谓。魁奈的自以为是和固执己见让杜尔哥无法忍受。魁奈晚年对数学研究产生了浓厚的兴趣。他以为自己在几何学研究上有重大发现，准备出版著作。当时的著名数学家达朗贝尔认为魁奈所谓的“发现”纯属胡扯，毫无科学价值。魁奈不顾朋友劝告还是出版了这部数学专著。杜尔哥对此感到很沉痛，他说魁奈让他的门徒和朋友们蒙羞了。重农学派对宗师权威的维护有时显得极端而可笑。魁奈死后很多年，萨伊在他的著作中对魁奈的某些观点提出批评，垂垂老矣的杜邦忍无可忍，写信给萨伊，说他靠魁奈的乳汁长大，却反过来打自己的奶妈。萨伊承认他吃过魁奈的乳汁，但说自己吃得更多的是斯密的乳汁。

在 18 世纪后半期，重农学派在欧洲曾经盛极一时。那时候欧洲国家的一些君主，如奥地利皇帝约瑟夫二世、瑞典国王古斯塔夫三世、俄国女沙皇凯瑟琳大帝、德国巴登公国边疆伯爵弗雷德里希都是重农主义的信奉者。巴登公国曾经实施过重农学派指导下的改革：谷物自由贸易及农产品单一税。有的欧洲国家的君主不仅信奉重农学派的理论，还将重农学派成员作为治国权威看待，向他们请教治国的良策。不过，重农学派能够提供的具有现实意义的策略似乎不是很多。他们玄妙的理论也许更加适合于清谈，而不适合于具体的国家治理过程。重农学派作为显学的地位在 18 世纪 70 年代之后下降，欧洲的君主们也不再迷信魁奈及其门徒的玄妙的言辞，重农学派的学术和社会地位下降。后来因为斯密，再后来因为马克思，魁奈及重农学派在经济学历史上的地位才得到肯定。

杜尔哥：思想家和行动者

熊彼特在《经济分析史》中铺陈溢美之词，给予杜尔阁最高的荣誉。说他是有史以来最伟大的经济科学家之一，说他是行动中的经济学家，说经济学家们应该为这样一位富有才华的同行而骄傲。

雅克·杜尔哥（Jacques Turgot，1727—1781）出生于诺曼底一个贵族官僚家庭。他的父亲曾经担任过国务顾问、国王参议会主席及巴黎市最高行政长官。作为家中幼子的杜尔哥曾被寄希望于从事神职工作，从著名的索邦神学院毕业后，曾经担任过修道院副院长。但杜尔哥关注现实世界，关注社会经济运行及国家的命运。他喜欢研读思想家的著作，喜欢思考现实的社会经济问题。在修道院工作期间，曾经写过分析约翰·罗货币改革的文章。

转入政坛之后，杜尔哥的发展很顺利。1752年被任命为代理检察长，次年又晋升为衡平法院院长。成为官僚的杜尔哥保持着学者的风格，他喜欢阅读和思考，喜欢与思想学术界的精英们交往。他积极参加学术沙龙，成为启蒙主义者狄德罗、达兰贝尔的朋友。杜尔哥还经常参加魁奈组织的重农学派的讨论会。在魁奈面前，杜尔哥是个学生。他接受了魁奈的某些重农主义观念，如自然秩序、纯产品等等。但他不愿意成为一个宗派的成员，他与重农学派总是保持着一定距离，不仅是行动上的，而且是思想上的距离。通过保持这种距离，他能够坚守自己学说的独立性。作为经济学家的杜尔哥的思想导师是当时的商务总监古尔内（1712—1759）。熊彼特说，古尔内对经济学历史的意义在于，一是宣传了坎蒂隆，二是教育培养了杜尔哥。古尔内曾经是大商人，后来捐官成为商务总监。古尔内被认为是“自由放任”的首倡者之一，他主张自由竞争，反对商业垄断。杜尔哥曾经陪同他进行商务巡游，接受了他关于自由市场经济的理念。古尔内去世后，杜尔哥写作了悼念文章《古尔内颂》，阐述了自己的自由主义观念。杜尔哥认为，在市场活动中会存在一些损害效率和公正的情况，但这并不意味着就有理由干预市场。市场有自我矫正的能力。对于市场中的欺骗和伤害，期待政府采取措施加以防范，就如同要求政府为所有可能摔倒的儿童都提供床垫一样。那些被欺骗的消费者可以从中学习到经验，不再与行为不端的商人打交道，而商人将会陷入信任危机而受到惩罚。杜尔哥的这一思想被认为是后来的哈耶克自发扩展的市场观念的重要来源。

1761 年，杜尔哥被任命为利摩日州州长。利摩日州的现实是当时法国财政混乱、经济不振、人民穷困的一个缩影。杜尔哥试图进行经济制度改革以改变现状。他改革了人头税，以货币地租代替徭役；他推动了谷物的自由流通，以促进农业发展；他组织修建公路，以促进生产和贸易。其间，杜尔哥定期回到巴黎，参加思想学术界的聚会。他与当时担任英国驻法国大使馆秘书的大卫·休谟相识，还通过休谟结识了斯密（斯密于 1765 圣诞节到 1766 年 10 间居留巴黎）。杜尔哥与斯密一起参加过魁奈的讨论会，还在一起讨论经济问题。后来，斯密准备出版《国富论》时，杜尔哥还为他提供了一些关于农业税的材料。

杜尔哥一生写过大量与经济学有关的文稿，其中主要是报告、备忘录、总结、信件、通告，只有少量论文。毕竟，他不是一个专业的学者，而是一个公务人员。而且，他是一位兢兢业业、忠于职守的官员。杜尔哥最重要的经济学著作《关于财富的收入和分配的考察》也不是一部内容系统而结构完整的著作。这部不完备的作品因为思想深刻而被看成是经济学历史上最伟大的经典之一。这部著作还与中国有着某种关联。1763 年两位在法国学习神学的中国青年学成后准备回国。杜尔哥希望他们回国后能够了解中国的社会经济情况，写信向他提供相关信息——当时的中国是世界上最强盛的国家，而且其政治经济制度被欧洲的思想家们认为是世界的典范。杜尔哥向两个中国留学生提出了 52 个问题，内容主要涉及财富的生产和分配。为了帮助不具备经济学知识的他们理解这些问题，杜尔哥对有关经济学原理作了解释。这些解释就构成了《关于财富的形成和分配的考察》（以下简称《考察》）的内容。《考察》相当于一本经济学学习的辅导手册，杜尔哥并没有想到要出版它。杜邦当时主持重农学派的理论刊物《公民评论》，因为缺稿，希望能够刊发杜尔哥的《考察》。在杜邦的一再请求下，杜尔哥勉强同意。杜邦在出版《考察》的时候，自作主张地对杜尔哥的文稿进行了增删和修改，在中间穿插进若干重农主义的东西。后来熊彼特在《经济分析史》中说，《考察》中那些重农主义的东西在文章中显得格格不入，删除这些内容并不影响其余内容，反而能够增强前后的一致性。

《考察》一书由长短不一的 101 节构成。全书不过几十页，有的节只是一段话，谈不上分析；有的节相对长一些，有一些简要的分析。其内容大致来说有两部分：前面的 28 节，主要是重农主义思想；后面的 73 节，是关于价值、价格、货币、资本、工资、利润、利息、地租的内容。重农主义思想部分，有很多重农学派的教条，比如说农业是财富的唯一来源，“农夫是唯一的劳动产出超过自己劳动工资的劳动者，所以他们是所有财富的唯一源泉。”[①] 这些教条的偏狭和混乱有着重农学派的特点，同后面关于利润及利息的分析的深刻洞见形成明显的反差。不过，杜尔哥还是对魁奈的某些重农主义思想做出了发展。魁奈将纯产品理解为单纯的自然的赐予，这种解释本身有着神学的性质；杜尔哥将纯产品理解为自然与劳动结合的产物，这就将这个重农学派最基础的概念从神学外衣下揭示出来。在阶级结构划分中，魁奈将整个社会分解为土地所有者阶级、生产阶级和不生产阶级。在这里，农业生产中拥有生产资料的农场主和一无所有的劳动力出卖者农业工人是同一个阶级，城市工业中拥有生产资料的资本家与一无所有的雇佣工人也是同一个阶级。这种阶级划分完全忽视生产资料占有的差别，存在严重错误。杜尔哥的划分有了很大改进。他不仅根据生产资料占有区分了农业资本家和农业劳动者、工业资本家和工业劳动者，还对不同阶层收入的来源和性质进行区分。就是

① 杜尔哥：《关于财富的形成和分配的考察》，62 页。

在这个意义上，马克思说杜尔哥将重农主义体系发展到了最高峰。

在重农主义之外的其他经济问题讨论中，杜尔哥有着若干卓越的认识，这些认识甚至具有现代经济学的某些意味。杜尔哥是历史上最早对“资本”概念形成清晰认识的经济学家之一。在他看来，资本就是转化为投入的积累的价值。资本来自储蓄。他反对重农学派关于储蓄是国民经济的漏出的观念，强调储蓄与窖藏的不同。储蓄并没有漏出，他通过预付或者投资转化为资本。杜尔哥强调了资本的运动特点，强调资本只有经过不断的运动才能带来增值，产生利润。在对利润形成的分析中，杜尔哥显示出深刻的洞察力。在杜尔哥那里，资本家和企业家是一体。因为资本家—企业家同时从事生产经营又承担着不确定性，因此其收入即利润应该包括以下几个部分：一是补偿资本家的投入用于另外一项投资可能获得的收益；二是对他的劳动、操心和技能的报酬；三是对他承担的风险或者不确定性的报酬。杜尔哥的卓越创见体现在对利润的第一个构成部分的理解。用现代经济学的术语来讲，所放弃的投资可能获得的收益就是所选择的投资的“机会成本”。在进行经济决策的过程中，机会成本具有特别重要的意义。我们说经济学是关于选择的科学，而选择的关键是对机会成本的分析和辨识。杜尔哥虽然没有“机会成本”的概念，但他已经有了这样的观念，这充分证明了他思考和分析的深刻。

在后面对“利息”的性质的分析中，机会成本的观念也具有重要意义。关于货币，杜尔哥继承了约翰·洛克留下的许多遗产。比如，关于货币的性质，杜尔哥认同洛克关于货币作为货币的价值是契约约定的观点。他说某些地方用“一只羊”来表现价值或者作为流通手段，在这里，“一只羊”就不再是一只羊，而是被约定为价值的一般代表。这种价值，也就是货币作为货币的价值，自然是虚构和想象的。马克思在分析价值形式发展，讨论到扩大的价值形式时，很巧合地将“一只羊”作为等价物，也强调了作为等价物的“一只羊”不是一只羊而是价值的代表。关于利息率，杜尔哥也承认作为货币的价格，利息取决于借贷资本的供求。不过，对于利息的性质的认识，杜尔哥要远远超越他的前辈。杜尔哥是在为借贷进行合法性证明的过程中涉及这一问题的。他说：“贷款是由双方自愿达成的互惠合同，能达成这种合同的唯一原因是对双方都有利。……如果有人认为，贷款者利用了借款者对货币的需要迫使他付利息，则这种说法的荒谬之处，就像我们说面包师卖面包时利用了他的顾客一样。如果在后一场合，货币是买主所买面包的等值物，那么借款者当天所收到的货币，就同样是他答应贷款者在借款到期时归还的本金和利息的等值物。”① 出借的货币与收回的货币必须等值，但二者在数额上并不相等。收回的货币在数量上等于本金加上利息，因此现在货币与未来货币的差额就是利息。可见，在杜尔哥这里，有着货币的时间价值的观念。至于货币的时间价值产生的原因，除了由于时间而导致的不确定性或者风险之外，就是机会成本。杜尔哥认为，货币可以在运动中增值。贷款者放弃一定时间的货币资本使用权，也就是放弃未来一定时期内利用自己的货币获取利润的机会。这种机会成本性质的损失，需要以利息的形式得到补偿。在第 74 节《货币利息的真实基础》中，杜尔哥对借贷利息的进一步辩护体现着他强烈而清晰的自由主义倾向。在关于利息合法性的证明中，所有的其他原因都是次要的。“唯一的理由是，他的货币是他自己的。既然货币是他自己的，他就有权保有它，没有任何东西规定他有出借货币的义务；如果他借出货币，他就可以给贷款加上他所选择的条件。……他的货币是他自己的，这一点就足够了，这是与财产不可分割的权利。”② 以天赋的神圣的财产权利为利息辩护，显示出强大的力量。后来边沁的《为高利贷辩护》，应用了杜尔哥这一重要思想。

杜尔哥不仅是思想家，还是行动者、实践家。1774 年路易十六上台，任用杜尔哥为海军大臣，后又改任财政大臣。杜尔哥上台后，针对各种经济流弊，展开了大刀阔斧的改革。实行国内自由贸易，取消行会特权；结束农民的强制性无偿劳动，对土地所有者征收地租税；削减政府开支，提高政府信用；提倡择业自由、宗教自由，普及教育。在那样一个高度专制的体制下，杜尔哥的改革被看成是一种唐吉诃德式的疯狂，它严重触犯了行会、大土地所有者甚至皇室的利益，还严重侵犯了教会的权威。各个利益集团对他展开

① 杜尔哥：《关于财富的形成和分配的考察》，61 页。

② 同上书，63 页。

了疯狂的围攻，皇后玛利亚·安东尼特甚至要将他投入监狱。路易十六最后不得不将他解职。任职不到两年，杜尔哥下台，他雄心勃勃的改革也被废止了。杜尔哥的改革还是留下了深刻的历史影响，甚至被看成是后来的法国大革命的前兆。

马克思说杜尔哥是个伟人，因为他符合自己的时代。当代俄国经济思想史阿尼金说："杜尔哥是一个非凡的人物，他集深刻的革新者的才华、实践家及国家活动家的出色才能于一身，这样的人物在经济科学史上实不多见。"①

① 阿尼金：《改变历史的经济学家》，137页，北京，华夏出版社，2007。

大卫·休谟：他只有一个脚后跟留在重商主义

哈里·兰德雷斯和大卫·C·柯南德尔在其《经济思想史》中将大卫·休谟（David Hume，1711—1776）归结为重商主义者，“像很多同时代的人一样，休谟被称为自由的重商主义者；他的一只脚停留在重商主义，另一只脚却已向前步入古典政治经济学。”[①]

兰德雷斯和柯南德尔对古典经济学的界定显得过于严格，而对重商主义的界定则显得过于宽泛。在作者的观念里，古典经济学应该是成熟而系统的经济学，古典经济学家应该是系统的体系构建者，而重商主义则是零散而现实的经济观念和主张，重商主义者就是针对现实经济问题的时政评论者；建立体系的才是古典主义者，而写作小册子的就只能是重商主义者。这样的判断显然失之偏颇。对学派归属的判断只能依据核心观念、基本理论、主要方法及政策主张，是否构建体系或者是否写作鸿篇巨制无法成为标准。写作洋洋洒洒大部头的《资本主义经济制度》的威廉姆森固然是新制度经济学的代表人物，但我们不能将只写作了两篇重要论文《厂商的性质》和《社会成本理论》的科斯排除在新制度经济学之外。没有科斯的这两篇经典论文，就不可能就新制度经济学，也不会有威廉姆森对新制度经济学发展的贡献。

提出“古典经济学”概念的马克思和凯恩斯都一致将威廉·配第界定为古典经济学的奠基人，配第之后的大卫·休谟理应也是古典经济学的重要代表。

---

① 哈里·兰德雷斯和大卫·C·柯南德尔：《经济思想史》，58页，北京，人民邮电出版社，2011。

事实上，鉴于斯密与休谟的紧密关系，鉴于休谟先于斯密从事经济学研究并早于斯密发表经济学著作的事实，可以相信斯密从休谟那里吸收了不少自由主义经济学的营养，可以相信斯密的自由主义经济学在相当程度上会受到休谟的影响。休谟出版于1752年的《政治论丛》，事实上是经济学历史上第一部自由主义经济学的论文集。虽然斯密在1750—1751年之间就在爱丁堡大学讲授与自由贸易有关的经济学，但休谟的自由主义经济学文集《政治论丛》是从其《人性论》中相关经济学的内容修改编订而成，而《人性论》出版于1739年。据斯密及《国富论》的研究专家、前伦敦大学政治经济学教授埃德温坎南·坎南所述，斯密在格拉斯哥大学任教期间，曾经大量参阅过休谟的经济学文稿。

根本上来说，《政治论丛》中休谟的经济思想，是自由主义经济学思想。休谟著作中所呈现的不是重商主义，而是反重商主义。众所周知，休谟对现代经济学最重要的贡献之一，是他对货币数量论的明确而清晰的阐述。休谟虽然不是货币数量论最早的阐释者，却是古典经济学时期货币数量论最清楚和最有影响的阐释者。休谟清楚地阐明，商品价格水平的高低，受货币数量的直接影响；反之，货币数量变化，只影响商品价格而不影响实际经济变量。从休谟的研究和写作目的来看，他阐述货币数量论的目的，在于批判重商主义的贸易差额论，在于批判和清算重商主义。通过货币数量论，休谟试图证明，一国财富的多寡，取决于物质产品的丰裕或者匮乏，与货币数量无关。他说，即使英格兰所有的货币在一夜之间消失，只要物质产品及物质产品生产能力没受到影响，英国人就不会因此变穷或者变富。一国货币数量的增加非但无助于该国人民幸福程度的增加，反而，货币的增加会引起物价的上涨，会降低该国产品在国际市场上的竞争力，进一步使国力下降。

休谟相信，如果汇率自由浮动，商品自由贸易，货币自由输入或者输出，没有一个国家可以长期保持顺差或者逆差，没有一个国家可以利用汇率的升降影响国家贸易。假使某个国家在国际竞争中处于优势，产生贸易顺差，其结果是货币的流入，进一步是物价的上涨，而其直接结果是出口减少而进口增加，顺差于是减少，甚至产生逆差；反之，如果一国产生贸易逆差，货币因此流出，物价因此下降，其直接结果将是进口的减少和出口的增加，于是国际贸易环境得到改善。由此，只要国际贸易自由化，长期来看，一国进出口贸易将趋于均衡，而汇率也将趋于均衡水平。

休谟强烈主张自由贸易，因为自由贸易将会增进参与国家的国民福利。休谟认为，我们每个人都趋向于消费各种生产最好的产品，但各个国家的资源禀赋不同，任何一个国家都不能同时生产各种最好的产品。各个国家如果依据资源禀赋专门生产最好的产品，再进行国际贸易，则人们享用最好产品的愿望就会得以实现。这就是休谟的绝对优势理论。关于国际分工及国际贸易产生原因的李嘉图比较优势理论，一般认为来自斯密的绝对优势理论，可以确定的是，休谟的绝对优势理论要比斯密更早提出。斯密曾经因为有人写作关于自由贸易的著作却没有对他的优先权表达谢意而愤怒，其实，真正具有自由主义"发明"优先权的应该是大卫·休谟。

休谟相信，自由竞争和自由贸易、资本的自由流动可以成为产业发展和经济进步的推动力量。休谟认识到，一个国家或者地区可以凭借某个主导产业实现经济增长，但是，经济增长的结果将是劳动成本的上升。这样，当一个国家或者地区凭借某个产业实现经济增长之后，成本的上升会使该地区逐渐失去竞争力，于是，该产业将转移向成本尚处于较低水平的国家和地区。休谟所发现的这个被叫做"经济机会转移规律"的理论，解释了自由放任或者资本自由转移对不同地区经济发展的推动作用。美国当代政治经济学家皮厄特波·里佛利在其《T恤的全球之旅》中利用休谟的"经济机会转移规律"解释了纺织业在推动若干国家和地区"起飞"中的作用。18世纪，纺织业在英国兴起，推动了英国的产业革命，使之完成经济起飞并成为第一个工业化国家；当劳动成本因为英国的经济繁荣而上升之后，纺织业在19世纪转移到了美国；美国借助纺织业的发展完成工业化并使劳工成本上升之后，20世纪初，纺织业又转移到日本；20世纪中叶，纺织业又从日本转移到中国台湾、中国香港、韩国；20世纪80年代，又转移到中国大陆。休谟的"经济机会转移规律"，描述的是一幅自由主义经济的美好图景，只要实施自由放任政策，只要保证资本的自由转移，产业的转移将会促进各国经济循序渐进的进步和发展。

休谟的自由贸易主张建立在其世界主义观念的基础上。众所周知，重商主义在总体上都是国家主义者或者民族主义者。在重商主义者观念里，国际贸易可能产生的利益是一个既定的总量，因此，国与国之间的利益是对立的，一个国家从国际贸易中得到更多利益意味着其他国家利益的受损。所以，重商主义的国际观念是一种以邻为壑的观念。休谟不再是一个狭隘的民族主义者。在休谟的观念里，国际贸易中国与国的关系就如同社区家庭之间的关系。在一个社区里，邻居的富有或者产业兴旺会为自己带来某种利益。比如，一个富有的邻居可能会对我生产的产品产生需求。休谟说："一般地说，任何一个国家的商业发展和财富增长，非但无损于，而且有助于所有邻国的商业发展和财富增长。"所以，"我直言不讳地承认：不但作为人类的一员，我要为德国、西班牙、意大利甚至法国的商业繁荣而祈祷，而且作为一个英国国民，我也要为它们祈祷。至少，我深信：如果英国和所有这些国家的君主和大臣们采取这种高瞻远瞩的仁慈观点和睦相处，英国和所有这些国家就会更加繁荣昌盛。"①

休谟的自由主义思想还表现在他关于社会经济运行的"自然"观念中，据美国学者雅各布·瓦伊纳在《亚当·斯密传》的指南中所述，在1748—1758年间，英国及德国学者之间有过一场关于人类社会经济生活中是否存在如同牛顿在1687年的《自然哲学的数学原理》中揭示的自然的和谐秩序的讨论。如果这样的"自然"的社会经济秩序存在，就意味着经济社会运行具有其自然自发的调节机制，即使平衡一时被打破，也会自动恢复，而不需要政府力量的干预。这一讨论实质上是一场声讨和清算重商主义的运动。休谟积极参与了这场讨论并发表了自己的见解。关于社会自然秩序存在的观念，在休谟1739年出版的《人性论》中已经有了成熟的解释。休谟是从他的人性论出发提出对这一问题的解答的。休谟以为，人性归根结底是自私自利的。这一方面意味着，人们的一切行为都在努力追求和实现自身经济利益，另一方

① 大卫·休谟：《休谟经济论文选》，69页，北京，商务印书馆，1984。

面则意味着，人们在努力实现自身利益最大化的过程中，需要理性考察自身的逐利行为对他人的影响，也就是说，追逐自身利益的人们同时是理性的，是能够进行推己及人的思维的。同时，理性追逐个人利益的人们还能通过建立制度比如说私人财产权的方式来约束个人行为。于是，一个以个人利益为动力的社会可能是一个有序运转的社会，可能是一个存在自然和谐秩序的社会。休谟从人性出发对社会和谐的解释，与斯密从同情心出发对道德世界秩序的解释，有异曲同工之妙。

尽管其思想表现出明显的自由主义的倾向，尽管其理论主张表现出明显的反重商主义的观念，但在一个重商主义还存在普遍影响的时代，休谟的经济思想中不免有一些重商主义色彩的东西。为了促进工商业的发展，为了扩大就业，休谟希望从美洲不断流入贵金属，并认为货币可以成为经济发展的动力。尽管从货币数量论出发，休谟知道货币数量增加的最终结果是物价的上涨，但他同时相信，在货币增加到物价普遍上涨之间有一个时滞，在此期间，贸易顺差导致的货币增加，将使人们收入增加。人们收入增加而同时物价尚未上涨，于是人们将增加购买；需求的增加将推动供给的扩张，于是，在货币增加与物价上涨期间，经济增长将会出现。就货币的作用及其性质而言，重商主义者往往持有货币非中性的观点，认为货币数量的变化将影响实际经济变量，影响供给、需求、就业等等，而古典经济学家则往往持有货币中性的观点，认为货币数量的变化仅仅影响名义经济变量而不影响实际经济变量。由于休谟持有短期内货币数量增加将影响实际经济变量的观念，于是被认为是一个重商主义者。

就经济思想史的一般观念而言，判断一个思想家是重商主义者还是古典主义者，一个重要的标准是对市场与政府的关系的态度，也就是对自由市场经济的信念。就休谟的经济思想而言，总体上对重商主义的干预政策持批判态度，而且对自由市场经济持有坚定的信念。即使他关于短期内货币非中性的观念使他的思想呈现出一定的重商主义色彩，充其量只能说他还有一个脚后跟留在重商主义。说他还是一个重商主义者，似乎言过其实。

斯密的“爱情”

崇敬和热爱一个人，总希望他的人生是完美的，而爱情理所当然是完美人生的构成要素。作为现代经济学缔造者的亚当·斯密（Adam Smith，1723—1790），受到历代经济学研究者的敬仰和爱戴，可他却又是一个独身主义者。这多少有点让人遗憾。

通常认为，约翰·雷是亚当·斯密最好的传记作者。尽管约翰·雷也是一个独身主义者，但他似乎也为斯密没有爱情的灰色人生感到遗憾，因此，努力为斯密构建了几个“爱情”故事。

这些故事主要发生在斯密陪同巴克勒公爵在欧洲大陆游历期间在巴黎暂住的10个月（1765年12月到1766年10月）。

一个故事是，斯密经由休谟的介绍，认识了法国女演员、小说家里科博尼夫人。在夫人的眼里，斯密“性情温和”、“举止优雅”、“学识渊博”、“富于机智”，是“一个很有魅力的人”。她不仅倾慕斯密，而且努力接近他，但斯密却没有被打动。在给朋友的一封信中，夫人这样流露了她的感情：“我真像听情人话的傻姑娘，想不到紧挨着快乐的是后悔。不管是挨骂、挨打，还是被伤害，我都敬爱斯密先生。我真想让所有的文学家和哲学家都去见鬼，只留下斯密先生一人。”[①] 尽管被斯密伤了心，但里科博尼夫人此后还一直关注斯密。这是斯密传记作品里对斯密与女性关系的最详细的一段描述。但这似乎更像是一个知识女性对一个思想家的仰慕，充其量也只是一种单相思，

① 约翰·雷：《亚当·斯密传》，189页，北京，商务印书馆，1983。

却很难算是斯密经历的“爱情”。

另外一个故事是，在一次斯密和巴克勒公爵与几位法国上流社会人物到巴黎附近的阿布维尔的短途旅行中，一位法国伯爵夫人为斯密的魅力所倾倒，表达了对斯密的仰慕，并试图接近斯密，但斯密同样无动于衷。这个简单的插曲充其量也只能算是一段单相思，也与所谓的“爱情”无关。

居留巴黎期间，是斯密一生中出入社交界最频繁的时期。当时巴黎的各种文学沙龙，很多由上流社会有影响的女性主持，其中不乏著名的交际花。因此这一段时期也是斯密与女性交往最多的时期。于是，那些热爱和敬仰斯密的好事之徒，牵强附会地为斯密编造了一些“艳遇”。

当时的苏格兰代理主教在 1766 年 2 月 18 日致亚当・斯密的信一封信中说：“而您，亚当・斯密是格拉斯哥的哲学家，思想超群的夫人们所崇拜的偶像和英雄，亲爱的朋友，您在干什么呢？您是怎样控制昂维尔公爵夫人和布法莱夫人，或者您的心总是沉湎于娇媚的尼可拉夫人，或是您如此爱恋另一位吹笛子的夫人的或隐或现的魅力？”①

在这个言语轻浮的主教笔下，严谨而木讷的斯密似乎成了一个情场高手，居然可以控制那些上流社会夫人的心。但主教的说法完全是捕风捉影的夸大其词。信中所说的昂维尔公爵夫人是重农学派的代表人物、法国财政大臣杜尔哥的朋友，斯密仅仅是通过杜尔哥认识她而已；而布法莱夫人是的朋友，斯密因为同休谟一起参加她主持的沙龙而认识她，而她对斯密的好感也仅仅是因为她喜爱休谟；至于英国妇女尼可拉夫人与斯密的关系，也仅仅是因为他们一起参加过一次巴黎的郊游而已；而吹笛夫人则可能仅仅是主教的想象而已。

斯密为什么终身不娶？这样的问题对于一个思想家来说毫无疑义。

如果非要说点什么，17、18 世纪思想家的独身，可能与当时的社会风尚有关。因为当时欧洲实行的是财产的长子继承制，贵族和大土地所有者家庭中的次子在父亲离世后往往没有独立的生活来源，只能依附兄长，独身成为

① 欧内斯特・莫斯纳、伊恩・辛普森・罗斯：《亚当・斯密通信集》，158 页，北京，商务印书馆，1992。

不得已的选择。和斯密同时代的英国哲学家大卫·休谟及德国哲学家康德都是独身主义者，而早于他一个世纪的荷兰哲学家斯宾诺莎和英国哲学家约翰·洛克也都终身未娶。

斯密的独身，更可能与他的清教徒的宗教背景有关。清教徒勤奋工作、节制欲望的观念可能使他对世俗生活有一种消极的态度。

更可能的原因来自他的个性。斯密这样一个自幼立志献身学术的思想家，由于痴迷于研究和著述，与人交往中经常心不在焉、神情恍惚，不仅表情僵硬、动作迟缓，还经常神经质地喃喃自语。这样一个研究者，既很难对学术之外的其他事务产生兴趣，也很难在学术之外引起他人注意。对女性的“魅力”之说，不过是他的学术崇拜者对他刻意的褒扬。

斯密说，我的书籍是我唯一的情人。

这一说法也没有为斯密的独身作出切实的解释。但是，这一说法的象征性似乎又可以解释一切。对于一个以思想立世和传世的人来说，有些东西可能是没有意义的。

亚当·斯密关于“文人的道德品行”

亚当·斯密所说的“文人”，通指那些从事研究和创作、进行精神和艺术工作的人。在《道德情操论》之第三卷《论情感和行为自我评价的基础，兼论责任感》之第二章“论对赞扬和值得赞扬的喜爱，以及对责备和应受责备的惧怕”中，斯密对比分析了不同文人的“道德品行”，涉及的“文人”有诗人、数学家和自然哲学家等。

斯密以为，文人们从事各种工作，都需要得到社会的认同。因为他们的“产品”并不直接体现出物质的实用的价值，社会的赞赏就成为其价值实现的重要途径。不过，在不同的学科领域，从业者对他人或者社会的认同或者赞赏的依赖程度可能会有所不同，而这种不同的社会依赖可能塑造出不同领域从业者不同的道德品行。

就诗人或者剧作家而言，其作品价值完全依赖于社会评价。一首诗歌或者一部歌剧是否精致和美妙，作者的自我评价是没有意义的，读者或者观众是否认同、喜爱、赞赏才是其是否有价值的最终认定。在这种情况下，作者通常会非常期待赞赏，渴望表扬，同时也会非常厌恶、害怕、排斥指责和批评。即使自己的作品非常糟糕，一个言不由衷的或者完全缺乏专业水准的好评也会让作者喜悦和兴奋；即使自己的作品非常优美，微不足道的差评——如果被作者捕捉到的话，也会使作者坐立不安、灰心丧气。在这样高度依赖社会评价的创作领域，作者很难做到有自知之明。

与此相反的情形是数学家。斯密认为，数学家的研究总是有不以人的意志为转移的严谨的逻辑为支撑，数学家对自己发现的真实性和重要性总是充满信心。他特别提到他在格拉斯哥大学时的数学老师罗伯特·辛普森，他从来没有因为自己最有价值的著作被公众忽视而感到丝毫的不安。还有艾萨克·牛顿，他伟大的著作《自然哲学的数学原理》曾被公众冷落了好几年，但这位伟人的平静从未因此而受到片刻的搅扰。“自然哲学家对公众舆论的超脱与数学家极为相似，其对自己的发现和观察之价值的判断，具有与数学家相似的自信。”①

一般来讲，一个行业的工作性质越具有确定性和客观性，其价值就越不依赖于社会评价，尤其是非专业的评价；反之，一个行业的工作性质越不具有确定性和客观性，其价值就越依赖于社会评价，即使是非专业的评价。前者可能造成从业者超脱和率性的品性，后者可能造成从业者计较和偏狭的品性。“由于数学家和自然哲学家对公众舆论的超脱，很少受到因要维护自己声誉和贬低对方声誉的诱惑而组成派别和团体。他们通常是态度亲切、举止坦率的人，他们之间和睦相处，彼此维护对方的声誉，不会为了获得公众的赞扬而参与阴谋诡计，他们在自己的著作得到赞同时会感到高兴，在受到冷遇时也不会很恼火或非常愤怒。”相反，“对于那些自夸作品优秀的人来说，情况并不总是如此。他们非常容易分裂成各种文学派别，每个团体在背地里都几乎总是公然地把其他团体视为死敌，并且利用各种阴谋诡计和拉拢利诱的手段，以求抢先获得公众舆论支持自己团体成员的作品，反对敌对团体和竞争对手的作品。”②

“文人相轻”大体上可以解释以上斯密讲到的第二种情况。在诗歌或者其他艺术创作领域，“文人”之间存在声望方面的竞争——当然这种竞争最终可能还是要体现为世俗利益的竞争。竞争的胜负只能通过市场或者公众的态度来决定，但局中人还是可以有所作为。比如贬斥和攻击、挑剔和挖苦、造谣和中伤，等等。这种竞争在很多情况下会表现得很不体面，有时甚至显得卑鄙和龌龊。读卢梭的传记，了解到伟大的伏尔泰的不宽容甚至冷酷和残忍，不禁为“文人相轻”悲哀。竞争就是这样冷酷和残忍，在那些其研究或者创

①② 亚当·斯密：《道德情操论》143页，北京，华夏出版社，2010。

作不具备确定性及客观性的领域，这种情况总是存在。

经济学大概也是这样一个行业。经济研究最早属于道德哲学的范畴，其内容有太多的规范性质，这使其客观性受到影响，也使其更容易被妖魔化。当政治哲学家卡莱尔说马尔萨斯的经济学是一门"阴郁的科学"的时候，经济学家们会很气愤，但又无可奈何。狄更斯在小说《艰难时世》中，对经济学和经济学家作出了更加恶劣的攻击——那个粗鄙的暴发户，银行家格雷硬被塑造成一个整天以天平和皮尺度量生活中一切可以度量的东西的人，他的人生目标就是用银汤勺吃鹿血汤，他将自己的两个愚蠢的儿子命名为亚当·斯密和马尔萨斯——经济学家们更加气愤，也同样无可奈何。

摆脱这种尴尬的局面，经济学需要使自己的研究表现出更多的确定性和客观性，这大概是经济学追求"科学"的动因之一。尽管经济学归根到底还是人的科学，而作为研究人的经济行为的科学，其规范性质不可避免，但至少在形式上，经济学可以将自己塑造得更像"科学"一些。这种努力在古典经济学时代以萨伊提倡"实验科学"为开端，以西尼尔构建"纯粹经济学"为标志。到新古典经济学时代，经济学研究中有了越来越多的数学——最终，经济学似乎成为数学的分支学科——经济学对自身的"科学性质"也有了越来越多的自信。到了20世纪中后期，经济学甚至可以自称为"显学"，乃至"社会科学皇冠上的明珠"。

斯密还讨论到，一门缺乏确定性和客观性从而缺乏自信的学科，很容易拉帮结伙，形成小团体和流派。内部彼此支持，甚至沆瀣一气；对外则言行一致，同仇敌忾。这自然是一种很坏的风气。在学科流派化甚至宗派化的背景下，科学研究可能会让位于对宗师威望及宗派利益的维护。这种行径在斯密同时代的重农学派那里已经有了充分而拙劣的表演。休谟对重农学派恨之入骨，就是因为他们恶劣的宗派性质。斯密没有将批判的矛头对准重农学派的宗派性质，不过他内心里对所有阻碍竞争的垄断力量都是厌恶的。

拉帮结伙的情况在现代经济学中也普遍存在。流派的形成似乎是经济学发展中的一种自然现象，它与方法、理论、主张的学科传承有关。某些情况下，不同流派的争论甚至论战是经济学竞争的产物，也是这种竞争的体现。

20 世纪后期西方的经济学的流派纷呈，那种百花齐放和百家争鸣，显示的是经济学的繁荣。但是，流派或者宗派的存在，尤其是一派独大的局面，可能对经济学思想的竞争产生严重的破坏作用。比如第二次世界大战之后的五六十年代，一派独大的凯恩斯主义就成为经济学发展的严重桎梏。拉帮结伙的凯恩斯主义信徒们在垄断西方经济学主要阵地的背景下，对一切非凯恩斯主义和反凯恩斯主义进行打压，使其他的声音几近淹没。

尽管从古典经济学时代开始，经济学就致力于探索经济世界不以人的意志为转移的自然和谐的秩序，但是，经济学“既是一门研究财富的学问，也是一门研究人的学问”（马歇尔）。既然是研究人的学问，总面临各种不确定性和主观性。当经济学为增强自信而努力引入“科学”并将人的因素排除后，经济学的科学目标是实现了，但经济学本身却可能消失了。

经济学本来就是那样一门学问，它的优点和缺点都是它存在的意义所在。作为一门关于人的学问，它不可能呈现出数学那样的科学性。过度追求科学化和形式化的结果，经济学赢得了科学，却失去了世界。

亚当·斯密的“剽窃”指控

1790年，亚当·斯密去世之后，当地报刊《每月评论》刊登的新闻说，斯密在格拉斯哥大学任教期间，一直生活在自己的思想被剽窃的恐惧之中。因为这个问题，熊彼特对斯密的为人表示不屑。

熊彼特说斯密“气量狭小”似乎不是空隙来风。斯密的弟子、格拉斯哥大学教授杜格尔·斯图亚特在纪念斯密的文献中也提到过斯密谴责别人剽窃自己思想的事情。1755年在格拉斯哥经济学会的一次会议上，斯密宣读了一篇文章，主张自己对自由贸易理论的优先权并以激愤的口吻指责有人在著作中利用了自己的思想却没有表达谢意。斯密没有公开“剽窃者”的姓名，不过后世研究者猜测这个人是斯密的朋友、格拉斯哥大学伦理学教授亚当·弗格森。不过，这种猜测不甚可信。弗格森1754年才离开军队从法国回到苏格兰，1755年时还没有任何著述问世。斯密对弗格森的指控在十多年之后。

如果斯密确实主张过对自由贸易理论的优先权，这种主张却是一个无端之举。就思想意识的发展而言，没有任何新思想可以真正横空出世。思想的发展总是一个循序渐进的演化过程，所谓“新”思想不过是旧思想自然演变或发展的产物。就算斯密在1750年就讲授过自由贸易思想，那也只是思想，还没有形成成熟的理论，还没有成为正式的著述。休谟的《政治论丛》作为自由主义经济学的论文集，在1752年就已经出版，而其中有关自由贸易的很多思想，在1739年出版的《人性论》中已经有过阐述。斯密至少在牛津大学就学期间就阅读过休谟的著作，而且，《政治论丛》出版之前，休谟还请斯密帮助提出修改意见。如果要讨论自由贸易理论的优先权问题，姑且不论斯密是否受到过休谟的影响，休谟总是领先于斯密的。而且，休谟的自由贸易思想相对于斯密而言，更加清晰明了，更加直截了当。但是即使是休谟，也没有资格声称对这一理论的优先权。在法国思想家孟德斯鸠1748年出版的《论法的精神》中，对自由贸易思想已经有过深入系统的阐述。当然，还有比孟德斯鸠更早的法国思想家布阿吉尔贝尔（1646—1714）。

斯密确实有过一次私下里对他人“剽窃”自己思想的指控。1767年，亚当·弗格森出版了《市民社会史》。据斯密的朋友、格拉斯哥大学神学教授亚历山大·卡莱尔说，斯密曾经向他抱怨，说弗格森剽窃了自己的思想。卡莱尔向弗格森了解过情况。弗格森对斯密的“剽窃”指控不以为然。他承认自己借用过某个法国思想家的观点，而斯密的观点也同样来自这个法国思想家。斯密对这次“剽窃”显得更加愤慨而且不愿意原谅，在1790年最后一次修订《道德情操论》时，他这样表达了自己的愤慨——“一个意志薄弱的人，往往会因为虚假和欺骗性的赞美而得意忘形……他会假装做过他从来没有做过的事情，写过他从来没有写过的作品，把别人的发现说成是自己的发明；由此剽窃者边悲惨地堕落下去，不知羞耻地撒着谎。”①

那么，被弗格森“剽窃”的斯密具有优先权的是什么思想呢？后世研究者比较一致的看法是斯密在《国富论》第五篇讲到教育的作用时阐述的关于社会分工的发展可能导致劳动力退化的观点。不过，如果要讨论优先权的话，显然也不属于斯密。卡莱尔所说的斯密和弗格森这一观念共同的法国来源一般认为是让·雅克·卢梭，在其1749年的《论科学和艺术》及1755年的《论人类不平等的起源和基础》中，已经阐述过科学和技术进步及劳动分工的深化导致人的能力退化的观念。在这个问题上，马克思也插手讨论过，不过他的认识是错误的。马克思在《资本论》第一卷讨论分工问题时讲到这个问题。因为弗格森的著作出版于1767年，而斯密的著作出版于1776年，于是他认为是斯密“重述了弗格森的见解”。马克思没有弄清楚的一个问题是，斯密在《国富论》出版之前已经阐述过这一观点，而且，他还弄错了弗格森和

① 约翰·雷：《亚当·斯密传》，365页，北京，华夏出版社，2008。

斯密之间的关系，他将弗格森说成是斯密的老师！

其实不仅斯密没有资格主张社会分工导致劳动力退化理论的优先权，即使卢梭站出来申请优先权并指控斯密和弗格森的“剽窃”，也是一种虚妄。如果古希腊的色诺芬站出来，他们都将哑口无言。在斯密和卢梭之前两千多年，色诺芬就意识到分工的副作用——分工发展对人的发展的负面影响。色诺芬指出，分工的发展使人们终身从事单调的职业。有的粗俗的技艺会伤害工人的身体，甚至损害他们的精神，使他们不能参加社会活动，不能参与国家事务。不过，即使色诺芬穿越到18世纪，面对斯密、弗格森甚至包括卢梭之间的剽窃纠纷或者优先权争论，他也没有什么好神气的。发现分工可能带来人的能力退化的问题，这本身并不是一个深入分析的成就，而仅仅是对社会经济现象一般观察的结果，这是关注这样的问题的具有一般观察能力和思考能力的人都可以做到的。

知识产权需要尊重，这是人类进步的重要保障之一。诺斯在《西方世界的兴起》中讨论西方世界近现代以来持续发展的动因时，就将其归结为私有财产和专利制度的确立。不过，产权的建立以财产具有可排他的性质为前提。巴泽尔在《产权的经济分析》中有过这样的认识，建立排他性产权的前提在于人们对财产属性的充分把握。在信息有限且信息成本高昂的背景下，财产的某些属性无法得到充分界定，只能将其留存在公共空间，于是，产权界定就有了空白地带。

就思想意识和认识观念的发展而言，后代所把握和拥有的一切，一方面来自对前人的继承，另一方面来自当代人自身的努力。即使是自己努力形成的新思想、新观念和新知识，也无法割断与前人千丝万缕的联系。在知识的河流中，我们可以确认每一滴水都有其来源，却无法确认究竟来自哪条小溪。主张知识或者观念的优先权甚至对他人对自己思想观念的“剽窃”进行指控，实在是一种虚妄（当然，在这里需要将文章的抄袭与观点的引用区分开来）。

斯密一生待人谦和、行事低调，而且对任何形式的垄断都疾恶如仇，很难理解他对“优先权”或者“剽窃”何以如此耿耿于怀。

亚当·斯密与两任英国首相

威廉·配第·莫里斯（William Petty Morris，1737—1805）即谢尔本伯爵二世是英国资产阶级革命时期著名的经济学家和政治活动家及《政治算术》的作者威廉·配第的后代，在斯密的时代曾经短期担任过英国首相。

曾经在牛津大学学习的谢尔本伯爵对那里沉闷的学习环境很是不满，当他承担起弟弟的教育责任的时候，经朋友介绍，将其送到格拉斯哥大学斯密的门下。谢尔本一家似乎对财务开支问题过于谨慎，在斯密与谢尔本伯爵的通信中，谈论最多的就是费用开支情况。斯密汇报的费用开支，精确到几个便士。颇让斯密难堪的是，他们还拖欠学费。一次斯密因为外出亟须用钱，不得不一再催讨。斯密对谢尔本那位著名的经济学家祖先也不是很认同，虽然在与谢尔本的通信中对威廉·配第表达了敬意，但他对“政治算术”持怀疑态度。熊彼特在《经济分析史》中对斯密对威廉·配第的“政治算术的”不屑表达了不屑。

谢尔本伯爵却一直将斯密看成是自己的导师，一直对斯密尊重有加。1761年谢尔本到格拉斯哥大学看望弟弟。返回伦敦的时候斯密与他同行，他要去伦敦处理一些学校的事务。旅程中与斯密的交流使谢尔本的思想发生了根本变化，他说：“和斯密一起从爱丁堡到伦敦的那次旅行，使我的一生的大部分时间里能够分清是非黑白。……虽然直到多年以后我才信服他的理论，但是它确实给我带来了幸福的生活，也使我赢得了大家的尊重。”[①] 约翰·雷

① 约翰·雷：《亚当·斯密传》，119页。

说，谢尔本伯爵是除了伯克以外，第一个理解并把自由贸易理论作为主要的政治原则加以宣传的英国政治家。

尽管谢尔本伯爵对斯密心怀敬意，斯密对谢尔本却没有好感，其中的原因更多来自政治理念。斯密是一个彻彻底底的辉格党人、一个真真正正的共和主义者，限制王权、发扬民主是他基本的政治理念。而谢尔本伯爵如同他的祖先威廉·配第一样，是一位王权的维护者。在英王乔治三世继承王位的时候，政府软弱无力，内阁频繁更迭。有维护王权的势力暗中活动，希望加强国王权力。谢尔本伯爵参与了这一“阴谋”。1763 年，斯密给休谟的信中，对谢尔本的作为进行了严厉的谴责。1782 年 7 月，谢尔本伯爵被任命为首相。除了国王，谢尔本没有多少支持者，在位半年多就下台了。在谢尔本参与的政治斗争中，斯密一直站在他的反对者身后。推动谢尔本下台的政治家福克斯和埃德蒙·伯克，是斯密政治上志同道合的朋友。

谢尔本伯爵被认为是一位颇有才华又怀才不遇的政治家。他承认斯密对他的思想有过重要影响。但是由于他在位时间比较短，没有来得及施展才华，所以斯密的思想也就没有通过他对历史产生影响。

斯密的思想终究对历史产生过重要影响，帮助他实现这种影响的是谢尔本之后的小威廉·皮特（1759—1806）。小皮特在谢尔本政府中曾经担任过财政大臣，在谢尔本之后的联合政府下台之后，被选为首相。他第一次首相任期在 1873—1801 年，第二次首相任期在 1804—1806 年，前后二十几年。

斯密的《国富论》出版后的那个时代，正是小皮特思想形成的时期。他一直将《国富论》看成是自己的思想来源，将斯密看成是自己的精神导师。正是经由《国富论》，小皮特接受了自由贸易观念。在他走上政坛，成为首相之后，斯密的自由放任思想成为他制定政策的主要参考。在他任职期间，解除了对爱尔兰的贸易限制，与法国签订了通商条约，他还依据斯密的建议，简化税收管理条例。1787 年，斯密到伦敦治病和休养，小皮特经常邀请斯密出席聚会，向他求教有关经济理论，咨询有关政策方略，还委派他完成一些调研任务。因为频繁与小皮特商讨问题，斯密的朋友们甚至担心斯密会过于劳累而弄坏身体。斯密的思想在两个时代对经济政策的制定产生过重要影响，一个是20世纪七八十年代之后，一个就是小皮特的时代。可以说，正是由于小皮特的努力，斯密的经济思想对自由主义经济政策的影响才得以实现。

小皮特非常敬仰斯密。在经济学历史上流传着这样一段佳话：斯密应邀参加政府高层人士的聚会。迟到的斯密进入大厅时，所有人都站起来迎接。斯密说："请坐吧，先生们。"小皮特说："我们一定要等您坐下后才能坐，因为我们都是您的学生。"斯密对小皮特也很欣赏，他曾经对一位政治家朋友说："他真是一个不同寻常的人，他比我自己还更理解我的理论。"①

在一定意义上，亚当·斯密的自由主义思想经由小皮特产生的影响不仅限于英国，它甚至也影响了中国历史发展的进程。亚当·斯密的自由贸易政策在相当意义上是帝国主义的对外扩张政策。当产业革命推动生产力发展并导致国内市场矛盾加剧的背景下，开辟国外市场是一种必然的选择。1792年，小皮特派出以马尔嘎尼为代表的通商使团，以给乾隆皇帝祝寿的名义，试图通过谈判，打开中国市场。这次具有重要历史意义的事件是斯密自由贸易理论的实践。但是，固执保守而又夜郎自大的乾隆将远在天边的英国看成是一个漂浮海上的可怜孤岛，使团的使命被他理解为臣属国向宗主国的朝奉。平等的通商谈判从何谈起！

使团的副团长斯当东带着年幼的儿子参加了远航。在避暑山庄，这个在航程中学会了汉语的孩子深得乾隆的喜爱。20多年后，小斯当东成为一个中国通，并参加了1816年英国对中国的第二次通商谈判代表团。这一次谈判再次失败。原因之一还是中国一方要求使团跪拜，而对方严词拒绝。其中最强烈反对跪拜的就是小斯当东。再往后，东印度公司向中国偷运鸦片，再后来有了林则徐的虎门销烟。英国政府决定用炮舰打开中国大门，而强烈主张动武的就是乾隆所喜爱而这位小斯当东。

这样说有些远了。不过，斯密的自由放任思想影响了英国进而影响了世界历史进程倒是可以确定的。

---

① 约翰·雷：《亚当·斯密传》，317页。

查尔斯·汤申德与经济学

查尔斯·汤申德（1725—1767）因为《汤申德税法》而在历史上留名。1767年，英国议会在财政大臣汤申德建议下，通过了一个新的税收法案，规定从英国输往北美殖民地的茶叶等征收进口税以弥补英国由于土地税降低导致的税收减少，并规定税收人员可以进入私人住宅搜查违禁品。该法案遭到殖民地居民的强烈反对，波士顿地区出现激烈的抗议示威活动。1770年，英军镇压抗议群众，导致“波士顿惨案”发生，进而成为美国独立战争的导火线。如此重大的历史事件，是社会经济发展的产物，个人的作用和影响总是有限的。但是，遭逢如此剧烈波动的时局，又处在重大变局的旋涡中心，汤申德于是被看成是引发灾难的罪魁祸首。无论汤申德的政治业绩如何，也无论他对英国或者美国甚至对世界政治历史的影响如何，对经济学来说，汤申德的历史贡献是值得肯定的。

汤申德对经济学的历史贡献与斯密有关，正是他聘请斯密担任家庭教师并提供终身资助，才有了斯密的《国富论》，而有了斯密的《国富论》，才有了现代经济学的产生。汤申德早年就是一个自由贸易的同情者，年轻的时候曾经著文反对出口补贴政策。在休谟的自由贸易思想得到普及之前，在斯密建立以自由放任为核心的经济学体系之前，自由贸易思想是一种新颖的思想观念。汤申德似乎注定要成为经济学诞生的助产妇，他曾经做过两次“努力”，第一次失败了，第二次迎来了划时代的变化。

1754年，汤申德向剑桥大学提供一笔奖金，奖励优秀的论文创作，以促进贸易理论的研究。他亲自拟出的论文题目中，第一个叫做“贸易对道德的影响”。这个来自孟德斯鸠观念的题目显示出汤申德对自由贸易的期待。剑桥大学对是否将经济学作为学生的研究领域还存有疑虑，对“贸易对道德的影响”也持怀疑态度。在剑桥的教授们看来，贸易领域的腐败已经严重恶化，贸易对道德的影响已经无从谈起。剑桥大学收下了汤申德的奖金，却删去了汤申德的论文题目。汤申德感觉受到了欺骗和愚弄，他拒绝宣读获奖论文，也不再提供资助。汤申德推动经济学产生和发展的第一次努力就这样失败了。

汤申德第二次推动经济学产生的努力通过资助斯密得以完成。1759 年，斯密的第一部著作《道德情操论》出版。这本书在伦敦一面世就引起了轰动，英国思想界的名流们，包括伯克、吉本、休谟等都给予了高度的评价。汤申德也为斯密的才华所折服，决定聘请斯密担任他的继子巴克勒公爵的私人教师，陪伴他到欧洲大陆游学。斯密本来对英国上流社会的游学风尚持怀疑和批判态度，而休谟也来信加以劝阻。但是，汤申德提出的报酬条件实在太诱人——游学期间提供所有费用及每年 300 镑酬金以及游学结束之后每年 300 镑的终身年金——这个收入是斯密做教授收入的两倍多。斯密接受了汤申德的邀请。

1764 年，斯密陪同巴克勒公爵来到法国的图卢兹。除了参观教堂、浏览河山、参加宴饮，实在没有太多可以持续激发他兴趣的事情。闲极无聊之下，斯密开始整理他任教期间讲授过的经济学的内容。他给休谟写信说，因为无聊，出于打发时间的考虑，他开始写作一本书。这就是后来成书的《国富论》。说经济学历史最伟大的那一部著作产生于作者的无聊，这种说法本身让人觉得无聊。但是，以斯密散淡的个性，如果不是因为闲暇或无聊，如果不是出于打发无聊时光的考虑，很难想象他会什么时候动手写作《国富论》这样的皇皇巨著。从 1764 年开始写作，到 1776 年出版，前后用了 12 年时间。在这么长时间里，斯密能够专心致志写作，因为有汤申德给他提供的每年 300 镑的年金。如果没有汤申德的资助，斯密还得从事繁忙的教学工作，再加上斯密身体不是很好，生性又有些懒散，即使他一时兴起开始写作，也不知道何年何月可以完成。——能不能完成都是一个问题。所以熊彼特说：“经济学应该感谢巴克勒公爵，正是他使斯密能够在经济上自立，从而有闲暇来写《国富论》。”①

说汤申德的“努力”推动了经济学的产生，只是为了对汤申德的“善行”表达敬意。其实，他对经济学所做的一切，并不一定出于推动学科发展的使命感，也许他还没有这样的觉悟，没有这样的认识高度。为剑桥大学的“贸易理论”研究提供资助，也许出于博取闻名的需要，而聘请斯密做私人教师，不仅纯粹出于个人或家庭利益，甚至还被指为利用哲学家的名望提升自身及家庭的影响。不过，不论动机如何，他的“善行”还是结出了“善果”，尤其是在资助斯密方面。这一情况倒是印证了斯密经济学最核心的观念——个人对自身利益的追求可能在无意间推动社会利益的实现，而且比在个人有意推进社会利益的情况下更好地促进社会利益的实现。

① 熊彼特：《经济分析史》，284页，北京，商务印书馆，1996。

边沁与功利主义

边沁（Jeremy Bentham，1748—1832）是18—19世纪英国著名的政治哲学家。对于经济学来说，边沁的特别重要性在于，他的功利主义观念成为后来经济学最重要的哲学基础。经济学是一门关于人的经济行为的科学，对人的行为动机的认识，是经济学理论研究和体系构建的基础，现代经济学的这一基础正是边沁的功利主义观念。边沁的功利主义理论对于经济学的意义还在于，在对效用原理的阐释中，边沁分析了幸福和痛苦的计算和比较问题，提出了“最大化”的观念，这种努力成为“经济人”范畴构建的重要环节。

同他著名的弟子约翰·斯图亚特·穆勒一样，边沁也是一个天才（马克思说边沁是资产阶级蠢材中的一个天才），他4岁时就开始比较系统的学习。同稍早于他的经济学家亚当·斯密及历史学家爱德华·吉本（1737—1794）一样，边沁也曾经在牛津大学学习，而且，同他们一样对当时的教育制度甚为不满。18岁大学毕业，边沁成为一名律师。不过，这名律师一辈子没有参与过一场诉讼。他的兴趣不在法律实践，而在法律理论研究。他发现，英国法律体系存在一个致命的缺陷，那就是缺乏一个用于衡量法律价值的一般标准；他希望通过自己的研究和探索，找到这样一个标准。最后他找到了，那就是功利主义原理。边沁的家庭相当富有，他的父亲为他留下大量财产，这样，边沁可以衣食无忧地从事理论研究工作。边沁终身未婚。当他去世的时候，父亲留下的巨额遗产还剩余不少，他将其捐献给伦敦大学学院（UCL）。边沁提出的条件是永久保存他的遗体，并参加每年一次的理事会。他的遗嘱得到了遵守。

边沁最重要的理论研究成就，就是建立了功利主义哲学体系。在出版于1776年的《政府片论》中，边沁初步探讨了功利主义原理并将其应用于政府理论；1789年，边沁出版了《道德和立法原理引论》，进一步探究了效用原理及幸福和痛苦的计算问题，构建起完善的功利主义理论体系。1823年，边沁和哲学家、经济学家詹姆斯·穆勒一起创办了《威斯敏斯特评论》，着力宣扬功利主义哲学。这份刊物后来主要由詹姆斯·穆勒的儿子约翰·斯图亚特·穆勒主编和执笔，在一定意义上，是这份刊物塑造了作为哲学家和经济学家的约翰·穆勒。边沁的功利主义观念影响了詹姆斯·穆勒，而詹姆斯·穆勒又影响了作为著名经济学家的大卫·李嘉图，所以边沁可以自吹自擂——我是詹姆斯·穆勒精神上的父亲，而詹姆斯·穆勒是大卫·李嘉图精神上的父亲，所以，李嘉图是我精神上的孙子。

边沁还有一项经济学研究成就，那就是1787年的《为高利贷辩解》。这是一封写给亚当·斯密的长信，核心内容是对斯密提出的利率控制的思想进行批判。斯密在《国富论》中提出对利率加以限制，目的是防止逆向选择带来的风险以及保护借贷关系中处于弱势一方的利益。边沁则从鼓励和保护创业投资的角度出发，对限制高利贷利率的主张进行了批判。他认为利率控制将会扼杀创业投资，进而抑制任何形式的投资事业。斯密的观念有些保守，尤其是其保护弱者利益的观念，按照孟德斯鸠的解释，试图控制利率以保护弱者的实际后果反而是损害了弱者的利益。边沁的观点显得有些激进，但可能比较务实；这种观念甚至有20世纪的熊彼特企业家及创新思想的某些意味。

功利主义首先是对人的行为动机的一种界定。关于人的行为动机的界定，边沁之前最有影响的应该是约翰·洛克的苦乐主义或者享乐主义。享乐主义认为，人的行为动机就是追求幸福和避免痛苦，就是追求幸福的最大化。一般来说，幸福或者痛苦都是主观感受，而每一个个体是自身幸福或者痛苦唯一的感受者和评价者。因此，个体行为动机上享乐主义的主张者同时也是自由主义者。就政治倾向而言，边沁一方面表现出个人主义和自由主义的倾向，但对其思想深刻解读，却可能发现集权和专制的意味。

边沁的功利主义是一种以理性为依据的关于人的行为评价的规范性学说。这一学说主张，人的行为总是有目的的，对行为的评价必须从结果来判断；过程并不重要，重要的只是目的的实现，只是结果。总之，功利主义强调行为的目的性和结果的重要性。边沁认为，自然将人置于幸福和痛苦的主宰之下，“善”就是幸福的增加，“恶”就是痛苦的增加。人的行为总是趋利避害的，就是追求更多的善，同时避免更多的恶。那么，如何对行为目的的实现进行评价呢？边沁提出的评价工具就是效用。人们从某种事物或者行为中获得的利益、好处、欢乐、亲善、幸福，就是效用；相反，如果得到的是伤害、痛苦、罪恶、不幸，那就是负效用。二者相加，就是总效用、净效用或者总幸福。边沁认为，人们从事物或者行为中得到的效用是可以计量、可以加总求和的。在《道德和立法原理引论》中，边沁力图建立一种衡量和计算快乐和痛苦的“幸福计算法”，他将经济学理解为“幸福和痛苦的微积分”。

在边沁的观念里，社会不过是单个个体的总和。个体是真实的，社会是虚构的；个人利益是现实的，社会利益是虚拟的。边沁关于效用的计算和评价的观念，都是以个体为基础和对象的。不过，边沁功利主义哲学研究的目的和归宿，却是要为法律和政策制定提供评价依据，于是，以个人为出发点的研究其最终的归宿却是社会。边沁虽然强调个体评价的真实性和重要性，但同时又将社会理解为个体的总和，将社会利益理解为个体利益的简单相加。于是，关于立法和政策的评价标准，他得出了“最大多数人的最大幸福”的伦理标准。一项政策或者立法可能使某些人受益，也可能使某些人受损，按照“最大多数人的最大幸福”标准，只要这项政策或者法律实现了最大净效用，就具有充分的合法性。

在伦理学、政治学及经济学中，边沁都有着重要的影响；这种影响不仅表现在边沁的功利主义原理对这些学科的构建和发展发挥过重要的基础性的影响，更表现在后代人对功利主义原理的讨论和争辩，拓展了对相关问题研究的深度和广度。

在经济学的意义上，近现代对边沁功利主义原理较为积极和正面的评价主要在以下两个方面。一是承认和强调功利主义假设作为经济学哲学基础和逻辑前提的意义。经济学被认为是一门关于人的经济行为的演绎科学，它需要简单的假设或公理作为逻辑演绎的前提。功利主义强调人的行为的目的性，为经济学对人的行为的认识和研究提供了一个简单而有力的假设。经过边沁及其弟子们的研究推广，这一假设已经成为经济学的重要公理。近现代的研究者不需要再在人的行为评价方面争论不休，功利主义作为隐含的前提进入研究进程使研究者取得了基本的共识，从而提高了研究的效率。

与此相关的是边沁对幸福和痛苦的效用计算对“经济人”假设的理性构建所具有的意义。边沁之前，对于“经济人”假设的构建，主要集中于其两个要素——自利和理性——的前一个方面即“自利”因素的论证和发展。斯密之前的思想家们从个人利益与社会利益的一致性方面对个人利益合法性的论证，实质上是在构建“经济人”假设的“自利”要素。这个工作到了斯密那里——当他提出并论证“一只看不见的手”原理之后——应该已经基本完成。斯密之后，尤其是从边沁开始，构建“经济人”两要素中的“理性”要素成为工作的重点。边沁关于效用计算的观念，关于幸福和痛苦比较的观念，是经济学“理性”构建的重要起点和关键环节。在《道德和立法原理引论》中，边沁对幸福和痛苦进行了周密细致的计算。现代经济学中，边沁所主张的基数效用的观念已经被抛弃，取而代之的是序数效用论。由此，边沁效用计算的方法和程序可能显得幼稚甚至荒唐，但可以进行效用比较以及可以对幸福和痛苦进行类似成本—收益计算的观念却影响深远，对于经济学的体系构建意义重大。边沁之后的约翰·穆勒提出“经济人”的概念就受到边沁的直接影响，而边际革命之后经济学家们提出的关于利润最大化及效用最大化的等边际原则等等，不过是边沁“幸福和痛苦的微积分”的形式化表现；现代经济学关于“经济人”理性能力的形式化规定，实质上也是对边沁观念的发展。

一个影响深远的思想将面临更多的质疑和批判，边沁的功利主义原理也是这样。近现代经济学对边沁功利主义及相关思想的较为消极和负面的评价主要表现在以下几个方面。

1. 关于人的行为动机：幸福或满足是否为唯一的追求

在边沁的功利主义观念中，人们的行为的目的就是追求幸福或满足；目的的实现才是重要的，过程本身没有什么意义。这样的认识可能显得偏颇而且很不实际。人类行为可能包含着比幸福和满足广泛得多、丰富得多、深刻得多的意义。约翰·穆勒在十几岁的时候成为边沁的弟子，接受功利主义的理论和观念。到了20岁的时候，他的思想正在走向成熟，心灵却陷入危机。20岁的约翰·穆勒相信，他的未来就是成为一个一流的思想家，他对此深信不疑。不过，他深深怀疑的是，当未来的一切都已经明了，他的人生还有什么意义。因为在这样一种已经可以确认人生目的的人生中，他感受不到任何快乐。于是，他开始怀疑人生的意义，并因此而陷入忧郁和精神分裂之中。数年之后小穆勒才从这种失落中逐渐走出来，他开始了对边沁的功利主义的怀疑和批判。他说："做一个并不满足的人要比做一头满足的猪好得多；做一个并不满足的苏格拉底要比做一个满足的蠢人好得多。"[①] 小穆勒最后也没有完全放弃功利主义，但他不再相信边沁对人生意义的认识。关于人生的意义，也许著名剧作家乔治·萧伯纳（1856—1950）的表述是可信的："幸福并不是生活的目的；生活并没有目的；生活本身就是目的。"对人的行为动机的认识，需要的是一个更加广阔的视野，功利主义简单假设确实有些偏狭了。

2. 边际效用递减规律的政策含义

与功利主义原理中的效用度量和计算相关，边沁表述过边际效用递减规律。在《经济科学的哲学》中有这样一段话："如果两个人所拥有的财富的数量不相等，立法者肯定会认为财富数量最大的人拥有最大的幸福。但是幸福的数量不会随着财富的数量以任何相近的比例一直增长：一万倍的财富不会带来一万倍数量的幸福。……一个人财富的数量超过另一个人并且继续增长的话，其财富在产生幸福方面的效果将不断递减；换言之，每一特定的财富所产生的幸福的数量是不断递减的；第二部分所产生的幸福比第一部分少，第三部分比第二部分少，依此类推。"[②] 尽管边际效用递减规律已经成为现代经济学消费者行为理论的重要基础，但边沁的主张还是受到自由主义经济学

① 斯坦利·L·布鲁：《经济思想史》，96页。

② 同上书，93页。

家们的质疑。因为既然边际效用是递减的，那么贫富不均的收入分配结构就是缺乏效率的。因为收入差距越大，总收入带来的总效用就越小。这样，收入再分配就取得了合法性——在收入分配不均的背景下，将高收入者的部分收入通过再分配转移给低收入者，社会总福利将会得到提升。——边际效用递减规律及“最大多数人的最大幸福”原理的结合就成为收入再分配的理由。边沁似乎在主张革命有理。

3.“最大多数人的最大幸福”可能导致的危险结论

“最大多数人的最大幸福”所追求的实际上是社会总福利的最大化。一项政策可能促进某些人的利益，同时可能损害某些人的利益，但只要这项政策实现了社会福利最大化，就具有实施的合法性。进一步的推论可能会很危险。在政策和法律的效用评价中，只要符合多数人的利益，少数人就可以被忽视、被冷落、被排除甚至被牺牲。在这样的政策或者法律背景下，少数人将失去表达自己意愿的权利，甚至失去人权，从而将形成多数人对少数人的暴政，形成集权主义或者法西斯主义。与边沁同时代的卡莱尔和狄更斯，批评边沁的观念“强硬、无情、机械、低俗、不敬神并且低级”；而 20 世纪的凯恩斯也说，边沁是 19 世纪国家社会主义的渊源。

边沁可能确实有着专制或者控制的观念，就如同“精英主义”的柏拉图那样。他 1785 年设计的“圆形监狱”，就体现着专制或控制的观念。圆形监狱由一个中央塔楼和四周环形的囚室组成，环形监狱的中心是一个瞭望塔，所有囚室对着中央监视塔，每一个囚室有一前一后两扇窗户，一扇朝着中央塔楼，一扇背对着中央塔楼，作为通光之用。这样的设计使得处在中央塔楼的监视者可以便利地观察到囚室里罪犯的一举一动，对犯人了如指掌。囚徒不知是否被监视以及何时被监视，因此不敢轻举妄动，从心理上感觉到自己始终处在被监视的状态，时时刻刻迫使自己循规蹈矩。这就实现了“自我监禁”——监禁无所不在地潜藏进了他们的内心。由于始终感觉有一双监视的眼睛，犯人们会变得相当守纪律，相当自觉。英国作家乔治·奥威尔的政治讽刺小说《1984》中，人们就处在这样无所不在的监视之中。奥威尔所嘲讽的那个黑暗世界就是边沁的乌托邦。

作为政治哲学家的边沁的功利主义观念，已经成为经济学的基本哲学和逻辑基础。如果将经济学理解为某种有机体，边沁的功利主义哲学观念的影响有着基因的性质。经济学发展中所呈现出的那些特质，不论是积极的还是消极的，不论是健康的还是病态的，都可以从这一基因中得到部分解释。

李嘉图的“遗产”

李嘉图（David Ricardo，1772—1823）51 岁时因为中耳炎去世，留下的遗产高达 72.5 万英镑。这样庞大的财产，只有国王才能匹敌。李嘉图的财产大部分遗留给他的 8 个子女，还有一部分馈赠给了马尔萨斯。有了李嘉图的遗赠，马尔萨斯才能衣食无忧地继续理论研究。不过，李嘉图留给世界最重要的遗产，不是这巨额的金钱或地产，而是他的思想，是他作为一个经济学家对经济学理论发展的贡献。对于经济学来说，李嘉图留下的遗产大体上有三项：逻辑演绎法，劳动价值论和比较成本理论。

对于李嘉图的第一项遗产，经济学历史上的评价可谓臧否参半。斯密之前，经济学的方法大体上是描述与归纳的方法。由于缺乏抽象，缺乏抽象之上的逻辑建构，体系的建立似乎是一个困难。斯密的方法看来是一个进步（理查德·坎蒂隆构建体系的努力也功不可没），由于他将经济学的任务规定为描述现象与揭示规律二者并重，由于他采取了描述与抽象、归纳与演绎并进的方法，理论构建具有了可能性。但方法上的二重性给斯密的研究带来了很多问题，使他的研究处处体现出二重甚至多重的特征，体现出不一致性。比如，他的价值理论首先是二重的，当二重性问题得不到解决的时候，他又捣鼓出第三重价值理论。这样，他的劳动价值论不仅不一致，还充满矛盾。这种由于方法的二重性引致的矛盾或者不一致还存在于他对工资、利润、地租、资本等等范畴的理解上。李嘉图所主张的是一元的方法论。在李嘉图那里，逻辑演绎是经济学唯一可行的方法。经济学被李嘉图处理成一门演绎的科学——在公理或假设前提基础上，通过逻辑演绎，建立科学体系。这种方法其实也是现代经济学的一般方法。实际上，李嘉图之后，逻辑演绎逐渐成长为经济学的主流方法。即使描述和归纳仍然存在，却不过是逻辑演绎的一个步骤、一个工具。由于方法论上对经济学的影响，李嘉图被称为“经济学家中的经济学家”。可以这样说，经济学从诞生之日起，就有着科学化的追求，这是经济学仿效自然科学以图提高竞争力的一种努力。但正是从李嘉图开始，从逻辑演绎成为经济学的基本方法开始，这种科学追求才有了技术上的可行性。

不过，逻辑演绎意味着抽象，意味着研究过程中将影响经济变量的众多现实因素加以抽象，将经济现象当做单纯的经济变量来处理，将经济关系处理成单纯的经济变量之间的因果关系。这样一种将经济问题抽离现实的研究方法，在使体系的构建更加方便并保证体系在理论上的自洽性的同时，却可能使理论脱离现实，使理论的现实解释力削弱。这样一种抽象掉研究对象的历史、社会、制度和文化背景的研究方法，被熊彼特称之为“李嘉图恶习”。熊彼特说，李嘉图把大多数经济中活生生的人当成是僵死不变的，他将一条条简化的假定条件堆砌起来，而提出的理论永远无法被驳倒，其中什么都有，但就是没有意义。在李嘉图的时代，他的这种过分抽象的“恶习”就遭到了非主流经济学家西斯蒙第的批判。西斯蒙第说，李嘉图的经济学过于空洞。甚至可以说是脱离一切实际。这种过分的抽象甚至使李嘉图的经济学成为一种新的语言，这种语言除了他和他的门徒之外，没有人能够听得懂。

但是，就算是一种“恶习”，李嘉图逻辑演绎的方法也被现代经济学所继承，成为基本的方法。对理论经济学来说，体系的构建确实离不开抽象演绎，虽然描述或者归纳是理论研究不可或缺的工具，但是，科学毕竟意味着分析，而分析又意味着抽象和演绎。单纯的描述不是分析，也不可能构建出体系。描述和分析、归纳和演绎的两难也许永远存在。没有非此即彼的最终解决方法，唯一可以接受的可能是两者某种程度的结合。

对李嘉图留下的第二项遗产的评价，思想史上同样褒贬不一。马克思主义经济学将李嘉图看成是古典经济学的集大成者，主要是从李嘉图的一元劳动价值论来说的。李嘉图之前，虽然配第、洛克、斯密等人都有着劳动价值论的思想，尤其是在斯密那里，劳动价值论已经初具体系的形式，但是，劳动价值论在内容和形式上都还不成熟。在斯密那里，由于前述的方法论上的二重性，他的劳动价值论不仅是二重的，甚至还是多重的。首先，从商品交换的内在因素分析，斯密认识到商品价值由耗费劳动决定；但是，当他进一步从商品交换的表面现象进行考察的时候，他又得出了商品价值由购买劳动决定的结论。由于二者之间存在矛盾，他又进一步得出了商品价值由生产费用也就是由工资加利润加地租决定的观点。李嘉图的进步意义在于，他始终从商品交换的内在本质认识问题，将决定商品价值的因素归结为一般劳动耗费。在他对斯密的劳动价值论的批判中，李嘉图进一步巩固了耗费劳动决定价值的思想。在此基础上，李嘉图还研究了影响价值量的因素，从而使他的劳动价值论有了体系的形式。

价值理论的斗争是思想史上路线斗争的主题。在资产阶级主流经济学的传统中，古典经济学之后，劳动价值论逐渐衰落，效用价值论逐渐取得主流的位置。19 世纪中叶之后，为了服务于无产阶级的解放斗争，马克思构建了他的剩余价值理论，而剩余价值理论的基石正是劳动价值论。马克思的劳动价值论是对古典经济学的发展，而它的理论营养的最重要来源就是李嘉图。在 19 世纪中后期的经济学发展中，由于现实的阶级矛盾的深化，分配问题成为一个现实性极强的问题，分配理论也就成为经济学的一个核心理论。对某种分配形式的合法性的证明，最终来自对价值形成的理解，来自某种价值观的确认，于是，价值理论成为分配的基础，进而成为不同意识形态斗争的重要战场。有思想家认为边际学派是为了对抗马克思的劳动价值论而兴起，这种说法并非空穴来风（当然，必须承认，边际学派在 19 世纪 70 年代的兴起，在更大程度上是经济学自身发展的一个自然结果。斗争的需要也许只是一个催化剂，只是一个外因）。在这场阶级斗争当中，由于马克思和李嘉图之间的渊源关系，李嘉图被污蔑为“社会主义”经济学的鼻祖。要知道，在路线斗争极端尖锐的背景下，这样的说法不止为一项严厉的指控。当然，李嘉图被污蔑为有社会主义或者社会主义先祖的嫌疑，还因为他是一个悲观主义者，因为他从社会经济发展中看到了阶级利益的冲突。由于从分配理论中得出悲观的结论，一向被乐观主义的斯密的信徒所排斥，他们将斯密叫做乐观主义者，而将李嘉图叫做悲观主义者。李嘉图之后，作为他的弟子的小穆勒，也因为对社会主义的同情而受到同样的指控。小穆勒确实同情社会主义，而李嘉图则有点冤枉。

李嘉图留给经济学的三项遗产中，在主流经济学内部争议最少的可能是比较成本理论。即使在现代经济学家曼昆总结出的十大经济学原理中，比较成本理论也占据着比较优先的位置。现代国际贸易理论的发展千变万化，但李嘉图的比较优势理论依然举足轻重，具有强大的解释力。实际上，李嘉图的比较优势理论虽然以比较优势解释国际分工和国际贸易存在的原因，从论题上看似乎是一个关于国际分工和国际贸易的专业性理论，但在经济学理论发展中，这一理论更多的是一个关于自由贸易和自由放任的一般理论，是一个论证自由市场经济有效性的重要工具。在斯密以来的经济学中，论证自由市场经济的有效性一直是一个重要的传统，于是李嘉图的比较优势理论也就成为古典经济学的核心命题之一。

任何理论，尤其是那些有着重要影响的理论，一旦涉及经济利益——而经济学理论很少不涉及经济利益——总会面临不同的态度，有支持就会有反对，有赞成就会有批评，有弘扬就会有诋毁。对李嘉图的比较成本理论，最重要的攻击来自德国历史学派的先驱者弗雷德里希·李斯特（1789—1846）。作为国家利益和民族利益的坚定维护者，作为幼稚产业论者和特定背景下的贸易保护主义者，李斯特将主张自由放任和自由贸易的英国经济学称作“流行学派”。在他看来，流行学派作为发达国家的利益代表，他们向落后国家兜售自由贸易学说是一种阴谋。按照李嘉图的比较优势理论，任何国家专业发展自己具有比较优势的产业参与国际分工和国家贸易，都可以从中得到好处。但是，发达国家在高端产业上具有比较优势，而落后国家只在低端产业具有比较优势，如果按照比较优势进行分工，就意味着发达国家专门从事高附加值的高端产品的生产，而落后国家则被绑定在低端产品生产上。这样，落后国家与发达国家的技术和生产力差距将永远不能得到弥补，落后国家将永远处于受剥削、受奴役的地位。因此，李斯特认为，李嘉图的比较成本理论是一个阴谋，是发达国家送给落后国家的一个特洛伊木马。如果落后国家接受了这样的礼物，其后果将是永远得不到发展，永远处于落后地位。当然，李斯特并不简单主张贸易保护或者贸易自由，在他看来，实施什么样的贸易政策，取决于一个国家的生产力发展程度。

在经济学的历史上，李嘉图是一位有着卓越创造力的思想家。作为一个思想家，思想就是他留给后人的最好遗产。无论后人对这些思想遗产是褒是贬、是坚持还是反对，只要它影响了人们的思想和行动，这些遗产就有历史意义。

李嘉图与詹姆斯·穆勒和马尔萨斯

——学术友谊、学术批评与学术发展

李嘉图与詹姆斯·穆勒：《政治经济学及赋税原理》的写作

李嘉图（David Richard，1772—1823）首先是一个金融天才。14 岁时李嘉图就从事证券交易业务。26 岁时李嘉图以 800 镑为资本开始独立经营，到 42 岁退休时，资产达到 160 万镑。这一数字使他成为当时的头等富豪。但是，同坎蒂隆、凯恩斯这样的经营奇才一样，后人对他们的景仰不是因为他们的投机传奇，而是因为他们对经济学发展的开创性贡献。真正使李嘉图具有传奇意义的还在于，这位经济学说史上一流的思想家，“他所受到的正规教育是一个伟大的经济学家所受到的最贫乏的教育，这样，他作为一个经济学思想家的成就必须归之于天才。”① 李嘉图的成功似乎在挑战经济学教育的必要性。但是，如果没有詹姆斯·穆勒（James Mill，1773—1836），李嘉图的天才注定会被埋没。

1799 年，李嘉图在某温泉胜地养病期间，偶尔翻阅了《国富论》，他“非常喜欢它，以致要取得研究的体验。”② 这是李嘉图对经济学产生研究兴趣的开始。此后，李嘉图经常阅读詹姆斯·穆勒主编的主张自由贸易的《爱丁堡评论》。1808 年穆勒出版了阐述自由贸易思想的《商业保护论》，李嘉图

---

①② 亨利·威廉·斯皮格尔：《经济思想的成长》，265 页，北京，中国社会科学出版社，1999。

大为赞许。此时，穆勒已经是一位有影响的历史学家和逻辑学家。“李嘉图对穆勒深为敬佩，特别对穆勒受到他自己所缺少的正规的教育很是羡慕”[1]，李嘉图主动与之结识并成为至交。此后，李嘉图与穆勒经常就当时的热点问题座谈和通信讨论，李嘉图的知识素养和研究能力得到培养和提高。

1815 年，在有关《谷物法》存废的论战中，李嘉图出版了《论低价谷物对资本利润的影响》的小册子，要求允许谷物自由贸易，进口低价谷物，以降低工资，增加产业利润，促进资本主义的发展。《论低价谷物对资本利润的影响》的出版引起了一定的社会反响。穆勒认为李嘉图已经是当时最优秀的经济思想家，还应该成为最优秀的经济学著作家，于是敦促李嘉图对小册子加以扩充和修改。李嘉图一开始并不情愿，因为他对自己的写作能力缺乏自信，“穆勒先生希望我整个重写一次”，“我恐怕我不能胜任这一工作。”“我切盼写出一些值得出版的东西，但我诚恳地说，这一点恐非我力所能及。”“我发现最大的困难就是在最简单的叙述中也不能避免混乱。”[2] 此时穆勒承担起一个教师的职责，他鼓励李嘉图：“因为你已经是最优越的政治经济学思想家，所以我决心让你成为最优良的写作家。”[3] 在穆勒的鼓励下，李嘉图的信心有所增强：“为了满足我的宿愿，我一定要进行这一尝试。在一两年内，经过反复修改后，我也许能写出可以让人理解的东西。”[4] 面对写作中的困难，李嘉图有时不免懈怠，甚至再次流露出“悲观失望的老调”，这时穆勒像一个严厉的教师那样敦促他，要“全心全意研究政治经济学”，要“一小时也不迟疑地立即开始写你所要写的著作……”[5] 穆勒不仅对李嘉图的写作给予精神支持，不断督促和鼓励，还在写作方法、结构安排、论点阐述等技术环节给予周详的指导。穆勒的鼓励和指导贯穿于李嘉图写作的整个过程。1817 年，《政治经济学及赋税原理》终于写作完成并出版。正是穆勒的无私奉献推动了这一政治经济学历史上具有重要时代意义的著作的问世，甚至可以说，没有

---

① 亨利·威廉·斯皮格尔：《经济思想的成长》，269 页。

② 大卫·李嘉图：《政治经济学及赋税原理》，369 页，北京，商务印书馆，1976。

③ 同上书，370 页。

④ 同上书，368 页。

⑤ 同上书，370 页。

穆勒，就没有李嘉图的《政治经济学及赋税原理》。约翰·穆勒的评说并不过分："如果不是我父亲的恳切请求与热情鼓励，恐怕这本书永远不会出版，或者永远不会写出。"①

李嘉图与马尔萨斯：论敌和朋友

李嘉图和马尔萨斯（Thomas Robert Malthus，1766—1834）是两位在出身、经历、个性和思想观点等方面都有着明显反差的思想家。马尔萨斯出身于上层土地贵族社会，其父亲与当时思想界名流如休谟、卢梭等有着广泛的交游；而李嘉图出身于富有但缺乏社会地位的犹太移民家庭，其父亲似乎是一个唯利是图的投机者。马尔萨斯少年时代就博览群书，并进入剑桥大学；而李嘉图从未接受系统的正规教育。马尔萨斯是一个职业学者，而李嘉图的身份是证券经纪人。马尔萨斯过的是平淡无奇的教师生活；而李嘉图不仅在证券经营中一帆风顺，还担任过议员。马尔萨斯一辈子过的是学院生活，却关心现实；而李嘉图虽然经商，但成了理论家。马尔萨斯从来没有富裕过，而李嘉图个人财产达到 160 万镑。

马尔萨斯成名早于李嘉图。由于《人口原理》的出版，在李嘉图进行经济学研究时，马尔萨斯早已是名满英伦的经济学家，李嘉图对马尔萨斯的人口理论很是折服。他把马尔萨斯的《人口原理》看成是仅次于斯密的《国富论》的伟大著作。在当时关于银行券问题的争论中，李嘉图分别于 1810 年和 1811 年发表了《黄金的高价是银行纸币贬值的验证》和《答博赞克特先生对金价委员会报告的实际观感》两篇论文，引起了马尔萨斯的注意。为了和李嘉图在相关问题上取得一致，避免无谓的笔墨官司，马尔萨斯主动结识了李嘉图。

由于理论观点的尖锐对立，李嘉图和马尔萨斯在谷物贸易、价值理论、经济周期理论等方面的争论在他们结识后全面展开，并持续到李嘉图离开人世。1815 年 2 月，站在土地所有者立场上的马尔萨斯发表了《地租的性质与发展及其支配原则的研究》和《对限制国外谷物输入政策的意见的研究》，为

① 约翰·穆勒：《约翰·穆勒自传》，24 页，北京，商务印书馆，1998。

《谷物法》的实施及政府提高谷物限价进行辩护；作为资产阶级利益辩护人的李嘉图发表了《论谷物低价格对资本利润的影响》，对马尔萨斯的观点进行了猛烈的批驳（前已述及，正是为批驳马尔萨斯的这篇论文的发表，引出了李嘉图《政治经济学及赋税原理》的写作和出版）。1820 年马尔萨斯出版了《政治经济学原理》后，李嘉图不惜用 220 页的篇幅，摘录了马尔萨斯在论证上的瑕疵；而马尔萨斯则坚决认为这类谬误在李嘉图的著作上也根深蒂固地存在着的。在李嘉图逝世前的一年中，他们一直为重大理论问题争论不休，写了许多长信相互讨论辩驳。

在李嘉图与马尔萨斯的关系中，与终身论敌相伴的是另一层关系——终身朋友。在 1811 年 6 月马尔萨斯向李嘉图“冒昧地引见自己”之后，他们不仅十几年间持续通信交流思想，还经常相互拜访。李嘉图不仅通过自己的证券经营帮助过马尔萨斯赚取投资收益，临终前还留赠了马尔萨斯一笔生活费用。同他们作为论敌的持久争论具有持久的影响一样，他们持久的友谊也是思想史上的一段佳话。马尔萨斯在李嘉图故去后，深情地说道：“除了自己的家属外，我从来没有这样爱戴过任何人。”①

学术友谊、学术批评与学术发展

在詹姆斯·穆勒和李嘉图的故事的前半段，我们看到了一个天才的学生在无私的老师的鼓励、督促和指导下成长为一流经济学家的过程。穆勒与李嘉图之间的友谊，建立在他们对经济自由的共同信仰上，建立在他们对真理的共同追求上，在这个故事中，我们看到的是学术友谊对学术进步的促进。但是，在这个故事的进一步发展中，当李嘉图和穆勒之间的角色关系发生变化后，我们看到的却是学术崇拜对学术发展的桎梏。

《政治经济学及赋税原理》的出版，使李嘉图成为一流经济学家，并成为以他为核心的学术团体的宗师。这时，穆勒与李嘉图的关系发生了转变，由以李嘉图为学生和穆勒为教师的师生关系发展为以李嘉图为导师和以穆勒等

① 凯恩斯：《精英的聚会》，91 页，南京，江苏人民出版社，1997。

人为信徒的师徒关系。穆勒就自称他和麦克库洛赫是李嘉图的两个而且是仅有的两个地地道道的信徒。为了传播李嘉图的思想，1821 年，穆勒出版了《政治经济学原理》，第一次系统阐述李嘉图的理论。

对李嘉图的学术崇拜阻碍了穆勒对科学的探讨和对真理的追求。李嘉图体系存在两个其自身无法克服的矛盾：劳动价值论与劳动和资本相交换的矛盾；劳动价值论同等量资本获取等量利润的矛盾。19 世纪 20 年代，李嘉图体系遭到了马尔萨斯和贝利的猛烈攻击。在李嘉图去世后，作为李嘉图学说的坚定信仰者和继承者，怀着对李嘉图及其学说的深厚感情，穆勒担当起为李嘉图学说辩护的责任。但是，基于信仰而不是科学的辩护注定是缺乏力量的，放弃了科学实际上就是选择了失败。在对第一个矛盾的解释中，穆勒混淆了劳动和劳动力，实际上是取消了李嘉图一贯坚持的劳动价值论；而在对第二个矛盾的解释中，穆勒关于新葡萄酒和陈葡萄酒的解释最终成为学说史上的一个笑话。穆勒的解释丝毫没有解决李嘉图体系的矛盾，反而将李嘉图学说庸俗化，并最终导致了李嘉图体系的解体。

由于不同的世界观，马尔萨斯和李嘉图在若干重要问题的认识上存在差异。但是，基于对真理和科学的共同信仰，使他们在讨论问题时能够做到笃实不欺，不为情感所俘虏。按照马尔萨斯的说法："我们共同探讨感兴趣的问题，只为真理，别无他念"①。对真理的热爱，实际上已经超越了个人的狭隘情感。一位同时代的作家玛利亚·埃奇沃思在日记中说："他们（李嘉图和马尔萨斯）一道寻求真理，当他们找到时，即欢呼若狂，再不计较是谁先发现的"。② 而正是对科学和真理的执著，使他们能够在一生的尖锐论争中保持纯洁而深厚的友谊。这是一种只有胸怀坦荡的思想家才有的友谊。李嘉图去世前写给马尔萨斯的最后一封信中说："现在，亲爱的马尔萨斯，我完了。像其他争辩者一样，在许多辩论之后，我们仍然保持各自的观点。然而这些辩论丝毫没有影响我们的友谊，即使你同意我的观点，我也不会比现在更爱你。"③

---

①② 凯恩斯：《精英的聚会》，91 页。

③ 同上书，99 页。

实际上，基于科学精神的学术批评也正是学术进步的重要力量。在李嘉图写作《政治经济学及赋税原理》的过程中，不断与马尔萨斯商榷，在与马尔萨斯的不断论争中改进自己的观点和写作；也正是通过与马尔萨斯的论争，李嘉图在其最后的著作《绝对价值和相对价值》中，对价值和交换价值的区分才取得明确的认识。

学术精神就是科学精神。以学术为业的思想者，将科学视为学术的生命。但科学精神是社会性的。如果社会风气呈现出极端的功利色彩，科学和真理必然退隐。经济学研究也不能幸免。学术成为社会地位和物质利益的敲门砖，学术的科学性必然受到侵蚀。马克思说 19 世纪 30 年代之后，资产阶级政治经济学的任务不再是论证一个经济学原理是否科学，而是论证一个原理是否对资产阶级的统治有利，政治经济学由此而庸俗化了。今天的经济学的可悲在于，经济学不仅是主流意识形态的工具，不仅是一个可怜的使女，而且，这个使女本身并不忠于职守。从业者仅仅将学术作为谋取政治和经济利益的工具，所谓研究就不仅是看长官和上级的脸色说话，而且是看金钱的面子说话。学术的科学精神荡然无存。学界的惺惺相惜成为一种肆无忌惮的利益关联和利益输送。在现实而坚硬的利益面前，科学和真理显得多么飘渺而虚弱。

西斯蒙第的思想转变

早年的西斯蒙第（Jean Charles Leonard Simonde de Sismondi，1773—1842）是英国古典经济学的信奉者，他的第一本经济学著作，出版于1803年的《论商业财富》，目的就是通俗化斯密的经济学说，鼓吹自由放任。巧合的是，萨伊（Jean Baptiste Say，1767—1832）也在这一年出版了他最重要的著作《政治经济学概论》，其目的也是通俗化斯密的《国富论》，向欧洲大陆介绍和传播自由主义经济学说。不过，西斯蒙第不是一个萨伊那样坚定的自由主义经济学的信奉者。事实上，西斯蒙第后来不仅放弃了斯密的经济学说，而且成为自由主义经济学说系统的怀疑者和坚定的批评者。

西斯蒙第的思想转变来自他对资本主义生产方式的深刻体察。1803年之后的几年间，西斯蒙第访问了意大利、法国、德国、英国。此时的欧洲，工业革命正在蓬勃开展。尤其是英国，工业革命带来了生产力的巨大进步，财富生产规模在迅速膨胀。但是，西斯蒙第观察到，欧洲各国财富及财富生产能力迅速提高的同时，人们的物质福利并没有得到相应改善。事实上，在财富生产能力不断提高，社会财富不断涌现的大好形势下，劳动人民受剥削的程度加深了，收入分化前所未有地加剧。资本主义生产方式发展的结果呈现出资产阶级的财富积累和无产阶级的贫困积累同时加速的景象。劳动人民受剥削程度的加深造成社会消费的不足，从而带来了经济危机，而危机又进一步恶化了劳动人民的处境。西斯蒙第认识到，经济政策是经济理论现实的产物，成为各国政策指导进而成为主流意识形态的自由主义经济学应该为资本主义生产方式带来的灾难承担责任。1819年，西斯蒙第出版了他最重要的经济学著作《政治经济学新原理》，对资本主义生产方式及作为资本主义生产方式理论基础的古典经济学进行了系统批判，完成了思想的转变。

西斯蒙第认为，资本主义条件下无产阶级处境的恶化及经济危机的产生，直接原因在于资本主义生产目的和手段的倒置。在西斯蒙第看来，人是一切经济活动的目的。生产的目的是消费，是人的欲望和要求的满足。财富不过是实现人的生存和发展的手段。但是，资本主义生产方式颠倒了生产的目的和手段，将生产本身作为目的，而人的需求的满足则被忽视。其结果就只能是财富生产与财富消费的分离，只能是贫富分化和经济危机。西斯蒙第认为，资本主义生产方式下生产目的和手段的倒置以及经济危机的产生，是奉行自由主义经济学的结果。古典学派将财富作为政治经济学研究的目的，强调财富的生产而忽视财富的分配，强调物而忽视人。这一理论指导下的经济活动的结果只能是两极分化，只能是劳动人民的痛苦和灾难。自由主义经济学“不管运用在什么地方，当然可以增加物质财富，不过，那些学说也会使每个人应得的享受量减少；如果说那些学说的目的在于使富者更富，那末它也同样使穷者更加贫困，更加处于依附地位，更加被剥削得一干二净。”①

进一步，西斯蒙第认为，市场的自发作用不能保证经济的正常运转及社会公正的实现。为此，政府应该有所作为。政府的职能在于克服市场不足，弥补市场缺陷，增进社会福利，而政治经济学是政府完成其职能的指导工具。“政府应该通过政治经济学来为所有的人管理全民财产的利益；它应当设法维持秩序，使富人和穷人都享受到丰衣足食的安宁的生活，这种秩序不许国家里有任何人受苦，不许有任何人为自己的将来感到忧虑，不许有任何人不能以自己的劳动获得本人和自己的家庭所需的衣、食、住；要使人的生活变成一种享受，而不是一种负担。”② 资本主义条件下无产阶级灾难的加重及经济危机的发生，在很大程度上是政府放弃其经济职能，实施自由放任政策的结果，而这一切又是作为一种意识形态的古典经济学的后果。在斯密看来，作为市场活动主体的人有着充分的行为理性。人们在追求自身利益实现的过程

---

① 西斯蒙第：《政治经济学新原理》，6 页，北京，商务印书馆，1977。

② 同上书，32 页。

中能够充分意识到利益的相互性，会努力避免对他人利益的损害，于是，个人追逐自身利益的结果是社会利益的实现。因此，有“一只看不见的手”的指引，政府就可以安全退出经济管理领域，成为无为的“守夜人”。西斯蒙第最初也认同斯密的理论判断，但是，通过对现实经济活动的深入观察，他发现，斯密的理论过于理想化。现实的人并不具备斯密所设想那种充分理性，由于短视或者其他原因，人们可能采取机会主义行为。于是，个人对自身利益的追求可能不是社会利益的实现，而是对社会利益的损害。在人们的行为理性不完备的背景下，自由放任可能不是一个有效的政策导向，政府干预对于社会经济的正常运转很有必要。

西斯蒙第的思想转变源自一个学者的学术良知。经济理论是经济现象和经济行为的思维形式和逻辑形式，科学有效的经济理论应该能够对经济现实作出合乎逻辑的解释。当经济理论与经济实践发生背离时，原因只能从理论本身去寻找；或者是逻辑前提的问题，或者是演绎推理中的逻辑问题。当理论面临解释的困境时，理论家可能会进行一些牵强附会的辩护或解释，如同詹姆斯·穆勒以“新葡萄酒和陈葡萄酒”的故事为李嘉图关于利润率平均化与价值规律的矛盾辩护一样。但这样背离逻辑或脱离现实的辩护对理论本身是无益的，对现实更可能因为误导而有害。詹姆斯·穆勒的辩护不仅因为其逻辑的荒谬而损害了自己的学术声誉，还加速了李嘉图体系的解体。还好，就理论的发展而言，詹姆斯·穆勒的辩护不过是为理论界平添了一段笑料，没有造成太多的危害。但是，理论本身是可能对现实产生影响的，理论并不仅仅是理论家自我把玩的玩意儿。因此，理论家提供理论产品需要格外小心。某些脱离学术良知的“理论研究”，可能为理论家赢得喝彩，甚至赢得学术声誉以至其他利益，也可能打开潘多拉的盒子，释放出危害社会经济正常运行的恶魔。

古典经济学承诺一个和谐与幸福的市场社会，但现实社会却充满冲突和灾难。当意识到古典经济学与现实的背离时，为了给自己一个合乎逻辑、切合现实的解释，西斯蒙第决定放弃古典经济学，甚至走到古典经济学的对立面，对其进行清算和批判。这种思想的转变与机会主义无关，纯粹是一种学术良知引导下的凤凰涅槃。当然，西斯蒙第的思想转变，也体现着他对劳动人民的悲悯情怀。除非一个经济学家真正关注弱势群体的疾苦并有着宗教般的济世情怀，否则很难从消费的角度、从人的基本需求实现的角度介入经济学研究。

现实中，我们可以看到更多的理论家的思想转变。每有国家政策的变化，理论家们都可以发展出新的理论来加以解释；甚至，国家领导人时常的重要讲话，也有理论家发展出不断推陈出新的理论来提供支持。这种解释往往不是诉诸逻辑，也不是诉诸常识。对政策的解释本来也是理论的功能之一。问题是，国家政策依据现实环境的变化可能需要完全相反的理论来解释，而国家领导人的重要讲话也许并不总是那么意义深远、那么一以贯之，但我们的理论家总可以变换自己的立场适应莫测的变化。在政府奉行自由主义时，是坚定的自由主义者；而在政府实施干预政策时，又立马转变为坚定的干预主义者。这种转变与学术无关，更与学术良知无关，因此只能是机会主义的拙劣表演。

马尔萨斯：“经济学是一门阴郁的科学”

1848年，托马斯·卡莱尔（1795—1881）在一次演讲中对马尔萨斯的政治经济学进行了抨击——“这种社会科学——不是一门快乐的科学，而是令人懊恼的——它在‘供给和需求’中发现宇宙的奥秘，将人类的统治者的职责降低为让人们自行其是，真是再好不过了。我要说，这门科学不是像我们听说过的某些科学那样是令人愉快的科学，不，不是。它是阴郁、孤独而且的的确确是相当悲哀痛苦的科学。”[①] 卡莱尔的攻击体现在两个方面，一是经济学的功利主义观念，二是马尔萨斯对人类社会发展前景的悲观预期。

边沁之后，功利主义成为经济学的哲学基础。功利主义将经济人抽象为单纯的经济利益追求者，而现实的人的种种复杂性如对道德的关注、对伦理的服从、对理想的向往等等则被抽象掉。应该说，就学科专业化发展而言，经济学关注经济因素而忽略非经济学因素有其合理性及必要性。没有抽象就没有研究，也没有科学的发展。不过，卡莱尔嘲弄和抨击经济学的根本原因却在于，卡莱尔是一个传统秩序的维护者，是一个道德的落伍者。卡莱尔主张奴隶制、主张死刑、抵制道德进步、反对自由主义，而经济学则是自由主义的倡导者和维护者。在这个意义上，对卡莱尔的疯狂言论，经济学可以置之不理。

但是，马尔萨斯对社会经济前景的观念确实是悲观的。当然，这种悲观

---

① 马克·斯考森：《现代经济学的历程：大思想家的生平和思想》，80页，长春，长春人民出版社，2006。

可以理解为经济学家对人类命运的深刻关切。

马尔萨斯的内心可能一直是阴郁的。出生于一个渐趋没落的小地主家庭，父亲又热衷于社交而疏于生财，马尔萨斯一家的经济状况正在走下坡路。在他祖父的时代，还能为女儿的出嫁准备 5 000 英镑的嫁妆，而马尔萨斯上大学的时候，父亲已经为他每年 100 英镑的花销而抱怨了。当然，在父亲着力营造的具有浓郁理想主义和文化气息的家庭环境中，马尔萨斯既不需要为生存而担忧，也不会成为一个庸俗的物质利益追求者，但家道的渐趋没落对他性格的形成自然会产生影响。

马尔萨斯的忧郁气质还可能来自他所遗传的身体缺陷。在他曾曾祖父的时候，就有下颚撕裂的缺陷。父亲还一切正常，但厄运却降落在马尔萨斯身上。裂腭不仅影响了他的形象，也影响了他的语言表达。尽管马尔萨斯在社交生活中一贯表现得落落大方，但身体缺陷总是心中的一个阴影。当时的社会名流一般都有画像的习惯，而马尔萨斯在去世前一年才勉强画过一张像，而且仅此一张。

马尔萨斯的悲观和忧郁最重要的影响因素可能来自他的宗教信仰——人类的不幸源自上帝对"原罪"的惩罚。

18 世纪后期，资本主义生产方式已经确立，工业革命正如火如荼展开。经济进步的同时人类的灾难似乎也在加深。一方面是工厂不断拔地而起，另一方面是被剥夺生产资料的人们流离失所；一方面是财富在资产阶级身上的积累，另一方面是贫困在无产阶级身上的积累。对于人类的生存和发展来说，资本主义生产方式是福还是祸？如果物质进步是必然的，是否存在一种可以避免资本主义物质进步所带来的灾难的进步形式？在这种背景下，在英国思想界展开了一场关于人类发展前景的大讨论。作为对资本主义的一种替代形式，共产主义成为议论的主题。但是，财产公有和按需分配的理想前景能否实现仍然是一个问题。共产主义的怀疑者提出，在财产公有和按需分配的背景下，人们天生的自利和机会主义可能导致人口的迅速膨胀和财富生产的迅速衰退。共产主义是否可行取决于人性能否完善，取决于人们的自利和机会主义本性能否得到克制。

1793年，英国政治哲学家、空想社会主义者葛德文（1756—1836年）出版了《政治正义论》。葛德文提出，人类理性进步的主要障碍是财产私有、经济政治不平等和国家的强制，而社会的灾难和不幸也源于私有制。废除私有制，实行共产主义，人类理性将得到完善。在人类理性完善的背景下，人口过剩不会成为一个问题。1795年，法国政治家、哲学家、数学家孔多塞（1743—1794）生前写作的《人类精神进步史表纲要》出版。孔多塞提出，人性是可以完善的，社会终将走向进步。战争将被消除，不平等将被平等取代，教育将普及。随着社会的进步，人口将会增加，但借助于技术和知识的进步，食物的供给增长会快于人口增加。

1797年，马尔萨斯已经从剑桥大学毕业，正在担任牧师。那一年的冬天，围绕着葛德文和孔多塞的著作，马尔萨斯和他的父亲为人类是否具有理性进步的能力展开了讨论。老马尔萨斯学识渊博，思想激进，是共产主义的支持者，他认同葛德文和孔多塞的思想，对人类的理性前景充满信心。马尔萨斯却对人类发展的前景充满忧虑，他无法相信人类理性的完善，无法接受父亲滔滔不绝的雄辩。在他看来，共产主义倡导者信誓旦旦的人类理性完善终究只是一个乌托邦。因为他们承诺人类理性可以完善，却不能提供任何有效的证据。“一个作者可能告诉我他认为人最终会变成鸵鸟。但是在他希望任何有理性的人同意他的观点之前，他应该表明人类的脖子已经不断在拉长；嘴唇已经长得更硬和更突出；腿和脚每天改变其形状；毛发开始变成羽毛的残根。”[①] 由于无法说服雄辩而顽固的父亲，马尔萨斯决定将自己的思考写成文字。1798年，马尔萨斯匿名出版了《论影响于社会将来进步的人口原理，反对葛德文、孔多塞和其他作家思想的评论》。

在马尔萨斯看来，无论是葛德文还是孔多塞，他们关于共产主义可以实现的理想，都建立在人类理性可以完善的假设基础之上。由于人类理性是可以完善从而不断进步的，因此人类有能力控制人口增长，实现人口增长与生活资料增长的平衡。可是，马尔萨斯却不这样认为。在他看来，人类的理性

① 斯皮格尔：《经济思想的成长》，235页。

能力是上帝赋予的。夏娃和亚当偷食禁果是人类理性成长的起点，也是上帝赋予人类选择的能力。但是，上帝并没有承诺给予人类充分的理性。就人类的生存和发展而言，需要实现人口与生活资料的平衡。上帝赋予人们生育的能力，同时给予人们满足生存的生活资料，但他从来没有承诺二者的平衡。根据马尔萨斯的观察，由于两性的情欲会维持现状而土地数量有限且土地边际收益的递减，于是，"人口增殖力，比土地生产人类生活资料力，是无限的较为巨大。人口，在无所妨碍时，以几何级数率增加。生活资料，只以算术级数率增加。"① 其结果必然是人口增长超出生活资料的增长。

马尔萨斯显然是将人口过剩理解为上帝对人类"原罪"的一种惩罚。"通过动物界和植物界，大自然用他的最大方和最慷慨的手法散布了生命的种子；可是它为抚养它们所必需的空间和滋养料方面却比较吝啬。"② 当人口数量超出生活资料的供应能力时，一切可能推动人口与生活资料平衡的现象都将会出现，如饥荒、瘟疫、战争等等。马尔萨斯将这些现象理解为人口与生活资料关系失衡的自然结果。当然，人口的过剩并不意味着人类将进入万劫不复的深渊。当饥荒、瘟疫和战争消灭过剩人口之后，人口与生活资料供应之间会恢复平衡。但是，人类永远逃脱不了这样的命运：人口过剩——饥荒、瘟疫、战争——人口与生活资料的平衡——人口过剩……当然，人类也可以通过道德的抑制如晚婚、晚育，节制结婚、节制生育来控制人口增长，但这需要理性的完善，而马尔萨斯对人类理性控制婚姻和生育的能力并不信任。

人类注定要接受上帝的惩罚，注定要在周期性的灾难中承受煎熬，因此，改进人类境况的那些措施包括对穷人的救济其实无济于事。当上帝必定要惩罚人类的原罪时，那些济贫措施可能使人类招致上帝更加严厉的惩处。马尔萨斯对穷人抱有一种极端冷漠、残酷甚至有些变态的态度，他为此被认为有反社会和反人类的嫌疑。马尔萨斯对此辩护说，人们将我看成是人类的敌人，其实，我不过是人类非理性行为的敌人。如果上帝必然要惩罚人类，那么，灾难就是人类的宿命。其实，马尔萨斯的一生也在接受这种惩罚，他也曾经

---

① 马尔萨斯：《人口论》，5页，北京，商务印书馆，1960。

② 同上书，55页。

结婚，也曾经生育了一群孩子，也曾大部分时间受穷。

写作《人口原理》，阐释人口规律，体现了马尔萨斯对人类可能面临的悲观前景的深深忧虑。尽管由于存在种种理论缺陷以及对穷人命运的冷漠而受到持续的怀疑和批判，马尔萨斯对人类命运的深切关注仍然值得敬仰。其实，就算在社会生产力高度发达的今天，人口与生活资料的关系仍然是一个没有得到根本解决从而需要经常提醒、时常关注的重要问题。就在 2007—2008 年之间，世界粮食问题还陷入危机，在全球有 36 个国家的 1 亿人口由于粮食供给问题而陷入生存危机。在海地，人们不得不用一种泥土做成的叫做“特雷”的替代物作为食品。如果生活在今天，马尔萨斯仍然会为人类的悲惨命运忧心忡忡。他不仅会为人类面临的粮食危机而忧心忡忡，更会为目前正风雨飘摇的世界经济而心急如焚。

经济危机问题是经济学领域一个传统的重要话题。而这个问题最初的系统研究者之一正是马尔萨斯。在马尔萨斯研究写作《政治经济学原理》的 19 世纪初，工业革命带来了社会生产力的巨大进步，商品供应前所未有地丰富起来。但社会购买力没有同步增长，经济危机不可避免地发生了。马尔萨斯已经敏锐地意识到，社会经济的平稳正常的运行，要求总需求与总供给的平衡。总供给取决于生产能力即资本积累，而总需求即有效需求取决于社会购买力。经济危机即生产过剩的直接原因是总供给大于总需求，其根本原因则在于资本积累速度过快，使商品生产增长的速度超过为购买它们所必需的购买力的增长，使积累与消费出现了不平衡。

马尔萨斯认识到，化解危机的根本措施在于扩张需求。马尔萨斯还认识到，如果经济的自发运转导致市场有效需求与社会总供给不能实现平衡，那么需要一种市场外的力量作为补充，比如，以增加政府需求来补充有效需求。马尔萨斯强调了危机时期政府增加公共事业建设的重要性。公共事业是社会经济发展的必要条件，本身需要随着社会经济的发展而不断加强。如果说在经济正常运转时期加强政府的公共设施建设可能会导致与私人企业争夺资源从而约束私人经济的发展的话，在危机时期进行公共设施建设不仅可以利用低廉的价格提高公共设施的建设效益，而且可以直接推动有效需求的增长。

马尔萨斯的经济周期理论还显得粗陋甚至自相矛盾，但毕竟是经济思想史上的一个重要起点。在经济思想史上，对经济危机或者经济周期理论作出最重要贡献的一个是在马克思，另外一个是凯恩斯。而凯恩斯的经济危机理论就直接受益于马尔萨斯。比如，凯恩斯也是用有效需求不足解释危机的产生的。凯恩斯所做的工作，是在马尔萨斯的基础上，对有效需求不足的原因，从心理层面上给出一个系统深入的解释。在危机的治理上，凯恩斯发展了马尔萨斯的需求管理思想，为政府干预经济提供了一个系统的理论框架。凯恩斯充分承认和肯定了马尔萨斯的贡献，将马尔萨斯称为"第一位剑桥经济学家"。

正统的古典经济学如斯密和萨伊是不承认危机存在的。在斯密看来，经济人具有理性能力，于是由经济人构成的市场是完备的，经济的运行所呈现的是一幅乐观美好的景象。萨伊继承了斯密的衣钵，他以"供给自动创造需求"阐释了斯密的"一只看不见的手"原理。这些解释中，都假定人的充分理性。而在马尔萨斯和凯恩斯看来，人的理性能力是有限的，于是，由有限理性的个体及其行为构成的市场运行自然具有不确定性，危机的产生也就成为一种自然的现象。马尔萨斯对经济危机的理解，再次体现出他对人类理性能力的不信任及其对人类社会经济发展前景的忧虑。

马尔萨斯研究的两个主题，人口理论和经济危机理论，揭示了人类社会经济发展面临悲观前景，为此，给经济学赢得了"阴郁的科学"的名声。马尔萨斯也因为直言人类可能的悲惨命运而被称为"坏信使"和"冷血批评家"，他的《人口原理》曾被称为"谋杀之书"，他的人口理论被称为"政治谋杀理论"。

但是，在乔治·施蒂格勒（George Stigler，1911—1991）看来，就算提供了坏的消息，就算作出悲观的预期，就算对政策作出尖锐的批判，经济学家们也不过是"按照经济学的逻辑得出无情的结论"[①]。如果经济学家传递的消息是坏的，那不是因为经济学家传递了它，而是因为消息本身就是坏的。如果经济学家传递的坏消息可以对人们产生警醒作用，那么，经济学家就是

① 《乔治·施蒂格勒回忆录——一个自由主义经济学家的自白》，前言，9页，北京，中信出版社，2006。

称职的信使不是坏信使。相反，那些惯于指鹿为马，擅长迎合奉承的“风派”经济学家，才是真正的坏信使。他们的经济学虽然不阴郁，甚至可以不断营造美好前景，但却更可能使社会经济运行误入歧途。就像自由主义者承诺完全自由的市场运行会导致均衡的自动实现但结果却是深化了经济危机一样。

“巫者”迫害与马尔萨斯

从13到19世纪，欧洲有高达100万人被控“巫罪”而遭杀害；在白色恐怖的日子，德国某个乡镇，一天之内有400人被控“巫罪”而被处死。“巫者”迫害主要集中在16世纪中叶到18世纪末，受害者主要是贫穷的老年妇女和寡妇，而施害一方主要是宗教法庭。“巫者”迫害的主要背景，一是消灭主流宗教面临的竞争力量，维持主流意识形态的纯洁；二是消灭相对过剩的边际人口，维持生活资料与人口的平衡。

16世纪，在意大利农村盛行一种叫做“夜间战斗”的民间宗教仪式。[①] 出生时带有胎膜的农民——“本南丹蒂”——作为农业的保护者在一年中的某些夜晚会陷入沉睡，而其灵魂则离开身体去参加在田野上与破坏农业的魔鬼的战斗。作为一种农业崇拜形式，“夜间战斗”体现为生产力极端低下背景下无助人们的一种祈求，其对于构建农业地区的共同文化有着积极意义。但是，本南丹蒂的“夜间战斗”作为一种竞争性的意识形态力量，可能削弱人们对正统的天主教的信仰，减少天主教会的意识形态资源，侵蚀主流意识形态的市场。而且，本南丹蒂们的某些巫术活动，如收费的巫医及在生者和死者之间传递收费信息等等，也在削弱着天主教会的经济市场。为了保持自己在意识形态市场和经济市场上的垄断地位，维持其政治和经济利益，天主教会决定采取措施将其剿灭。在宗教审判中，审判官有意识地将本南丹蒂塑造

① 卡洛·金斯伯格：《夜间的战斗：16、17世纪的巫术和农业崇拜》，上海，上海人民出版社，2005。

成魔鬼的追随者和崇拜者，将其“夜间战斗”描绘成邪恶的践踏上帝权威的半夜拜鬼仪式；经过审判、恐吓和诱导，本南丹蒂们也模糊了自己的身份和信念，将自己认同为巫师。这样，本南丹蒂及其“夜间战斗”成为邪恶的异端而失去存在的合法性，到17世纪中后期，这种农业崇拜仪式消失了。当然，仪式消失之前是本南丹蒂们肉体的消失。

除意识形态因素以外，对“巫者”的迫害还有着深刻的经济原因。哈佛大学的埃米莉·奥斯特（Emily Oster）在其2004年的一篇论文中，从气温变化、经济增长、人口压力的角度对文艺复兴时期欧洲大规模的审判和杀害“巫者”事件进行了深入研究。① 根据奥斯特的研究，文艺复兴时期欧洲大规模的迫害巫者现象，归因于气候变化导致的粮食减产。16世纪中叶到18世纪末，是欧洲“巫者”迫害最严重的时期。这段时间，正处于气象史上的“小冰期”。最寒冷的是16世纪90年代，以及1680—1730年间，这段时间的日平均温度比前一世纪低了2℃。气温下降使农作物严重歉收，水温下降也会影响了渔业生产，食物供应在欧洲很多地区都出现了问题。奥斯特的研究中，广泛搜集了欧洲很多城市的气温变化与“巫者”迫害的数据。通过相关性检验，发现显著水平在90％～99％，说明二者之间存在显著负相关：气温上升，“巫者”迫害减少；气温下降，“巫者”迫害增加。奥斯特用日内瓦的数据进行检验，也得到同样的结果：气温下降越多，控告“巫者”的案例就显著增加。在食物短缺背景下，为了维持食物与人口的平衡，需要消灭过剩人口，生产力最低的穷人、老人和寡妇成为首选对象。将这些边际人口指控为“巫者”并加以清除，不过是因为这些人群缺乏自我保护能力。尽管“巫者”可能主要出自这一人群，但在宗教审判中，一个边际人口是否真的从事巫术并不重要，重要的是他的生产力水平最低。而以“巫者”的罪名清除边际人口，也是一项成本相对低廉而且容易获得意识形态支持的工程。因为“巫者”的形象容易引起民众的反感；而且，在基督教教义里，杀死“巫者”具有正当性。《圣经·旧约》里的《出埃及记》就说：“行邪术的女人，不可

① Oster，Emily，“Witchcraft，weather and economic growth in Renaissance Europe”，*Journal of Economic Perspectives*，18（1）：215－28.

容她存活。”宗教审判所本来就负有维持意识形态纯洁性的职责，利用其教会组织审判和处决“巫者”，可以高效率地消灭边际人口。利用制度杀人，而且打着宗教的幌子，这是一项高效率的工程！

作为经济学家的马尔萨斯的人口思想，虽与维持意识形态的纯洁无关，却成为政府和教会控制过剩人口的理论基础。同宗教裁判所迫害“巫者”的做法相比，马尔萨斯理论和政策主张的特点在于，不是提倡政府或教会主动杀人，而是借助于上帝之手用疾病、饥荒、战争来杀人。马尔萨斯强调，贫穷和罪恶是人口过快增长的结果，社会下层除了承受他自身由于不节制生育带来的贫困和罪恶的惩罚外，别无出路。贫穷和罪恶是上帝对人类原罪的惩罚，逃避惩罚就是违背上帝的意志。为了协助上帝完成其惩罚人类原罪的计划，政府或者上层的富人应该促进大自然在制造死亡率方面的作用，而不应该愚蠢徒劳地致力于阻碍其作用；在城镇里，应该将街道建得很狭窄，让房子住进更多的人，从而招致瘟疫的发生；在农村，应该将房子建在死水塘附近，并鼓励人们定居在沼泽地及其他不卫生的地方……这样，当把贫穷和罪恶理解为上帝对穷人的惩罚时，借助于上帝之手消灭边际人口就具有了合法性。

作为曾经的牧师，在马尔萨斯对待穷人的态度中，已经撕下了宗教的遮羞布，他对穷人的憎恶甚至仇恨表现得淋漓尽致。马尔萨斯强调，既然贫困是上帝对人类原罪的惩罚，作为对上帝意志的尊重，就不应该救济穷人。马尔萨斯的人口理论，很大程度上在为他反对旧《济贫法》、主张新《济贫法》做准备。英国1601年实施的旧《济贫法》，由教会负责教区的救济工作；教会筹集慈善资金，为本教区残疾人、流浪汉、赤贫家庭提供住所和食物的救济。马尔萨斯认为，这种救济方式在鼓励懒惰，支持婚育，应该以新的《济贫法》代替之。新的《济贫法》就是设立贫民习艺所，将上述贫困人口迁入工厂，从事生产活动。表面上看来，贫民习艺所制度通过给贫困人口提供工作机会，既帮助其摆脱眼前的困境，又帮助其获得一技之长。实际情况远非如此。在贫民习艺所中，不仅工作条件极端恶劣，生活水平极端低下，而且其管理极端违背人性。在旧的《济贫法》支持下，一个赤贫家庭尽管生活困难，但还可以维持家庭生活的完整；而一旦进入贫民习艺所，一个完整的家庭就解体了。穷人虽然获得了工作，但失去了家庭生活，失去了自由，失去了基本的人权。

16 世纪中叶—18 世纪末，由于面临食物供应问题带来的严重的人口压力，宗教裁判所以审判“巫者”的形式清除边际人口，他们打着宗教的幌子，利用制度来杀人。18 世纪末 19 世纪初的马尔萨斯，面对人口增长带来的食物供应压力，也主张杀人。对于缺乏生产力的边际人口，马尔萨斯主张借上帝之手通过瘟疫、饥荒和战争来清除之；而对于尚有生产力的赤贫人口，则主张剥夺其自由，将其赶入贫民习艺所，使其成为资本主义机器的奴隶。后者虽然没有在肉体上将人消灭，但却剥夺了基本的人权，也是另外一种形式的杀人。由此，马尔萨斯的《人口原理》被叫做“谋杀之书”，马尔萨斯被看成是无产阶级的仇人。马克思对马尔萨斯也倾注了他极大的阶级仇恨。他说，马尔萨斯不单单是残酷无情，而且宣扬他的残酷无情，厚颜无耻地以此自夸，并且在用他的结论反对“无权者”时，把他的结论夸大到极端，甚至超过了从他的观点看来还可以在科学上说得过去的程度。

"萨伊定律"还是"斯密定律"?

莱昂内尔·罗宾斯（Lionel Robbins，1896—1997）在其《经济思想史：伦敦经济学院讲演录》中介绍古典时期的整体均衡观念时，提到萨伊和萨伊定律。可能与柯尔培尔极端的重商主义政策对国民经济整体均衡的破坏留下严重的社会经济后果有关，法国经济学一贯比较注重对经济均衡的研究。从布阿吉尔贝尔对生产与消费均衡的强调到魁奈的《经济表》再到瓦尔拉斯的一般均衡理论，反映出法国经济学家以均衡观念构建经济秩序的执着追求，而萨伊定律是这一追求的一个重要环节。

在19世纪初与马尔萨斯及西斯蒙第关于资本主义是否存在生产过剩危机的论争中，萨伊提出了"供给自动创造需求"的论断。他认为，在市场自发作用之下，供给和需求可以自动实现平衡。"生产给产品创造需求"[①]，"一种产品一经产出，从那时刻起就给价值与它相等的其他产品开辟了道路。"[②] 这一观念被后世经济学家称为"萨伊定律"。萨伊定律——市场自发作用导致供求均衡的实现——是斯密以来主流经济学的核心观念。斯密的"一只看不见的手"原理、马歇尔的均衡价格理论、瓦尔拉斯的一般均衡理论，实际上都在论证或者描述完全市场条件下经济自我良性循环的可能性问题。这一观念的起源，显然不在萨伊那里。萨伊只是斯密思想在欧洲大陆的普及者和宣传者，尽管萨伊在宣扬和评介斯密理论的过程中对经济学作出过不少独立的贡

---

① 萨伊：《政治经济学概论》，142页，北京，商务印书馆，1982。

② 同上书，144页。

献，但就经济学的核心观念来说，萨伊仅仅是斯密的继承者。事实上，斯密的《国富论》对这一观念已经有过系统而深入的阐述，萨伊所做的仅仅是将其通俗化。

整个斯密经济学运用广泛的历史和现实材料反复论证一只无形的手促进经济运行的自发作用。在斯密的观念中，只要实施自由放任政策，市场的自发作用总可以自动实现供给和需求之间、生产和消费之间的平衡；只要放任资本的自由流动，部门和区域之间的利润率和工资率也会趋于均衡，甚至国与国之间的发展水平也会趋于一致。在斯密那里，市场自发作用导致供求均衡只是一只无形之手实现经济均衡的一个表现形式。在马歇尔的均衡价格理论中，如果价格变动是灵活而自由的，那么，不管经济运行处于供给大于需求还是需求大于供给的任何一种不均衡状态，竞争引导下的价格调整都会使供求均衡自动实现。斯密在《国富论》第一篇第七章“论商品的自然价格与市场价格”中，非常详细且条理清楚地分析了供求不均衡条件下通过竞争及价格调整实现均衡的过程，这一分析与马歇尔的分析如出一辙，只不过马歇尔将自然价格转化为均衡价格并采用了几何图形而已。在分析了价格调整导致均衡实现之后，斯密进一步强调了供求均衡实现的可能性。“每种商品的上市量自然会使自己适合有效需求。因为，商品量不超过有效需求，对所有使用土地、劳动或资本而以商品供应市场者有利；商品量不少于有效需求对其他一切人有利。”① 在这里，斯密将均衡实现的可能建立在人们对自身利益的追求上，将均衡的实现看成是一个自然的过程。“为使一种商品上市每年所使用的全部劳动量，自然会依着这个方式使自己适合于有效需求；其目的当然在于始终把适当商品量提供市场，使供给足够适应需求，而不超过需求。”②

显然，就其核心内容来说，萨伊只是斯密思想的转述者，将市场自发作用导致供求均衡实现的观念叫做“斯密定律”才名至实归。在罗宾斯看来，把市场机制自发作用导致供给与需求均衡的观念叫做“萨伊定律”是一个历史的误会，是那些没有认真研究斯密也没有仔细阅读萨伊的经济学家草率贴

---

① 亚当·斯密：《国民财富的性质和原因的研究》（上），52页，北京，商务印书馆，1974。

② 同上书，53页。

上一个错误的标签。——"萨伊市场定律是按照一种不阅读萨伊著作而使用这个定律的人提出的方式归结的。"① 作为一个凯恩斯主义者，罗宾斯不相信萨伊定律。在凯恩斯主义者看来，市场自发作用的结果是有效需求不足，低于充分就业的均衡是经济运行的常态，总供给与总需求的均衡依赖市场自发作用并不总能实现。罗宾斯拥护凯恩斯的基本观念，同时又对萨伊怀有某种同情，于是为萨伊被"强加"萨伊定律从而被批判和嘲弄而叫屈。他有些愤愤不平地说："给狗起一个坏名字，他就永远不能摆脱这个坏名字。"② 其实，萨伊被"强加"萨伊定律，不一定仅仅意味着罗宾斯所理解的那种不幸。萨伊确实是思想史上一位很不幸的经济学家，姑且不论其生前因为强烈的、正直的学术品格而遭受拿破仑的迫害，就是在其死后，经济思想史对其极端的冷淡与漠视与其对经济学的巨大贡献也极不对称。萨伊对经济学的贡献并不仅仅是将斯密的思想通俗化和形式化，他对经济学的发展也做出过重要的独创性贡献。比如，是萨伊将生产概念一般化，从而拓展了经济学的研究空间；萨伊的生产三要素理论成为后来生产函数理论的重要来源；萨伊的"三位一体公式"实际上成为后来分配理论的基本框架……事实上，尽管经济思想史匪夷所思地忽视萨伊的贡献，但是如果剔除萨伊，微观经济学就剩不下多少东西了。

罗宾斯因为反对供给自动创造需求的观念，所以他为萨伊被"强加"萨伊定律而抱屈，不过，从经济学发展主流的角度看，这恰恰是萨伊的幸运。众所周知，古典经济学和新古典经济学——经济学产生以来的主流——的核心观念，其实就是市场的完善性。用斯密的话说，就是一只无形的手的自发作用可以保证社会经济的正常运转，可以自动解决其自身面临的一切问题。斯密之后经济学的一切发展，核心也是在证明市场自发作用的有效性。在这个意义上，将市场自发作用导致供求均衡"命名"为萨伊定律，实际上是对萨伊的一种褒扬，而远远不是罗宾斯所理解的冤枉。

---

① 莱昂内尔·罗宾斯：《经济思想史：伦敦经济学院讲演录》，229 页，北京，中国人民大学出版社，2008。

② 同上书，172 页。

不过，萨伊对供求自动均衡的分析可能失于草率，这才是他在思想史上遭受嘲弄的重要原因。萨伊是通过将商品交换简化为物物交换来论证供给自动创造需求的。按照萨伊的说法，商品交换形式上采取商品——货币——商品的形式，但是，一方面，人们参与交换的目的在于商品而不是货币，另一方面，货币在交换过程中的作用是转瞬即逝的，由此，以货币为媒介的交换可以简化为舍弃了货币媒介的物物交换。在物物交换中，生产和消费、供给和需求不仅在数量上恒等，而且，买卖之间、供给和需求之间，在时间和空间上都是统一的。萨伊的这一分析存在太多漏洞，比如，货币不仅执行交换手段的职能，也执行贮藏手段职能，于是卖和买之间可能脱节，供给不一定能转化为需求；另一方面，萨伊定律所要求的供给转化为需求，实际上要求的是储蓄无条件转化为投资，但这二者也不是无条件转化的。萨伊由此遭受诟病，熊彼特甚至嘲弄其“浅薄”。

在思想史发展过程中，自由放任和国家干预一直是针锋相对的两股思潮。两种观念主导下的政策斗争贯穿着整个经济学发展的历程。自由放任导致经济均衡实现的观念，在历史发展的不同阶段具有不同的命运。——它在自由主义经济学占上风的时代被弘扬和追捧，而在干预主义占上风的时代被批判和摒弃。

有意思的是，在自由主义经济学占上风的时代，被弘扬和追捧的自由放任导致经济均衡实现的观念被贴上的标签通常是斯密的“一只无形之手”，而在干预主义占上风的时代，被批判和摒弃的自由放任导致经济均衡实现的观念被贴上的标签通常是萨伊的“萨伊定律”。罗宾斯更多看到的是后者，所以他说：“所有各种人，大人物或是小人物，都通过解释为什么萨伊定律并不能总是维持的原因来提高自己的声望。”①

“萨伊定律”还是“斯密定律”？这个并不重要的问题可能体现着经济理论研究的势利性。当然也可以这样理解——历史不过是供人使唤的婢女；或者如罗宾斯所说，经济思想史不是由其自身书写的，它服从于写作者的需要。

① 莱昂内尔·罗宾斯：《经济思想史：伦敦经济学院讲演录》，172页。

荒诞不经的凯里先生

熊彼特在《经济分析史》中将古典经济学家分为悲观主义者和乐观主义者。李嘉图和马尔萨斯属于悲观主义者：李嘉图相信土地边际报酬递减，相信无产阶级与资产阶级之间存在利益矛盾；马尔萨斯相信人口增长率超过生活资料增长率而导致的人口过剩，还相信消费不足引起的经济危机。巴师夏和凯里等属于乐观主义者：巴师夏相信阶级利益和谐，相信自由贸易；凯里不相信边际报酬递减，不相信马尔萨斯的理论，也不相信自由贸易，但他相信技术进步引致的社会发展，相信阶级利益和谐。

亨利·查理士·凯里（Henry Charles Carey，1793—1879）是19世纪中叶美国最著名的经济学家，他以经济利益和谐论和李嘉图经济学的反对者而著名。亨利生活在美国独立战争之后，当时美国资本主义开始高速发展，无产阶级与资产阶级的利益矛盾开始激化。李嘉图的分配理论证明了资产阶级与无产阶级利益矛盾的存在，成为空想社会主义者批判资本主义制度的一个工具；同时，李嘉图的比较优势理论强有力地证明了国际分工和国际贸易存在的必要性，为自由贸易政策提供了理论支持。作为美国资产阶级的利益代表，凯里将批判和清算李嘉图经济学作为其使命。他说李嘉图是“共产主义之父”，“李嘉图的理论体系是仇恨的体系，总是要在各个阶级之间和各个民族之间挑起战争。”[①]

凯里与李嘉图经济学的对抗，集中体现在以下几个方面：是否存在边际

① 季陶达：《资产阶级庸俗政治经济学选辑》，245页，北京，商务印书馆，1963。

报酬递减？是否存在人口过剩？是否存在经济发展过程中无产阶级处境的恶化？是否应该实施自由贸易政策？李嘉图经济学对这些问题的回答都是肯定的，而凯里的回答则是否定的。

李嘉图的地租理论认为，历史上土地的耕种顺序是先耕种优等地，然后中等地，最后是劣等地。由于土地边际报酬递减，由于劣等地经营者要获得平均利润，于是农产品价格由效率最低的劣等地的个别生产价格决定，这样优等地和中等地的所有者就可以获得地租。李嘉图地租理论中的边际报酬递减，成为悲观主义的人口过剩理论的一个依据。正是由于土地边际报酬递减，人口增长率超过生活资料增长率才成为制约生活水平提高及社会经济发展的因素。凯里以为，历史上耕种土地的顺序并不是先优等地后中等地最后劣等地，而是相反。最初人们耕种的并不是最肥沃的优等地，而是贫瘠的劣等地；只是经过相当长时间之后才转向肥沃的优等地耕作的。因为肥沃的土地往往地势较低，往往位于山脚或者河流及湖泊边上湿润的地方。这些地方虽然土壤肥沃，同时也是蚊虫滋生及病菌繁殖的温床，而且，耕种这些肥沃土地，还需要排除积水，耗费工程量极大。因此，在生产力水平较低的阶段，人们最初耕种的是地势较高、较为贫瘠同时耕作成本较低的土地。随着人口增长，在这些土地被耕种完了，土地的有限性才推动人们去耕种较为肥沃的山脚或河湖边上的土地。因此，从人类耕种土地的顺序来看，土地边际报酬不是递减而是递增的。凯里的“学说”纯粹是一种偷换概念的狡辩。李嘉图意义上的优等地并不一定就是肥沃的土地，而是指生产力较高的土地，也就是投入产出比较高的土地。凯里所谓的贫瘠的土地，在李嘉图的意义上也可能就是优等地。即使存在凯里所谓从贫瘠土地向肥沃土地转移的情况，实际上也没有否认李嘉图意义上的从优等地向劣等地转移的事实，从而也没有否认边际报酬递减。所以，即使存在凯里想象的那种耕作顺序，不是否定而是证明了李嘉图的理论。

对于李嘉图所支持的马尔萨斯的人口理论，凯里同样以自己的“发明”加以批判。凯里有着关于肉体与精神分离的简单的二分法的观念；同时他的生理学原理认为，有机体所吸收的全部养分将以最大的比例自行输送到有机体中最经常得到使用的部分。随着社会经济发展及人类文明进化，精神或思维系统的作用越来越重要并得到越来越多的应用，而人的存在对肉体系统的依赖性则相对降低。人体吸收的营养于是有越来越多的部分输送到精神系统中，肉体或者生殖系统获得的营养将会减少。人类的生殖能力于是随着文明的进步而趋于下降。这套以生理学为基础的“理论”实际上缺乏任何生理学的证明，本质上不过是凯里杜撰的荒谬说辞。与他所反对的马尔萨斯的人口理论尤其是其中的“两个公理”相似的是，在凯里这里，生育同样只是一种单纯的生物行为，人的生育行为仍然是只服从于人的兽性。只不过，在马尔萨斯那里，人的兽性是恒久不变的；而在凯里这里，技术的进步和文明的发展使人类的兽性有所缓解——不是人们在主观控制生育行为，而是人们不断下降的繁殖能力限制了生育行为。

在李嘉图的理论中，商品价值主要由工资和利润构成，而工资和利润是按照相反方向变化的；随着劳动生产率的提高，生活必需品价值降低，工资随之降低，而利润则有增长的趋势。凯里认为，商品价值是由再生产费用构成的，这种再生产费用也包括工资和利润两部分。随着劳动生产率的提高，资本的创造会更加容易，因此资本的价值逐渐降低，而劳动的报酬将逐步提高。凯里通过下表解释他的发现。

劳动生产率的提高	总收入	工人的份额	资本家的份额
用石斧生产	4	1	3
用铜斧生产	8	2.66	5.33
用铁斧生产	16	8	8
用钢斧生产	32	19.20	12.80

从劳动生产率较低的阶段到较高的阶段，总收入增长了四倍，工人的收入增加不止一倍，而资本家的收入增加不到一倍。因此，社会经济发展结果，不是像李嘉图等人所说那样，工人的经济社会地位不断下降，而是相反。社会经济发展的前景因此是和谐而光明的。不过，凯里用来证明工人收入增长快于资本家的这些数据，纯粹是他的胡编乱造，缺乏任何实证的支持。因此，他所谓的阶级利益和谐，也只是一厢情愿的乌托邦。

在凯里学术活跃的19世纪中期，美国还是一个相对落后的农业国，面对英国廉价工业品的竞争，美国还处于落后挨打的境地。在这样的背景下，主张贸易保护而不是自由贸易，是美国经济学家普遍的态度。凯里在各个方面都反对李嘉图，包括反对李嘉图作为自由贸易理论基础的比较成本理论。凯里提出的反对自由贸易的理由，同他的其他理论一样匪夷所思、荒诞不经。凯里以为，对于美国这样一个农业在国民经济中占据重要地位的国家来说，对外贸易是得不偿失而且无法持续的。他说，粮食的出口与国内销售对农业发展有着截然不同的影响，从长远来看尤其如此。因为外国的粮食消费者不会像本国的消费者那样，把汲取的营养元素再归还给本国的土地，于是，粮食出口的结果将是土地肥力的不断下降，最终导致土地的退化。凯里给出的反对国际贸易的原因，就是我们俗话所说的"肥水不流外人田"，他的这种经济学，可以形象地称之为"粪便经济学"。这种"理论"的荒诞之处在于，即使是粮食的国内贸易，消费者也不一定将汲取的营养元素直接归还给粮食出产地（考虑一下粮食生产分散在农村而粮食消费相对集中于城市的事实，情况尤其如此）；况且，如果粮食生产如他所说那样严重依赖肥料的话，在对外贸易的情况下也有许多补充肥料的途径。

约翰·穆勒（1806—1873）是与凯里差不多同一时代的经济学家，在其1848年出版的《政治经济学原理及其在社会哲学中的若干应用》一书中，对凯里的上述经济思想进行过深入细致的分析。穆勒完全不认同凯里的理论，并对凯里的论证方法表现出极大的不屑。他把凯里最重要的著作《社会科学原理》称为"我费力读完的一本最糟糕的政治经济学著作"，并且说，他从来没有遇到过"这样一套事实和论证，其中事实是那么不可靠，而对事实的解释又是那么不得当和荒谬。"①

熊彼特似乎倾向于将凯里经济学的荒诞不经归结为既不懂得技术又喜欢故弄玄虚。他说："从凯里那里可以引出一个有趣的教训，说明技术上的缺陷在长时期内会对一个人的名声产生什么影响。"② 熊彼特还以为，作为一个美

①② 熊彼特：《经济分析史》，第二卷，218页，北京，商务印书馆，2001。

国经济学家，凯里似乎认识到英国经济学即李嘉图经济学对美国的不适用性，认识到从美国国情构建具有本国特色的经济学体系的意义。但是，在李嘉图经济学存在问题或者不适应美国国情的地方，凯里不是努力改变李嘉图经济学的适应条件使之适应美国国情，而是试图推翻整个理论，重起炉灶建立自己的理论体系。在这种努力中，凯里试图应用科学和技术来帮助自己，而他本人对科学技术又只是一知半解，空有匹夫之勇而缺乏相应技艺，于是就只能故弄玄虚，弄出来的也就只能是这些荒诞不经的东西了。熊彼特最后不得不对凯里表达出某种程度的同情——“他所力图表达的东西并不是完全错误的，有能力的理论家能够对其加以改造制作，使之成为一种有价值的贡献；但是他却使得它读起来完全是错的，因为他不能为它找到正确的方法。”① 挑战李嘉图需要的是一个李嘉图式的思想巨人，而凯里却不过是一个小丑。

① 熊彼特：《经济分析史》，第二卷，222 页。

约翰·穆勒：经济学家的情感史

在汪丁丁的《经济学思想史讲义》中，将约翰·穆勒（1806—1873）和哈耶克（1899—1992）称为斯密之后自由主义经济学的思想巨人。

哈耶克却不认同约翰·穆勒作为自由主义经济学家的地位，他说："约翰·斯图亚特·穆勒被视为古典自由主义的英雄，但是我个人深信，就是他把知识分子引向了社会主义。"[①] 一个知识分子被称为社会主义者，相当于被判定背离民主和自由，这是一项相当严重的指控。可是，对穆勒如此不客气的哈耶克，却在1951年出版了这样一本书：《约翰·斯图亚特·穆勒和哈丽特·泰勒：友谊和婚姻》。哈耶克似乎对两个问题特别感兴趣，一是穆勒与哈迪的感情经历，二是哈迪对穆勒思想的影响。

穆勒与哈迪的感情经历是思想史上的一段传奇。

1830年，穆勒还没有完全从精神危机中解脱出来。一个偶然机会，他认识了哈迪。哈迪出身于书香门第，是当时一位重要的女权主义者。她心胸开阔、活泼开朗、举止优雅、思想深刻。穆勒一生中第一次碰到美丽和智慧如此完美结合的女子，深深被她吸引。哈迪也早闻哲学家穆勒的大名。他们一见钟情。可是，此时的哈迪已是有夫之妇。当时，在基督教的环境中，离婚是不可能的事情，他们只能发展那种柏拉图式的友谊。这种友谊持续了20年，直到1850年泰勒先生去世，他们才在1851年结婚。

认识哈迪，是穆勒一生的一个重大转折。这个从3岁起就在父亲的监督

---

① 马克·斯考森：《现代经济学的历程：大思想家的生平和思想》，206页。

下不间断学习和研究的天才学者，差不多已经成了学术的奴隶。他的生活如一潭死水，没有泉流，没有浪花。哈迪一出现，穆勒生活的春天来了，他真正的生活开始了。因为有了哈迪，穆勒彻底走出了长期折磨自己的精神危机。“就在我达到心智发展的这一时期，我得到一位女士的友谊，它是我一生的荣誉和主要幸福，也是我为人类进步所奋斗或希望今后实现的大部分事业的力量源泉。”①

哈迪的到来还影响了穆勒的研究，在《自传》中，穆勒对哈迪卓越的洞察力赞叹不已，将哈迪看成是他思想上的同行者和启迪者。经济学应该感谢哈迪。穆勒 1848 年出版的《政治经济学原理》是继斯密的《国富论》之后最重要的经济学著作之一，而没有哈迪的帮助，这部著作可能不会这样出色。“我常常受到称赞，其实我应得的称赞只有一部分。那些被称赞的有实用性的著作不是我一个人思考的产物，而是两人合作的结果，其中一个人对当前事物的判断和认识是非常切于实际的，对预测遥远未来是高瞻远瞩和大胆无畏的。”② 可以理解，作为一个哲学家，穆勒的思想过于注重思辨。哈迪对现实经济活动的敏锐洞察力，对于穆勒研究经济学这样具有实践意义的课题显然会有重要帮助。

哈迪不仅给穆勒带来了生活的乐趣，更重要的是激发了他创作的热情。与哈迪相识之后，穆勒才真正进入作为一个学者的创作高峰期。但是，穆勒与哈迪的关系，即使是纯粹的“柏拉图”式的友谊，也与社会的伦理道德观念格格不入。由此，可以想象穆勒和哈迪所面临的巨大的精神压力。当 1851 年穆勒提出要与哈迪结婚时，遭到了全家人的反对（此时，约翰·穆勒的父亲詹姆斯·穆勒已于 1836 年去世）。穆勒最终选择与哈迪结合，其代价是断绝了与家庭的往来。当时的学者们似乎也不看好这对智慧和美貌结合的夫妻，卡莱尔就酸溜溜地评价哈迪：“智而不慧，在穆勒讨论各种高级话题的时候，总是瞪着一双闪烁着无法形容的内容的深色大眼睛，重复不断地问一些愚蠢

---

① 约翰·穆勒：《约翰·穆勒自传》，111 页，北京，商务印书馆，1997。

② 同上书，114 页。

的问题。”①

穆勒和哈迪渴望理解和宽容，渴望信念和道德的自由。婚后，穆勒患上了肺结核，哈迪因为照看穆勒也染病了。1854年，他们出游意大利和罗马进行疗养。1855年1月15日，穆勒和哈迪来到了古罗马广场。站在广场上，回想20多年来他们相遇相知带来的幸福及遭受的误解和风言风语，穆勒和哈迪都深感信念和道德自由对完善幸福人生的意义，于是，他们决定合作写一本关于自由的著作。这就是后来成为哲学和伦理学领域经典的《论自由》。有意思的是，1955年1月15日，哈耶克携他的第二任妻子海伦娜也来到古罗马广场，站在100年前穆勒沉思的台阶上，哈耶克也想到要写一部关于自由的著作，这就是哈耶克晚年最重要的著作之一的《自由宪章》。

幸福的日子总是短暂的。穆勒和哈迪相识20年才结婚，而他们在一起生活的日子却只有7年。1857年，哈迪因为患肺结核不治而亡。穆勒15岁时曾经到过法国，并在萨伊家住了一年。此后，他似乎有了某种法国情结。婚后，他和哈迪就长期居住在法国南部的海滨小城阿维尼翁。哈迪去世后，穆勒将她安葬在阿维尼翁，自己也在此定居。每天早上，人们都可以看到一位老者手持一束鲜花前往墓地祭奠，那就是穆勒。穆勒在此又生活了16年，直到1873年去世。遵照遗嘱，他的继女海伦·泰勒将他安葬在哈迪的墓旁。

听哈耶克讲穆勒与哈迪的爱情故事，有一个问题始终驱散不去：哈耶克，这位20世纪最杰出的思想家，为什么会对另外一个思想家的感情经历如此感兴趣？哈耶克讲述穆勒和哈迪的这段故事，是出于学术的目的吗？

要解释这个问题，需要了解哈耶克曾经有过的与穆勒类似的一段情感经历。

1918年，哈耶克进入维也纳大学学习。随后，他的远房外甥女海伦娜也进入维也纳大学。在经常的交往中，他们产生了感情。1923年，哈耶克大学毕业。在米塞斯的推荐下，前往美国留学。行前，哈耶克和海伦娜商量好，

① 马克·斯考森：《现代经济学的历程：大思想家的生平和思想》，119页。

哈耶克从美国回来就结婚。在美国期间，由于通信不便加上工作紧张，哈耶克与海伦娜失去了联系。在美国留学一年后，哈耶克回到了奥地利。当他找到海伦娜时，她已经结婚了。

在米塞斯的帮助下，哈耶克成立了国民经济研究所。1926年，哈耶克与内政部秘书赫拉结婚。赫拉温柔体贴、贤淑友善，哈耶克的朋友们都尊敬她、喜欢她。但是，哈耶克却不一定爱她。他娶赫拉，也许仅仅因为赫拉和海伦娜相像。哈耶克一直过着一种平淡的生活，他感到，此生可能就要终老奥地利了。

20世纪20年代末30年代初，伦敦政治经济学院的经济学研究处于低潮，与此同时，剑桥大学的经济学研究由于凯恩斯的崛起正蒸蒸日上。为了和剑桥抗衡，伦敦政治经济学院需要一位和凯恩斯实力相当的经济学家加盟，于是，时任伦敦政治经济学院经济系主任的罗宾斯从奥地利请来了哈耶克。在伦敦，哈耶克在货币理论、资本理论、周期理论等领域与凯恩斯展开了论战，虽然最终胜负未定，但哈耶克作为世界一流经济学家的地位逐步确立了。但是，哈耶克并没有感受到婚姻生活的幸福。赫拉是一位和善的朋友、贤惠的女主人、称职的母亲和妻子，但哈耶克并不爱她。据说，到他家吃饭的朋友和学生最难堪的就是餐桌上的冷清，男女主人几乎没有什么话说。就这样平静而无趣地生活了十多年，哈耶克感到，此生可能就要终老伦敦了。

1946年，第二次世界大战结束，哈耶克回奥地利探访故友。在维也纳，与海伦娜不期而遇。他们已经20多年没有联系了。海伦娜的婚姻生活也不幸福。哈耶克决定结束自己并不幸福的婚姻。尽管作为一个著名经济学家，他明白自己作出这样的决定将要面临的巨大风险，但对自由和幸福根深蒂固的向往使他无法继续忍受无爱婚姻的桎梏。

在英国那样传统的基督教环境中，离婚是一件不可能的事情。一次国际会议上，哈耶克碰到美国阿肯色州立大学经济系主任杜兰，得知在阿肯色州，有关离婚的法律比较宽松。1950年，哈耶克到阿肯色州立大学担任一年的客座教授。在此期间，办理了与赫拉的离婚手续，并与海伦娜结婚。

哈耶克此举遭到了朋友们广泛的反对。罗宾斯退出了哈耶克组织的朝圣山学社，中断了与哈耶克长达 20 年的友谊。“我觉得，他（哈耶克）的那种做法与我心目中对他的认识不符，也与我们 20 多年来的交往中我所珍视的他的道德标准不符。我觉得，我认识的那个人已经死了。”①

哈耶克为了和海伦娜结婚所失去的还不仅仅是朋友的信任和友谊。此时，哈耶克已经不再是世界一流经济学家了。所以，虽然在朋友的帮助下进入芝加哥大学，却不能进入世界一流的芝加哥大学经济系。哈耶克不得不转行，进入“社会思想委员会”。此时，他的职称也不再是经济学教授，而是道德哲学教授。由于有两个家庭需要赡养，老年的哈耶克不得不努力工作挣钱以摆脱不时面临的财政困境。这种窘迫，一直持续到他 1974 年获得诺贝尔经济学奖。

但哈耶克对自己的选择并不后悔，也许，从新的婚姻中他获得了新的幸福。同穆勒一样，他对自己的新任妻子给予了崇高的评价，说她是自己“思想上的伴侣”。海伦娜对哈耶克晚年的研究工作也给予了很多帮助，她曾经将哈耶克的重要著作《科学的反革命》、《自由宪章》等译为德文。

至此，可以这样理解，哈耶克写作出版关于穆勒和哈迪情感经历的著作，是在为自己作道德辩护。

之所以作道德辩护，是因为存在道德压力。确实，穆勒和哈耶克的情感经历，与传统伦理道德存在某些冲突。在个体自由幸福与社会伦理道德之间如何取舍，这是谁也无法给出最终答案的问题。按照哈耶克的观念，对这样的问题给出的任何答案，或者意味着虚妄，或者意味着强制。“子非鱼焉知鱼之乐（苦）”，穆勒关于自由的著作和哈耶克对穆勒情感经历的追述，所诉诸的其实只是宽容和理解。

思想史总要表现出某种宏大叙事的风格，关注经济学家的感情史，对别人的结婚离婚甚至婚外情津津乐道，显得有些低级趣味甚至荒诞不经。但是，任何思想家的思想都是在特定的人生情境中形成和完成的。如汪丁丁所说：“知识过程总是与知识者的人生体验纠缠在一起的。”② 思想不过是人生经历

---

① 阿兰·艾伯斯坦：《哈耶克传》，183 页，北京，中国社会科学出版社，2003。

② 汪丁丁：《经济学思想史讲义》，312 页，上海，上海人民出版社，2008。

的某种反应，理解一个思想家的思想需要理解这种思想赖以产生的载体，其中自然包括其可能的情感经历。

说到这里，想起汪丁丁在《经济学思想史讲义》中的一段话："穆勒的思想充满张力，紧张地斗争了一生，所以造就了一个斯密之后最伟大的自由主义思想家。……哈耶克的思想是比较复杂的，比芝加哥学派的经济学家（例如弗里德曼）要复杂得多。复杂，意味着思想内部有冲突，有紧张，有矛盾——有解决不了的矛盾……只有你遇到了人类命运当中不可回避的根本性问题，你才会表现出哈耶克和小穆勒这样的紧张。"①

小穆勒和哈耶克的这种紧张与他们的情感经历有着内在的关联。

① 汪丁丁：《经济学思想史讲义》，203页。

狄更斯眼里的“经济学”

据说，在李嘉图的时代，贵族家庭招聘家庭教师的首要条件是要掌握政治经济学。可见，政治经济学成为一门“显学”已有很悠久的历史了。

既然是一门显学，有人推崇，也会有人反对。19世纪英国历史学家、哲学家托马斯·卡莱尔就把政治经济学叫做“阴郁的科学”，他还嘲弄道，“在所有的鸭鸣声中，政治经济学家的叫声是最响的。它不是告诉我们一个国家意味着什么，什么使人幸福、道德、有信仰，而是相反，它告诉我们如何用法兰绒上衣去交换猪肉。”[①] 将政治经济学讥讽为“阴郁的科学”，是因为马尔萨斯的《人口原理》揭示了人口自然增长超过生活资料增长可能带来战争、瘟疫的悲惨情景，而对政治经济学只关心“用法兰绒上衣交换猪肉”的嘲弄，则是指向政治经济学将研究对象确定为人们的物质福利以及政治经济学将功利主义作为自己的哲学基础。

卡莱尔是狄更斯（Charles Dickens，1812—1870）的亲密朋友。作为哲学家的卡莱尔的思想对作为小说家的狄更斯有着深刻的影响。狄更斯最有影响的历史小说《双城记》，就是在卡莱尔的历史著作《法国革命》的影响下创作的。卡莱尔对经济学的态度也影响了狄更斯，狄更斯的现实主义作品《艰难时世》在一定意义上是一部嘲弄和批判经济学的小说，这一批判的基本指向是经济学功利主义。

故事主人公国会议员葛擂硬是经济学功利主义的典型代表。葛擂硬首先是威廉·配第的信徒。在他看来，事实是生活中最重要的东西，而事实只能

---

① 马克·斯考森：《现代经济学的历程：大思想家的生平和著作》，80页。

用数字来判断和计量。万事万物都是数字问题。他口袋里经常装着尺子、天平、乘法表，随时准备计量任何事物。葛擂硬的人生哲学是，人与人的关系归根到底是金钱关系。人从生到死的生活的每一步应是一种隔着柜台的金钱交易。对于孩子的教育来说，最重要的是事实和理性，而不是道德和情感。由于道德和情感对理性的成长具有腐蚀作用，因此应该从教育中清除出去。而为了将孩子培养成理性的人，最重要的学习和训练课程应该是政治经济学。葛擂硬不仅按照功利主义教育和训练自己的孩子，还将他最小的两个儿子分别取名为亚当·斯密·葛擂硬和马尔萨斯·葛擂硬。

葛擂硬按照功利主义哲学将他的大女儿露意莎培养成一个循规蹈矩但缺乏情感追求的人。当父亲要 20 岁的她嫁给 50 岁的庞得贝时，露意莎认同她父亲的想法——这是一桩合适的交易。对露意莎来说，婚姻本身并没有什么价值，婚姻不过是财产和地位的结合。她对婚姻没有别的追求，只希望可以为她钟爱的弟弟在庞得贝的银行谋到一个好差使。庞得贝是当地的银行家和企业家。这是一个出身贫寒，靠个人努力取得成功的资产阶级英雄。庞得贝的人生信条和奋斗目标是——用金银餐具吃鹿肉——这就是一个从下往上爬的人的最高追求。在他眼里，金钱是衡量人生价值的唯一尺度，人生的意义就在于努力奋斗获得金钱的成功并炫耀这种成功。尽管富有，庞得贝仍然是一个粗鄙、恶俗的人。和这样的人在一起，露意莎的生活不可能幸福。

在整篇小说中，多次出现“经济学”、“政治经济学”、“经济学家”及一些经济学术语。在狄更斯眼里，“经济学”或者“政治经济学”是一门训练人们如何实现物质利益，获得金钱成功的学问。由于经济学或者政治经济学强调理性而杜绝感情，强调金钱而忽视道德，因此，这是一门邪恶的学问。狄更斯宣称，“与生活相关的一切事物中”，“都需要一些感觉和情感……这些东西在麦考洛克先生的词典中是找不到的……政治经济学只不过是一具骷髅，除非它拥有一点人类的外表和特性，具有一点人类的活力以及含有一点人类的温暖。”[①] 狄更斯将那些宣扬功利主义，研究供求规律的学者叫做“经济学家”。狄更斯对“经济学家”倾泻了极大的反感和敌意，“在他们眼中除了符

① 威廉·奥利弗·科尔曼：《经济学及其敌人：反经济学理论 200 年》，160 页，上海，上海人民出版社，2007。

号和均值，别无其他——他们代表了这个时代最邪恶和最可憎的恶行。”① 有时候，狄更斯也将那些按照“经济学”的功利主义观念行动的人叫做“经济学家”。比如，庞得贝银行的职员毕周是一个小心谨慎、考虑周密、所作所为都精打细算的人，狄更斯讥讽他为“了不起的青年经济学家”。

《艰难时世》中，众生在金钱世界里倾轧、挣扎、纠缠和彷徨，人们的生活单调、乏味、肮脏和猥琐。在狄更斯看来，人们生活失败的根源在于经济学功利主义的成功。葛擂硬的薄情寡欲、庞得贝的贪婪粗鄙、毕周的背信弃义、露意莎的落寞孤寂，无不是人们以经济学功利主义理念行事的结果。在狄更斯眼里，经济学创造的物质丰裕世界（当然，这种物质丰裕是以人们物质占有的高度不平等为特点的）同时是一个精神贫瘠的世界，经济学将人们引导向物质成功的同时，也将人们带入了精神和情感的荒漠。而且，这样一个物质世界是每一个个体都倍感孤独的世界。在联结人们关系的情感和宗教纽带被撕裂之后，作为替代的金钱并不能有效地整合人与人的关系，每个人都成为情感孤岛上的守望者。

在一定意义上，现代经济学产生和发展的过程也是资本主义生产方式产生和发展的过程。资本主义生产方式即自由市场经济是在瓦解封建桎梏的过程中产生和发展的，而现代经济学的基本理念就是对个体理性行为的信赖，对基于个体自由的社会秩序的期望。所以，强调自由主义的经济学对资本主义生产方式的产生和发展所具有的即使不是启蒙意义，起码也是重要的推动作用。法国资产阶级大革命时，原重农学派的代表人物杜邦就写信给斯密，说：“您大大促进了这场有益的革命。”② 所以我们说，现代经济学实质上就是资本主义经济学。

资本主义的产生和发展过程，同时是一个现代化的过程，而现代化又同时是传统社会解体的过程。如果说经济学推动了资本主义生产方式的产生，那么，经济学也同时推动了传统社会的解体。传统社会的解体意味着塑造传统社会的情感、宗族、宗教等纽带的断裂，意味着传统社会的信仰、理想、

① 威廉·奥利弗·科尔曼：《经济学及其敌人：反经济学理论 200 年》，161 页。

② 同上书，45 页。

归属等价值的终结。狄更斯看到，在传统价值解体后，人们陷入一种彷徨无措的境地。狄更斯对经济学功利主义的嘲弄和批判，主要原因正在于经济学在推动资本主义生产方式发展的同时，也瓦解了传统价值。他的《艰难时世》，是在现代化冲击下即将没落的传统价值的“艰难时世”；他的《艰难时世》，是对资本主义生产方式和意识形态的诅咒，也是传统社会和传统价值的挽歌。

马克思也曾经对资本主义生产方式对传统价值观的瓦解作出过深刻的分析。“资产阶级在它已经取得了统治的地方把一切封建的、宗法的和田园诗般的关系都破坏了。它无情地斩断了把人们束缚于天然尊长的形形色色的封建羁绊，它使人和人之间除了赤裸裸的利害关系，除了冷酷无情的‘现金交易’，就再也没有任何别的联系了。它把宗教虔诚、骑士热忱、小市民伤感这些情感的神圣发作，淹没在利己主义打算的冰火之中。它把人的尊严变成了交换价值，用一种没有良心的贸易自由代替了无数特许的和自力挣得的自由。总而言之，它用公开的、无耻的、直接的、露骨的剥削代替了由宗教幻想和政治幻想掩盖着的剥削。”① 同样是批判，但马克思并没有怀旧和感伤。在马克思看来，资本主义生产方式对封建生产方式的替代以及进一步被新的更加进步的生产方式替代是一个自然的历史过程，同样，一种在新的经济背景下产生并适应新的经济背景的意识形态对旧的不适应新的经济背景的意识形态的替代也是一个自然的历史过程——感伤和怀旧是毫无意义的，复活旧的意识形态同复活旧的生产方式一样既毫无意义也毫无可能。

就人类历史演进而言，资本主义生产方式的产生和发展显然是一个进步。起码，自由资本主义推动了生产的发展、物质的丰富和人们物质福利的改善——正是在资本主义生产方式之下，人类才第一次摆脱了霍布斯所说的“贫穷，肮脏，粗野以及短寿”境地；同时，生产力的提高也为人们赢得了更多的闲暇，为人的自由全面发展提供了物质基础。同样，作为资产阶级意识形态的古典经济学，在资本主义生产方式适应生产力发展的历史阶段，也具

① 《马克思恩格斯选集》（第一卷），第3版，403页，北京，人民出版社，2012。

有历史的进步性。起码，古典经济学大力鼓吹的经济自由主义在构建资本主义自由市场制度乃至民主政治制度方面都曾经起过重要的历史作用。比如，斯密的《国富论》所倡导的自由市场理念不仅对英国经济制度的自由化、对法国的资产阶级大革命，而且对美国的民主制度的建立都曾经有过重要的推动作用。

马克思对资本主义制度的批判，并不是为了回到那个“田园诗”般的传统社会——当然，马克思也从来不承认曾经有过一个“黄金时代”的存在。他承认资本主义制度产生和存在的合理性，承认资本主义生产方式对推动人类历史进步的巨大作用。但是，马克思强调，资本主义的历史进步具有其内在的局限，这决定了它必然为一种更加先进的生产方式所替代。同样，对资产阶级政治经济学，马克思承认其历史的合理性，承认其对推动资本主义生产方式建立和发展的进步作用，同时，他强调，由于阶级和历史的局限，资产阶级政治经济学也需要批判。但是，马克思的“批判”不是狄更斯或者更加极端的卡莱尔等人那样的置之死地而后快的批判，而是一种内含“扬弃”的批判。事实上，马克思对资产阶级政治经济学的批判，不是要否定经济学，而是要发展经济学。

狄更斯对经济学或政治经济学的批判终究只是一种怀旧情绪的宣泄。现代经济学是现代社会发展的产物，也必然伴随现代社会的发展而发展。消灭经济学，就如同逆转历史前进的车轮一样不可能。但是，狄更斯对经济学的批判也并非毫无价值。功利主义是经济学作为一门学科得以建立的哲学基础，正是强调人们经济行为的目的性，才使选择的价值得以体现，才使成本—收益分析具有意义。没有功利主义哲学，经济学的建立就成为无源之水。放弃功利主义等于放弃经济学。经济学研究中对非经济因素的抽象也是经济学成为科学的必要条件。没有抽象就没有分析，没有分析也就无所谓科学。但是，对功利主义的强调如果导致对非经济价值彻底否定，其最终结果可能是对经济学的否定；当经济学的研究彻底抽象了非经济因素，经济学对现实世界的解释力将大打折扣，经济学的解释价值将丧失，经济学的存在意义也将丧失。

巴师夏："看得见的和看不见的"

弗雷德里克·巴师夏（Frédéric Bastiat，1801—1879）是19世纪中叶法国自由贸易运动的重要推动者，是法国自由主义经济学的重要代表。巴师夏出身于法国南部一个富有的商人家庭。10岁时父母双亡，成为孤儿。在祖父的抚养下，巴师夏受到良好的教育。他最初的志向是成为诗人，他的浪漫主义诗人情怀在之后的经济学文章中有所体现。17岁时，巴师夏进入家族企业工作，接触到对外贸易，了解到政府管制对经济运行的负面影响。当时的法国，小生产者拥护贸易保护，而大生产者拥护贸易自由。巴师夏的家族是从事葡萄酒贸易的大生产者。此间，巴师夏接触到斯密和萨伊的著作，对经济学产生兴趣。在学习和实践中，巴师夏的自由贸易观念逐步形成。

19世纪40年代，西欧各国掀起自由贸易运动。这场运动以最早开展产业革命的英国为中心。1840年，科布登和布莱特在曼彻斯特成立"反《谷物法》同盟"。经过六年艰苦卓绝的斗争，1846年，《谷物法》被废除。这标志着自由贸易时代的来临。为了废除《谷物法》，经济学已经经历了几代人的奋斗。从斯密到李嘉图，经济学的产生和成长，就一直伴随着与《谷物法》的斗争。1845年，巴师夏来到英国，实地考察科布登和布莱特领导的自由贸易运动，结识科布登并结下深厚的战斗友谊。回国后，巴师夏写作出版了《科布登与联盟》一书，介绍英国的自由贸易运动，阐述自己的自由贸易主张。在英国废除《谷物法》之后，巴师夏深受鼓舞。他移居巴黎，成立了全国性的自由贸易协会，并创办《自由贸易》周刊。巴师夏以极大的热情投入推动自由贸易的斗争中，发表了一篇又一篇文章，出版了一本又一本小册子。他被称为“法国的科布登”。

1847年，巴师夏将此前发表的鼓吹自由贸易的文章结集出版，书名叫作《经济学的诡辩》。这一系列文笔犀利的讽刺作品，对自由主义经济学的发展起到了重要的推动作用。文集中包括著名的讽刺作品《蜡烛商的请愿书》。1850年，巴师夏又发表了他此生最后一篇论文《看得见的和看不见的》，进一步批判国家干预主义，进一步阐述自由主义经济学思想。就在1850年，身患肺结核而且预料到将不久于人世的巴师夏，决定总结自己的经济学研究成果，为世人留下一部系统性的著作。于是开始写作《经济和谐论》。巴师夏试图证明自由放任的资本主义市场经济是合乎自然秩序的经济形态；在资本主义经济自由自发的发展过程中，无产阶级与资产阶级的利益是一致的从而是和谐的。《和谐经济论》的主要内容，一是从服务价值论引出的市场经济的自然与和谐；二是建立在服务价值论基础上的阶级利益和谐论。巴师夏本来就身体孱弱，此书的艰苦写作又耗费大量精力。由于肺结核的加重，年底巴师夏不幸去世。书稿尚未完成。巴师夏在《经济和谐论》中阐述的思想，无论是服务价值论还是阶级利益和谐论，都缺乏明显的创造性，只是对前人或者他人思想的重新组织和阐述。同此前幽默而犀利的文章相比，这部著作显得温和而缺乏战斗意志与批判精神。

集中体现巴师夏犀利风格和战斗意志，体现其自由贸易主张和自由主义精神的，还是他的最后一篇论文《看得见的和看不见的》。20世纪伟大的经济学家、自由主义经济学的旗手哈耶克评价此文时说，他是一名天才的政评作家，说“从来没有人用这么一句话就清楚地揭示了理性经济政策的关键难题所在……也为经济自由给出了决定性的论证。”[①] 1850年7月发表的《看得见的和看不见的》一文，开始写作于一年前。该文延续了此前《蜡烛商的请愿书》一文犀利的讽刺风格，不过，就论证的深度和广度而言，就内容的丰富和论点的深刻而言，要远远超越前文。该文初写出来，未及发表，在一次搬家中不慎遗失。巴师夏重写了一遍之后，感觉文风不如前稿那样生动，显

① 弗雷德里克·巴师夏：《财产、法律与政府》，1页，北京，商务印书馆，2012。

得过于正式。于是将其付之一炬。第三次重写之后才满意，这就是今天看到的这个样子。在这篇论文中，巴师夏引用12个案例，对干预主义的经济思想和政策主张进行深入的剖析和精准的批判，揭露了干预主义经济学在理论上的谬误和在实践中的危害。

下面介绍巴师夏文中的三个案例，以理解其思想观念和政策主张。

第一，关于“破窗理论”。

一个小孩无意中打破了一户人家的窗户。主人不得已花6法郎订购一块新玻璃。原来停工的玻璃厂因为有了生意而开动机器；工人有了工资，于是面包厂也有了生意。于是，一个无意中的破坏行为启动了经济。每当经济萧条出现，“破窗理论”就会在干预主义者脑海里浮现，并被迅速锻造成干预经济、刺激需求的武器。巴师夏之前的时代、巴师夏的时代和我们这个时代都是这样的。这个故事很简单，逻辑很清楚，因而具有很强的杀伤力。

巴师夏认为，讲这个故事的经济学家，出于维护国家干预的需要，他们讲出了这个故事的某些内容，又刻意隐瞒了某些内容。一个经济行动，或者一项经济政策，有很多可能的后果。故事讲述者总是选择告诉人们某些在短期内容易被觉察、容易看得见，从而也是吻合其政策意图的东西，而把那些需要一个阶段才能显现的、不容易看得见的，从而也是与政策意图有冲突的后果隐瞒下来。这就是所谓的“看得见的”与“看不见的”。

在这个故事中，看得见的是，因为房主购买玻璃，给玻璃厂带来了6法郎的收入。看不见的是，如果玻璃没有被破坏，房主本来可以用这6法郎来买双鞋子的。就启动经济来说，鞋厂与玻璃厂不会有什么区别。所以，玻璃厂收入增加6法郎，相当于鞋厂收入减少6法郎。这相当于一种财富的转移。问题还不仅仅如此。房主花了6法郎装上玻璃，他的福利同玻璃被打碎之前相比并没有增加。如果玻璃没有被打破，他本来可以买一双鞋，他的福利本来是可以增加的。所以，看起来对社会有益的“破窗”事件，其实是对社会福利的损害。

第二，关于“公共工程”。

从来，“破窗理论”和“公共工程”理论就是双胞胎。一旦形势需要，干预主义者总是先提出“破窗理论”作为试探性的铺垫，接着就会提出“公共工程”政策。如果经济不景气，具有决定意义的政策就是扩张需求。既然具有破坏性的“破窗”行为，以及威廉·配第主张的建造金字塔和凯恩斯主张的用美元买进废弃矿井都有扩张经济的作用，那么，投资公共工程，岂不是更加名正言顺？

巴师夏提醒我们，当听到干预主义者扩张公共工程的叫嚣的时候，我们最好多个心眼。我们最好既能看到干预主义者展示给我们的看得见的东西，也能够看到干预主义者有意隐瞒使我们一时看不见的东西。开办公共工程，可以增加公共产品供给，增加社会福利；更重要的是，可以增加就业，扩张需求。这些都没有问题，这是干预主义者希望我们看到的，也是我们可以看得见的。但是，我们需要进一步看看事情背后是否存在某些被隐瞒的东西。举办公共工程的投资从何而来？这些投资的效率如何？

公共工程投资当然是来自税收，税收当然是来自企业和居民。于是，问题出现了。企业和居民缴纳的税收，本来也可以用于企业的投资和居民的消费的。企业的投资和居民的消费本来也可以扩张需求、推动经济的。将其转移到政府手里，岂不是多此一举？问题还不止于此。为了给公共工程筹款——以税收或者债券的形式，政府势必成立相关机构。于是，收入的一部分在中间渗漏了。如果考虑到从来就无可避免的贪腐，渗漏会更加严重。进一步，投资进入实施环节。招标投标过程中，各种政治力量参与其中。耗费的大量资源都会在投资总额中寻求补偿，而层层转包已经将大量投资转移到工程之外。公共工程确实可以增加社会福利，但在社会福利增加之前，私人利益早就已经实现。

第三，关于“奢侈和节俭”。

在巴师夏之前100多年，曼德维尔写下了《蜜蜂的寓言》，提出“奢侈与节俭的悖论”：节俭对个人来说是美德，对社会则是恶行；奢侈对个人来说是恶行，对社会则是美德。奢侈之所以成为美德，是因为富人的奢侈消费可以为穷人提供就业机会，从而成为推动经济发展的动力。在巴师夏看来，曼德维尔的分析，也存在“看得见”和“看不见”的问题。他看到了奢侈消费在短期内增加就业、刺激需求的作用，但没有看到其长期可能产生的问题。

假如有兄弟两个，蒙多尔和阿里斯特，都从父亲那里继承了 5 万法郎的遗产。两人有着不同的生活理念和生活方式。蒙多尔是一个曼德维尔所欣赏的人物，一个花花公子、纨绔子弟。他将全部收入用于个人的奢侈消费，他买豪华的马车，住华丽的宫殿，终日花天酒地极尽侈靡。蒙多尔当然得到民众的欢迎，因为他的奢侈消费确实促进了相关奢侈品的生产，给生产商提供了利润，给工人提供了就业机会。但问题是，蒙多尔的这种生活方式，无论对于他个人还是对社会来说，都是不可持续的。几年之后，他的收入将消耗殆尽，他就不能再成为奢侈品厂商的雇主，也不能成为工人的救星。甚至，最终他会成为社会的负担。

阿里斯特是个谨慎而节俭的人，他接受传统道德，接受人们习以为常的生活方式。他将自己的收入作了这样的划分：（1）个人花销 2 万法郎；（2）慈善事业 1 万法郎；（3）帮助朋友 1 万法郎；（4）储蓄 1 万法郎。巴师夏这里所说的“储蓄”，既可以是生息的储蓄，也可以是投资于其他可产生回报的事业。短期或者直接的意义上来看，阿里斯特的这些收入使用方式，摒弃了奢侈和挥霍，但就增加就业或者扩张需求而言，与蒙多尔的做法效果是一样的。一样可以提供就业机会，一样可以增加社会需求。这是曼德维尔及其他主张奢侈消费的经济学家也可以看得见的。但是，从长远来看，阿里斯特的节俭和蒙多尔的奢侈的效果很不一样。当奢侈的蒙多尔将遗产挥霍殆尽，不仅不能再为社会提供帮助并且成为社会负担的时候，阿里斯特的资金仍然在运动着，仍然在产生收入，仍然在提供就业机会，仍然在增进社会福利。这一切是曼德维尔这样的经济学家所看不见的，或者有意不看见的。

所以，在巴师夏看来，并不存在所谓“奢侈与节俭的悖论”。“节俭在道德上要优越于奢侈，这是无可争辩的。令人欣慰的是，从经济的角度看，节俭也同样是优越的。”① “幸运的结果总是合乎人性的结果。在人的后面站着上帝。”②

① 弗雷德里克·巴师夏：《财产、法律与政府》，64 页。

② 同上，67 页。

巴师夏的经济学著作简单明了、清新自然。能够以简单的逻辑、生动的故事阐释深刻的经济学原理，其实是了不起的才华。新奥地利学派代表人物、美国经济思想史学家默瑞·N·罗斯巴德在其《古典经济学：奥地利学派视角下的经济思想史（第二卷）》中这样评价："巴师夏实际上是一位洞彻事理的超一流作家，他的充满才气和睿智的论文及寓言故事在当时是令人瞩目的，对于保护主义以及各种形式的政府补贴与控制给予了毁灭性的批判。他是一位真正才华横溢的对于一种完全无障碍的自由市场的倡导者。"①

但是，在经济学的历史上，巴师夏这样的对经济学理论的清新自然、活泼流畅的表述却经常被看成是一种理论上上不了档次的，甚至是肤浅幼稚的表现。熊彼特虽然承认巴师夏是"最出色的经济新闻工作者"，但却又认为巴师夏的论著缺乏推理能力，缺乏应用经济分析工具的能力，所以他认为巴师夏不是一个好的理论家，甚至不是一个理论家。似乎真是这样。比如在以"公共工程"的例子中批判政府干预的时候，巴师夏似乎应该使用"乘数效应"，还有"挤出效应"及"漏出"等概念。但是，姑且不论这些概念的创造远在巴师夏的时代之后，即使没有使用这些概念，巴师夏的分析不是一样的精彩，甚至更精彩吗？经济学的历史似乎有着这样的坏传统，只有那些内容晦涩、表述混乱的著作才是有水平上档次的著作，比如，李嘉图的著作晦涩难懂，却被广泛传颂，被奉为经典中的经典。其实，给李嘉图的《政治经济学及赋税原理》大唱赞歌的那些人，有几人完整读过这本著作，又有几人真正读懂过？附庸风雅，早就是经济学世界的流俗。

除了巴师夏，还有一位法国经济学家被熊彼特斥为"肤浅"，同时也遭到现代经济学普遍的轻视。其中的原因如同巴师夏一样，萨伊的著作同样清晰、流畅、自然，同样显现着睿智的才气。这种风格似乎与英国严谨而晦涩的传统格格不入，于是他们受到以英国传统为渊源的现代经济学的集体打压。罗斯巴德为法国经济学家打抱不平，"正是法国学者们的这种清晰透彻与普遍声望，导致了总体上愚钝而又含混的英国古典经济学作者们的反对，他们以他

① 默瑞·N·罗斯巴德：《古典经济学：奥地利学派视角下的经济思想史（第二卷）》，723页，北京，商务印书馆，2012。

们的纯粹高雅的风格来反对法国学者，斥责他们的思想和学术具有肤浅性。这个传统又被现代的史学家所加强了，他们对于法国学者们的政治观点的强烈敌意增强了他们这种草率的排斥态度。"①

经济学毕竟是一门致用的学问，我们学习和研究经济学，是为了用它来解释我们身处其中的这个经济世界的经济运行。好的经济学应该是能够给我们提供清晰解释和明确思路的经济学，因此也应该是萨伊和巴师夏那样的经济学。所谓"为理论而理论"，追求内容的深奥、表述的晦涩、形式的现代，其实是违背经济学的效率原则的。这样的经济学，其实是一种坏的经济学。

经济学已经变得越来越坏了，我们认真领会一下哈耶克的下面一段话是有教益的——

"如果有读者看到巴师夏觉得需要加以反驳的那些很简单的谬误之后有一种优越感，那他应该记住，就某些方面而言，100 年前的那些人其实比我们现在的人要明智得多。"②

---

① 默瑞·N·罗斯巴德：《古典经济学：奥地利学派视角下的经济思想史（第二卷）》，722 页。

② 弗雷德里克·巴师夏：《财产、法律与政府》，4 页。

重新认识西尼尔

在马克思主义经济学中，西尼尔（Nassau William Senior，1790—1864）臭名昭著。因为他的“最后一小时”理论不顾经济学的基本逻辑，赤裸裸地为资产阶级辩护，西尼尔成为马克思主义经济学视野中所有庸俗经济学家中最庸俗者。当马克思咒骂马尔萨斯——“思想极端卑鄙——只有牧师才可能这样卑鄙”——时，马克思肯定联想到了西尼尔，西尼尔出生于一个牧师家庭，他的父亲是英国圣公会的牧师。

西尼尔的一生都顺风顺水。牛津大学毕业后曾从事律师业务。在惠特利大主教的帮助下，担任了牛津大学首任德拉蒙德讲座政治经济学教授。1825—1830年第一次任期结束后，又到国王学院担任政治经济学教授。随后，在1847—1852年间，第二次担任德拉蒙德讲座教授。西尼尔应该是像威廉·配第一样机敏灵活、善于钻营的人物。他在学校和官场都如鱼得水。他曾经在济贫委员会、工厂委员会、教育委员会等多个皇家委员会任职，积极参与政策制定和实施。在马尔萨斯竭力推动的1834年《济贫法修正案》的制定中，也有西尼尔的参与。

西尼尔的经济研究，存在一些受到后人诟病的地方。除了荒谬绝伦的“最后一小时”理论之外，就是他对待马尔萨斯人口理论的不诚实。早在1829年，西尼尔就发现了马尔萨斯人口理论存在的问题。他在给马尔萨斯的私人信件中，以历史事实证明尽管在不发达国家存在食物供给紧张的问题，但在发达国家的情况却是食物供给超过人口增长。他已经看到马尔萨斯理论的问题在于忽视生产力进步对改善生活资料供给能力的影响。但是，因为对马尔萨斯的极端崇敬，在他后来的著作中，还是将马尔萨斯的人口原理作为经济理论体系构建的基石。

尽管如此，西尼尔在经济学研究中还是做了很多拓展性的工作，他的某些贡献，成为现代经济学可以直接继承和发展的内容。美国经济思想史学家斯坦利·L·布鲁倾向于把西尼尔看成是新古典经济学的先驱者，这种认识并非空穴来风。

西尼尔对现代经济学的重要影响之一，是对经济学方法论研究的奠基作用。

西尼尔之前，法国经济学家让·萨伊为经济学的“科学”身份的确立，作过重要的努力。萨伊将科学分为叙述科学和实验科学。前者致力于对事物和现象的描述，如植物学；后者致力于因果关系的分析，如物理学、化学、天文学。萨伊将经济学归类于实验科学，因为它研究的是经济现象或经济变量的因果关系。这样，在萨伊的观念里，经济学具有与物理学和化学一样的“硬科学”性质。关于政治经济学的功能，萨伊认为，政治经济学应该属于理论经济学，它通过探索经济规律，为人们进行经济分析和经济预测提供参考。作为理论经济学，政治经济学既不提供伦理判断，也不提供政策参考。

西尼尔对经济学性质和功能的认识与萨伊一脉相承。西尼尔在经济学历史上第一次提出“纯粹经济学”的概念。他认为，政治经济学应该成为纯粹经济学，它只研究经济变量之间的因果关系，既不涉及道德判断，也不提供政策参考。他说：“作为一个政治经济学家的职责，既不是有所推荐，也不是有所告诫，而只是说明不容忽视的一般原理……他就像个陪审员一样，必须如实地根据证据发表意见，既不容许同情贫困，也不容许嫉视富裕或贪婪，既不容许崇拜现有制度，也不容许憎恶现有的弊害……”[①]

关于政治经济学作为“纯粹经济学”的研究路径和方法，西尼尔的认识实际上已经是现代经济学的模式。西尼尔认为，经济学就其性质而言，是一门演绎的科学。演绎也就意味着既定假设前提下的逻辑构建。经济学研究的

① 西尼尔：《政治经济学大纲》，12页，北京，商务印书馆，1997。

一般路径应该是：基本命题（公理）——演绎、推理——结论——体系。现代经济学，尤其是形式化的新古典经济学的研究路径，采用的就是西尼尔的这一套路。西尼尔提出，政治经济学体系构建的基本命题有四个：一是功利主义假设；二是人口原理；三是资本生产力的无限增长；四是边际收益递减规律。以这几个“公理”作为经济学的假设前提是否合适是个问题，而且这几个公理是否还具备公理的性质也是个问题。但这些问题并不重要。现代经济学的体系构建已经不再使用西尼尔的这些“公理”或假设，但现代经济学仍然在采用西尼尔提倡和实践的这一路径或者模式。

就方法论问题而言，西尼尔的重要性还有一点值得一提。西尼尔指出，经济学的假设或者基本命题是“观测或意识的结果，简直不需要证明，甚至不需要详细表述，差不多每个人一听到就会觉得在他思想上久已存在，或者至少是在他的知识范围之内。”[①] 西尼尔出版此书之前，约翰·穆勒在其19世纪30年代出版的关于政治经济学方法论的论著中，提出经济人假设并不需要真实的主张。西尼尔显然不认同穆勒的观点。西尼尔强调的是，尽管经济学的基本命题或者假设可以不是现实的，但却必须是真实的，至少，它要吻合人们普遍的认知和心理，或者从人们普遍的认知中可以逻辑地理解和把握。西尼尔的认识得到后来奥地利学派的响应。

对价值问题本身，西尼尔没有比他的前辈萨伊多说出多少东西，不过，在讨论价值问题的过程中，他还是提出了自己独到的理解。西尼尔所讨论的“价值”，不是李嘉图意义上的与耗费劳动相适应的价值，而是“交换价值”。他说，价值“指的是两种物品之间交相存在的一种关系；……在交换中用另一物品的某一数量所能取得的这一物品的数量。”[②] 交换物的数量比例，其实就是交换价值。当西尼尔将价值理解为交换价值的时候，价值决定问题就成为交换问题或者市场问题。

首先，西尼尔讨论了物品成为财富即具有价值所需具备的条件，也就是物品成为交换对象的条件。第一是要具有效用。“效用指的并不是我们称之为

---

① 西尼尔：《政治经济学大纲》，13页。

② 同上书，28页。

有用事物的内在特质；它所指的只是事物对人们的痛苦与愉快的关系。”① 具有效用才能满足交换者的需要，这是物品成为交换对象的必要条件。第二是供给有定限，也就是有限性或者稀缺性。只有供给有限的物品才会成为交换对象，从而具有价值。供给无限的产品可以免费取得，不会进入交换过程。第三是可转移性。西尼尔所说的可转移，指的是所有权可转移。可转移或者可交易的前提是占有。这意味着，西尼尔事实上已经理解了现代新制度经济学所强调的产权对交易产生的决定性影响。

其次，关于价值量的决定，西尼尔讨论了稀缺性、需求强度及边际效用之间的相互关系。西尼尔已经认识到，商品效用取决于供给量，与供给呈反方向变化；物品越是稀少，需要的迫切程度就越高，效用也就越大。西尼尔还指出，同样的两件物品提供的愉快，很少会比一件提供的增加 1 倍，10 件提供的，更不会达到 2 件提供的 5 倍。可见，西尼尔已经有了对边际效用递减规律的认识。

西尼尔对经济学最重要的贡献，被认为是提出解释资本性质的“节欲”概念。在萨伊的理论中，生产的三个要素是劳动、土地和资本。西尼尔认为萨伊的认识存在问题。劳动和土地是生产的原始的基本要素，但资本是劳动和土地的产物。因此，这三个概念不属于同一层次。西尼尔提出，成为除了劳动和土地之外第三个生产要素的不是资本，而是“节欲”。“节欲”也就是经济过程中剩余的保有者不是将剩余用于目前的消费，而是用于目的在于将来消费的生产或者储蓄，也就是节制目前的欲望以实现将来更大程度的欲望满足。“我们用这个词来表示个人的这样一种行为：对于他可以自由使用的那个部分，或者是不作为非生产性的使用，或者是有计划地宁愿从事其效果在于将来而不是在于眼前的生产。”② 西尼尔所说的节欲，实际上有了后来庞巴维克所说的“迂回生产”的某些含义。尽管庞巴维克并不认同西尼尔的这一思想，但他用时间偏好解释利息的思想与西尼尔的节欲观念还是有相通之处。

---

① 西尼尔：《政治经济学大纲》，28 页。

② 同上书，93 页。

对资本家是否真的节制了欲望的怀疑，来自对边际效用递减的认识。也许被节制下来满足生产或者将来需要的那部分收入，其边际效用已经递减到很低的水平，所以节制欲望的说法似乎是在美化资本家的贪婪，但是，收入使用的时间上的替代是存在的。况且，即使是以一种贪婪代替另外一种贪婪，但这种替代的社会意义毕竟是积极的。

有了“节欲”的概念，西尼尔也就有了关于收入分配的新的三位一体公式。劳动是对闲暇的替代，作为一种牺牲，需要以工资的形式得到补偿；同样，节欲是对现期消费的替代，作为一种牺牲，需要以利息或者利润的形式得到补偿。至于土地，因为所有者保有所有权，需要从产品价值中参与瓜分一部分，其收入采取地租的形式。这样，三种要素得到了与身份相适应的收入形式：劳动——工资；节欲——利润；土地——地租。

经济思想史上，很少有人注意到西尼尔在分析土地收入即地租时，将这一概念进行了一般化的扩展，提出了“租金”的概念。这个一般化的过程，对经济分析具有重要的意义。

西尼尔说，工人、资本家及地主三个阶级的收入中，工人因为牺牲了安逸而得到工资，资本家因为牺牲眼前享受即节欲而得到利润。得到地租的地主什么都没有牺牲。他获得地租只是因为他占有土地；对土地的占有也就是对自然的力量的占有。还有一种情况可以获得类似地租的收入。人们拥有某种关于自然的知识，通过保密或者法律的保护，其占有者也可以获得收入，这种收入相当于地租。“如果某一有用事物的发现者由他自己将这一发现付诸实施，那就同地主耕种他自己的田地的情形一样；他所获得的产物，除据以付偿一般应负担的劳动的工资和使用资本的利润之外，还可以提供一项收入，这项收入并不是出于资本或劳动的作用，而是出于发现的作用；所发现的并不是出于人类的创造，而是出于自然的创造。……制造商为了取得使用专利制法的利益向专利人作出的支付，在商业用语中一般称之为租金；所有基因于环境或关系上的特殊有利条件，以及基因于精神方面或肉体方面的一切特质而取得的收入，当然都应列入这一类。”[①] 对要素的占有可以成为收入的源泉，即使占有者对该要素并没有作出任何形式的牺牲。如同占有土地可以获得地租一样，占有某种诀窍并得到专利保护，专利权人也可以借此获得收入，这种收入的性质与地租并没有什么不同。

进一步，西尼尔将“租金”概念与“超额收益”联系起来。他说：“‘租金’这个词所包括的当然是那些在没有作出任何牺牲的情况下所取得的报酬，或者换个其含义仍然相同的说法是，出于牺牲之外的报酬，就是说，所包括的必然是那些出于幸运的赐予或者自然的赐予，结果或者是在报酬取得者方面无须作出任何努力，或者是于取得了出于运用劳力或使用资本的一般报酬之外，还可以别有所得。”[②] 在这里，西尼尔有了“超额收益”的概念。某些要素的使用，使生产者获得的收益中，补偿劳动和资本的耗费之外还有超额收益，这部分就成为租金的来源。

超额收益产生的原因是什么？在后面的分析中，西尼尔似乎将其归结为要素的特殊性质。他说：“在多数行业中，在体力或脑力方面具有非常能力的，会获得特优的报酬。才能出众者的工作，不但做得比别人好，而且做起来格外省力，这是他们的特优权益。”[③] 这种要素的特殊性质，作为一种自然的赐予，具有与土地一样自然的性质。正如优质土地获得高地租一样，优质要素可以获得超额收益。“因天赋的才能或者有利的意外变化，使资本家的努力能够获得在一般水准以上的那个部分的报酬，我们已经看到，应当称为租金。”[④] 西尼尔已经将租金明确解释为超额收益，但是，他还没能够联系市场结构来理解超额收益的形成。没有垄断的概念，没有平均收益的分析，对租金的超额收益性质的理解是不够的。这一工作留待半个世纪之后的马歇尔来解决。马歇尔正是在市场结构及供给弹性的基础上，结合长期和短期概念，才以“准租”的形式给予“超额收益”一个更加一般化的解释。我们可以将

① 西尼尔：《政治经济学大纲》，141页。
② 同上书，142页。
③ 同上书，195页。
④ 同上书，197页。

西尼尔的努力理解为李嘉图地租理论与马歇尔准租理论之间的一座桥梁。

以往对古典时代经济学家西尼尔的理解，受到马克思主义经济学的妖魔化的影响，西尼尔作为庸俗经济学的代表，只是资产阶级经济利益的一个赤裸裸的辩护者。弱化意识形态支配，有助于更加客观而公正地进行历史的评价。尽管西尼尔的经济学尤其是其政策主张存在一些值得怀疑和批判的地方，但他确实对西方经济学的发展作出过自己的贡献。在经济学方法论发展历史上，西尼尔是古典经济学时代一个重要的代表人物，无论经济学的形式化或者科学追求是福是祸，西尼尔在这个过程中的贡献都是重要的。尽管他的“节欲”理论确实存在美化资本家贪婪的意涵，但是，这一思想在资本理论发展的历史上还是具有重要的启示意义。很少有人注意到西尼尔对“租金”概念的一般化，虽然他的工作还不够彻底，但他的这一尝试还是具有重要的价值。

马克思和李斯特的“交集”

卡尔·马克思（Karl Marx，1818—1883）和弗雷德里希·李斯特（Friedrich List，1789—1846）同为19世纪德国重要的思想家，在他们的人生中，曾经有过两个“交集”——虽然没有碰到一起，却与某个共同的事件或者事物发生了直接联系。将他们联系在一起的，一是耶拿大学，二是《莱茵报》。

耶拿大学现名弗里德里希·席勒大学，是德国最古老的大学之一。1841年，马克思从柏林大学毕业并完成论文写作。他所申请的不是柏林大学的博士学位，而是耶拿大学。因为当时的耶拿大学规模较小，申请博士学位比较容易。马克思将论文寄往耶拿大学，不几日就被授予哲学博士学位。这个过程中，他的朋友革命诗人海涅提供了一些帮助。

李斯特一生致力于德国经济的统一，而建立全国铁路系统是实现经济统一的物质基础。1832年，李斯特从美国回来，参与到全国铁路网建设的计划中。在哈尔—卡塞尔铁路建设中，最初的设计线路避开了高萨等三个城镇。李斯特提出这一设计在战略和商业上的缺陷，并通过在报纸上发表文章及向法院提出抗议，成功地保证了这些城镇可以受益于铁路发展。为了对李斯特表示感谢，高萨公爵授予他耶拿大学博士学位，并奖励他100个金路易。

1842年初，德国莱茵地区的一批自由主义者买下一家旧报纸，更名为《莱茵报》。这家报纸的宗旨是维护中产阶级利益，推动公民平等权利，实现德国政治和经济的统一。最初确定的主编人选正是以贸易保护理论著称的弗雷德里希·李斯特。但是，由于健康问题，李斯特没有能够赴任。

《莱茵报》创办之初，马克思就应邀给它写稿，后来还参与到实际管理工作中。1842年10月，马克思对该报进行了几个月的实际管理之后，被任命为主编。加入《莱茵报》，对马克思和政治经济学都有着重要的影响。此前，马克思更多关注的是哲学和政治问题，加入《莱茵报》之后，因为要对某些现实经济问题发表意见，他开始关注和研究经济问题。马克思说："1842—1843年间，我作为'莱茵报'的编辑，第一次遇到要对所谓物质利益发表意见的难事。莱茵省议会关于林木盗伐和地产析分的讨论……是促使我去研究经济问题的最初动因。"[①] 恩格斯支持了这一说法："曾不止一次地听到马克思说，正是他对林木盗伐法和摩塞尔河地区农民处境的研究，推动他由纯政治转向研究经济关系，并从而走向社会主义。"[②]

作为活跃于相同社会背景下的思想家，马克思和李斯特还有一些类似或者相关的方面。他们都是非主流的经济学，都创立了影响历史进程的经济学流派（不过，马克思似乎不是很认同李斯特的核心思想，进入经济学研究不久，马克思曾经计划与恩格斯合作著书，批判李斯特的贸易保护主义）；马克思和李斯特同时都是理论家和实践家，李斯特一生致力于德国经济的统一和强大，马克思则致力于无产阶级的解放；马克思和李斯特都因为非主流或者反主流的思想受到本国政府或主流意识形态的排挤并因此而陷入生活的困顿，不过，马克思对自己的事业一直保持着坚定的信心，而李斯特最后却因为对前途的绝望而自杀……

历史因为偶然性而有趣。因为一些偶然的因素，马克思和李斯特的人生有了一些"交集"，也因为更多的偶然，他们没有相遇。就算相遇，因为更多更多的偶然，会发生什么样的情况也属偶然。不过，思想的发展因为奠基于特定历史和社会发展规律而具有一定的必然性。因为当时德国特殊的历史背景，李斯特的思想和理论成为后来历史学派的渊源；因为19世纪社会和经济矛盾的发展，马克思发展出了无产阶级政治经济学。

① 《马克思恩格斯全集》，第2版，第31卷，411页，北京，人民出版社，1998。

② 《马克思恩格斯全集》，第1版，第39卷，446页，北京，人民出版社，1974。

杰文斯：一个诚实而伟大的人

莱昂内尔·罗宾斯（1896—1997）在《经济思想史：伦敦经济学院讲演录》中讲到边际革命的时候，说杰文斯（William Stanley Jevons，1835—1882）是“一个诚实而伟大的人物”，这让我产生很多联想。

对杰文斯的特别的敬意，最初来自他对理查德·坎蒂隆及其《商业性质概论》的评介。坎蒂隆是爱尔兰人，他的主要经历在法国，而且他的经济学研究以法国为对象，因此被列入法国经济学家的行列。坎蒂隆的著作《商业性质概论》预示着后来重农学派的某些核心观念，并且对价值、货币、利息、工资、企业家等领域进行了开创性的深入研究。坎蒂隆遇害后，他的手稿辗转到了重农学派的米拉波手里，1755年，米拉波出资出版了这部著作的法文版。斯密之后，经济学的中心一直在英国，在英国经济学界，很少有人知道坎蒂隆其人。坎蒂隆引起人们的注意并进入伟大经济学家的行列，得力于杰文斯。杰文斯是一个天生收藏家，他总是热衷于搜求那些名不见经传的作者们的经济学论文和小册子。杰文斯搜寻到了坎蒂隆的《商业性质概论》，他认定这是《国富论》之前最伟大的著作，而坎蒂隆则是斯密之前最卓越的经济学家。1881年，杰文斯发表了《理查德·坎蒂隆和政治经济学的国籍》的文章，热情洋溢介绍了坎蒂隆及其《商业性质概论》，高度评价了其在政治经济学历史上的地位和意义。杰文斯在文章的最后说：“此书一直被认为是法国学派的各种主要思想的源泉。众所周知，法国学派在很大程度上是《国富论》的基础，而且就该学派的许多学说来说，它注定被人们认为是经济学中真正科学的学派。那么，经济学是什么国籍呢？这个问题现在读者可以自己去回答。"① 重农学派对斯密及其《国富论》的影响如何，是一个尚待深入考察的问题。杰文斯作为一个英国经济学家，在英国和法国之间为经济学的渊源不断争吵的背景下能够正视并肯定一个法国经济学家的贡献，这反映了他客观公正的科学态度、坦坦荡荡的宽阔胸怀。对前人怀有感激之心，承认他们的贡献并表达自己的敬意，这是凯恩斯也颇为欣赏的杰文斯的优点。凯恩斯在纪念杰文斯诞辰100周年的纪念文章中这样说："他在接触每一个专题的时候，对于他关心的理论，他总要寻找出那些不知名或已被遗忘的先驱们。"②

杰文斯对经济学最重要的贡献是他1871年出版的《政治经济学理论》中阐述的边际效用价值论，通过这部著作，他和门格尔、瓦尔拉斯一起掀起了边际革命，这是经济学历史上最重要的一场方法论革命。最初，杰文斯认为自己是边际效用价值论最早的阐述者，实际上，早在19世纪60年代，他在与亲人的通信中就阐述了边际效用价值论，而且，他的论文还在皇家学会正式宣读过。后来，他发现戈森（1810—1858）在其1854年出版的《论人类交换规律的发展及人类行为的规范》中已经非常系统且深入地阐述了边际效用递减规律及边际效用相等规律时，他在《政治经济学理论》（第二版）中承认了戈森的优先权并表达了自己的敬意。可是，马歇尔（1842—1924）却提出了对边际效用价值论的优先权问题——在一些私人场合或私人通信中，马歇尔提出他在1867—1870年间就已经表述过边际效用价值论。③ 对此，杰文斯的态度是坦诚的，他说："至于马歇尔的独创性，我从未有过半点异议……不过，既然我们现在已经发现了早至戈森、古诺、杜普特等人的著作，再来讨论这个问题已经意义不大或者根本就没有意义了。我们应该把占先权的问题搁置起来。"④

关于边际效用价值论的"优先权"问题，凯恩斯的判断也不客观。在给

① 杰文斯：《理查德·坎蒂隆和政治经济学的国籍》，见理查德·坎蒂隆：《商业性质概论》，180页。

② 凯恩斯：《精英的聚会》，143页。

③ 参见理查德·豪伊：《边际效用学派的兴起》，北京，中国社会科学出版社，1999。

④ 凯恩斯：《精英的聚会》，139页。

马歇尔写的传记里，凯恩斯说，杰文斯看到水开了就高兴得手舞足蹈，而马歇尔则安静地坐在一边琢磨蒸汽机。事实是，杰文斯看到水开的时候马歇尔还不知道在哪儿！马歇尔和杰文斯之间关系的不协调，除了杰文斯早已不当回事的“优先权”问题，还有其他方面。马歇尔在1897年的一段文字中这样说道：“我兴冲冲地找到杰文斯的《原理》（即《政治经济学理论》），但他对我的困难毫无帮助，为此我大为羞恼。……我仍然认为，他在《原理》中的核心论点立意不如古诺和冯·屠能的著作高。他们应用数学得心应手，而杰文斯则像大卫穿上了梭罗的盔甲。……虽然李嘉图没有受过数学训练，但他却安然走过了数学推理中最易使人滑倒的部分，他的这一天才使他成为我心目中的英雄。我对他的这种热切忠诚在我阅读杰文斯的《原理》时达到了高峰。……在我的《原理》（指马歇尔1890年出版的《经济学原理》）中，我有义务向古诺、冯·屠能表达感激之情，而不是向杰文斯。”[①] 此时，杰文斯已经作古15年，无法领受马歇尔的感激之情——即使马歇尔愿意感激他。不过，马歇尔没有必要对杰文斯这样咬牙切齿。1877年，当马歇尔向布里斯托尔大学申请教职的时候，杰文斯为他写了一封推荐信——那时候，马歇尔刚刚因为结婚而被迫离开剑桥大学；1879年，马歇尔和妻子出版了他们的第一部专著《工业经济学》后，寄送杰文斯一本。对杰文斯的来信致谢，马歇尔复信感谢：“我亲爱的杰文斯，我妻子和我经常在考虑你到底怎么样看待我们这本书，我们对你的灼见的渴求胜过于对其他任何人……”[②] 马歇尔对杰文斯态度的不恭可能因为他急于成为英国经济学领军人物。按照凯恩斯的说法，在穆勒去世以后的半个世纪，杰文斯是统治着经济学思想的经济学家之一。在马歇尔不断成长的过程中，他能够意识到自己能力的增强，也许他希望通过攻击杰文斯而尽早建立自己的威望，确立自己的统治地位。

杰文斯和马歇尔之间的冲突可能有来自方法论上的差异。杰文斯被看成是数理经济学的奠基者之一，而马歇尔也被看成是经济学数学应用一个重要的推广者。但是，他们对经济学的数学应用持有不同的态度。在杰文斯那里，

---

①② 凯恩斯：《精英的聚会》，140页。

经济学就是数学，“一切科学的经济学家皆须是数理的经济学家。……经济学家所探究的是经济量及其关系，但一切的量与量的关系皆属于数学的范畴。”[①] 马歇尔的认识没有杰文斯这样激进。马歇尔相信数学应用对经济学科学化的意义，但是，在他那里，经济学毕竟还是“一门研究财富的学问，同时也是一门研究人的学问。”[②] 马歇尔对经济学的数学应用持有一种相对克制和保守的态度，他总是将数学证明放在附录里，以免喧宾夺主。

他们之间最尖锐的对立来自对约翰·斯图亚特·穆勒的态度。马歇尔是经济学历史上一位重要的综合者，约翰·穆勒作为马歇尔之前的第一位综合者，不论其理论还是其精神都在马歇尔心目中具有崇高的地位，在一定意义上——有人认为——马歇尔的经济学就是对李嘉图和穆勒经济学的数学化处理。而杰文斯是经济学历史上的一位革命者，作为革命者，总是急于打破传统的约束，建立自己的领地。1860 年，杰文斯从澳大利亚回国，参加申请政治经济学硕士学位的考试。此前，杰文斯已经对政治经济学进行了大量研究，并形成了自己不太成熟的理论观点。当时经济学主流还是穆勒经济学，而杰文斯对此并不信任。其结果，杰文斯取得了一个自己并不满意的成绩。在杰文斯看来，即使要有一个可以继承的传统，应该是斯密——马尔萨斯——西尼尔的传统而不是斯密——李嘉图——穆勒的传统。在他看来，李嘉图和穆勒的传统败坏了经济学，经济学的发展需要一次革命。由于那一次考试的失败，更加剧了杰文斯对穆勒的反感。在他的《政治经济学理论》的最后，用一页半的篇幅提醒大家注意权威的危害。“在哲学和科学的问题上，权威早已成为真理的敌人。专制的宁静，通常是谬误的胜利。在科学的共和国内，叛变与无政府的现象最终会有益于最大多数的最大幸福。”[③]

凯恩斯说，杰文斯对穆勒的态度偏执得有些变态。这不仅影响了他和马歇尔的关系，也影响了他自己的教学活动。杰文斯成为大学教师之后，不得不讲授穆勒经济学。因为如果不讲穆勒经济学，他的学生将面临考试不及格

---

① 斯坦利·杰文斯：《政治经济学理论》，10 页，北京，商务印书馆，1984。

② 马歇尔：《经济学原理》，23 页，北京，商务印书馆，1964。

③ 斯坦利·杰文斯：《政治经济学理论》，200 页。

的问题。必须讲而自己又不愿意讲，在这种近乎精神分裂的背景下，杰文斯对穆勒越来越仇恨。杰文斯的教学可能因此而受影响。据说不论讲课还是专题演讲，杰文斯都是一个失败者，没有人愿意听他的东西。杰文斯一生也没有对学生有过什么影响，没有多少学生记得有过这么一个老师。不过，有两位著名经济学家走上经济学道路可能与杰文斯的影响有关，他们是威克斯蒂德和埃奇沃斯。

杰文斯是一个理论经济学家和统计学家。作为理论经济学家，他提出边际效用价值论，与门格尔和瓦尔拉斯一同掀起边际革命。作为一个统计学家——他是配第之后第二位加入皇家科学学会的经济学家——在他的很多经济学研究中都使用了统计学的方法。杰文斯最早的一部著作《煤炭问题》(1863)，尝试应用统计的方法研究经济增长与煤炭生产之间的关系。后来，杰文斯再次将统计学应用于经济学研究，却使他陷入尴尬境地。1875 年和 1878 年，杰文斯发表了两篇论文，研究了太阳黑子与经济周期的关系。尽管这里确实可以找到一些关联，但这种关联其实并不确定。为了自圆其说，他不得不寻找一些并不确切的数据，比如用印度农产品的波动数据解释与英国工业波动的关系。杰文斯的解释有太多牵强的成分，很难得到学术界的认同。几年前阅读了法国人罗桑瓦隆的《乌托邦资本主义》，他说，杰文斯之所以研究这样一个问题——这样一个在经济学家看来毫无意义得近乎弱智的问题，实际上显示了杰文斯的某种大智慧——既然经济周期是由太阳黑子这样的自然因素引起的，而且，太阳黑子这样的自然现象是无法干预、无法治理的，那么，在经济周期问题上花那么多时间进行研究是没有必要、没有意义的。经济学家应该将主要精力转移到其他领域，比如说市场运行原理上。这种设想自然是很理想的，但是，很难想象杰文斯会愿意以自己的声誉受损害为代价去这样拯救经济学。杰文斯是一个经济学天才，一位为经济学发展作出过重要贡献的伟大的经济学家。同时，他还是一个卓有成效的逻辑学家，他写作出版过一系列逻辑学著作，在他那个时代产生过重要影响。

杰文斯是一个感情丰富而又内向的人。他喜欢独处，喜欢音乐、散步和游泳。1882 年 8 月 13 日，杰文斯在一次游泳中溺水而亡。杰文斯的一生虽然短暂，却为经济学的发展作出了卓越贡献。无论如何，作为经济学人，应该对杰文斯怀有感激之情。杰文斯身上的很多东西值得我们学习，可以为我们提供前行的力量。比如，他的使命感，他对事业的执着，他对金钱的超越，他的真诚和谦逊……

忧郁的米塞斯

路德维希·冯·米塞斯（Ludwig von Mises，1881—1973）是奥地利学派最后的重要代表人物。同时，因为他将奥地利学派经济学带入了20世纪，因而被看成是“现代奥地利学派之父”[①]。米塞斯是奥地利学派自由主义信念最坚定、最纯粹的维护者，对自由主义有着“钢铁般的意志”。对自由主义的极端强调和对干预主义的坚决反对使他获得了巨大的历史影响——尤其是在20世纪70年代后期新自由主义经济学兴起之后。由于对自由主义毫不妥协的坚持，加上其教条得甚至是有些偏执的个性，在特定的历史背景下，塑造了他多舛的学术和人生命运。米塞斯似乎注定要成为一个饱受磨难的思想家，注定要成为一个比马尔萨斯还要阴郁的经济学家。

1900年米塞斯进入维也纳大学，师从庞巴维克。在庞巴维克的经济学研讨班上，米塞斯和奥托·鲍威尔及熊彼特等成为同学。1906年米塞斯获得维也纳大学法律和经济学博士学位。米塞斯的目标是成为维也纳大学的经济学教授，由于没有机会，1909年进入维也纳商业部，担任首席经济师。

1912年，米塞斯完成了一部具有重要理论价值和创新意义的著作《货币与信用理论》。该书中，米塞斯应用边际效用价值论解释了货币的起源、价值及作用，对“货币中性论”进行了彻底的清算。米塞斯强调，货币数量的增加幅度对货币的购买力具有决定性的影响，货币数量增加不会导致同时和同

---

① 马克·史库森：《朋友还是对手：奥地利学派与芝加哥学派之争》，26页，上海，上海人民出版社，2006。

量的价格上涨，每次货币数量增加必然导致宏观经济的变化。由政治因素决定的贷款利率降低必然导致过度投资现象，资本被错误引导，对需求的刺激将会影响国民经济的均衡，直到恢复“自然”的资本利息水平。利率降低初始会推动投资，随后当人们认识到这种投资的错误时，就会缩减投资。于是，人为造成的上升为下一次低迷做好了准备。这样，米塞斯成为第一个将奥地利学派的理论应用于货币与商业周期分析的经济学家。哈耶克后来将这一理论进一步发展为货币的经济周期理论。米塞斯关于货币需求的观点，与20年后凯恩斯的有关思想有异曲同工之妙，但是，由于米塞斯当时缺乏学术地位，也与他的表述方式及用德语写作有关，他的思想没有得到学术界的足够重视。甚至，在凯恩斯1914年的评论文章中，还说米塞斯的作品既无建设性也无创造性，不值得关注。①

米塞斯本来指望通过《货币与信用理论》获得维也纳大学的一个正式教职，但他实际得到的只是一个无薪的兼职讲师职务。若干年后，当维也纳大学任命庞巴维克和维塞尔的接班人时，最具有学术资格的米塞斯又再次被遗忘。马克·斯考森将米塞斯受歧视的原因归结为三个方面：米塞斯是身处反犹情绪不断高涨的国家中的犹太人；在一个国家社会主义的时代，米塞斯是自由放任主义坚定不移的倡导者；米塞斯为人教条、绝不妥协。②

20世纪20年代早期，奥地利发生了严重的通货膨胀。作为货币信用理论的权威，作为有着丰富实践经验的商业部首席经济师及奥地利政府的首席经济顾问，米塞斯希望被任命为解决通货膨胀危机的财政部长，但最终也没有如愿。

1920年，米塞斯继承庞巴维克的传统，开办私人研讨班，探讨和宣扬奥地利学派经济学。米塞斯经济学研讨班的成员有：哈耶克、弗里茨·马克卢普、戈特弗里德·冯·哈伯勒、奥斯卡·摩根施坦、威廉·勒普克、费利克斯·考夫曼、保罗·罗森斯坦-罗丹、莱昂内尔·罗宾斯等。研讨班成员后来都成为世界著名经济学家。

---

① 参见马克·斯考森：《现代经济学的历程：大思想家的生平和思想》，316页。

② 同上书，291页。

第一次世界大战后，社会主义浪潮在欧洲兴起。从他所信赖的自由主义观念出发，米塞斯敏锐地提出这样一个问题：一个没有价格的经济体系——即社会主义——是否可行？1920年，米塞斯发表了随后引发“社会主义经济是否可行”大论战的文章《社会主义国家的经济计划》。米塞斯认为，经济核算的关键是价格，而价格的形成离不开私有财产、市场和盈利动机。“社会主义制度下的经济计算的要害不仅在于，由于没有价格，经济活动主体无法进行计算，问题还在于，由于没有私有财产，所以也不可能有价格。”① 社会主义经济运行必须进行经济核算。但是，在不存在财产私有、自由市场和企业家的情况下，价格的缺失使经济核算无从谈起。即使是米塞斯的论战对手也承认他论证的力量。奥斯卡·兰格说：“社会主义当然有充分的理由感激米塞斯，这位批评他们的事业的‘魔鬼辩护者’，正是他有力的挑战迫使社会主义者认识到，恰当的经济核算体系对于引导社会主义经济的资源配置具有重要意义。米塞斯教授的雕像应该在社会主义国家中央计划委员会的社会化部的大厅中占据一个非常尊贵的位置。”②

20世纪20年代初，依据其在《货币与信用理论》提出的有关思想，米塞斯意识到中央银行放松信用的政策将导致灾难的发生。早在1924年，米塞斯就预测到经济危机将要到来。③ 1926年，米塞斯与哈耶克共同创办奥地利经济周期研究所，监视和预测欧洲的经济动态。哈耶克也预测到了1929—1933年大危机。但是，当大萧条发生后，米塞斯和哈耶克虽然能够提出某些解释原因，但对解决问题却无能为力。

这样，尽管由于预测到大危机给奥地利学派赢得了一些掌声，但当凯恩斯在1936年出版了《就业、利息和货币通论》，不仅对大危机发生的原因给予系统解释，还提出系统的治理对策时，米塞斯和他的奥地利学派就被人们遗忘了。

---

① 阿兰·艾伯斯坦：《哈耶克传》，108页，北京，中国社会科学出版社，2003。

② 同上书，108页。当然，奥斯卡·兰格并不同意米塞斯关于社会主义无法进行经济核算的观点。兰格认为，社会主义国家可以通过建立虚拟市场的方式发现影子价格，从而为经济核算提供信号。

③ 1929年夏，有人帮助米塞斯谋得一个银行的高级职位，米塞斯拒绝赴任。他说：“大崩溃就要来了，我不希望我的名字以任何方式和它联系在一起。”

1934 年，由于纳粹势力不断渗透和扩张，米塞斯离开了维也纳，前往日内瓦国际问题研究生院担任客座教授。据马克卢普的回忆，早在 1927 年，米塞斯就预料到欧洲的自由时代即将结束，强烈要求他的学生们离开欧洲。后来，研讨班的大部分人去了美国。

出于对自由的热爱，米塞斯似乎对国家这个对自由有潜在破坏作用的实体有一种深刻的不信任。“国家行为的本质就是通过暴力的使用或者暴力的威胁强迫人们，使得人们不能按照自己自由的意愿行事。”① 纳粹将这个崇尚自由放任的犹太人视为国家的敌人。1938 年 3 月 14 日，希特勒军队开进维也纳。纳粹冲进米塞斯的公寓，将他的藏书、著作和文稿全部充公并销毁。当纳粹占领维也纳的消息传来，在日内瓦的米塞斯哭了。“他哭泣着——毫不掩饰，毫不害羞。”②

在日内瓦也不再安全，1940 年米塞斯移居美国。

这个新的世界并没有给米塞斯带来新的希望。在凯恩斯主义主宰经济理论研究和经济政策制定的背景下，米塞斯陷入绝望的悲观中。彼得·德鲁克回忆说：“他是我所见过的最抑郁的人。”③ 米塞斯在很长一段时间里，表现出一副闷闷不乐、心灰意冷的样子。

凯恩斯主义的成功对倡导自由主义的米塞斯几乎就是一个灾难，他对凯恩斯主义经济学家充满了敌意。这个热衷于辩论的奥地利学派经济学家在辩论中经常表现出极端的不耐烦和对对手的蔑视，将对手称为“伪经济学家”、“假进步分子”和“无知的狂热者”。而对手的回应通常是将他视为一个落伍的“反动分子”、“偏执狂”和“守旧派”而不予理睬。

抑郁的米塞斯甚至表现出过分的偏执。在一次会议中，他最喜爱的学生马克卢普在演讲时提及对金本位制的质疑，米塞斯异常愤怒，三年之内拒绝和马克卢普说话。

---

① 庞巴·尼格拉斯，维夫赫德·海兹主编：《46 位大经济学家和 36 本名著》，95 页，海口，海南出版社，2003。

② 马克·斯考森：《现代经济学的历程：大思想家的生平和思想》，301 页。

③ 同上书，302 页。

对自由主义的极端强调和对作为主流的凯恩斯主义的极端敌视使米塞斯日益远离主流经济学，日益被边缘化。作为世界著名的经济学家，米塞斯开始只能在国际经济研究署找到一份兼职工作，由于收入微薄，不得不靠写稿补贴家用。1945 年起，在朋友的帮助下，米塞斯才在纽约大学谋得一个客座教授的职务。这一职务学校并不提供薪水，其报酬由社会基金资助。米塞斯在美国实际上过着近乎流浪的生活。

在艰苦的生存条件下，米塞斯仍然没有放弃对凯恩斯主义的斗争和对人类经济行为的探索。

1949 年，米塞斯出版了《人类行为的经济学考察》。在该书中，米塞斯提出诸多奥地利经济学的关键理论，包括方法论上的个人主义、理性人类行为、主观主义价值论、经济行为的不确定性、健全货币、有限政府等。米塞斯提出，人类行为总是有目的并且是理性的。因此，人的行为总是有效的。每一种商品的价格都是在个人理性的基础上形成的，而不是随机游走。进一步，人类思考问题、持有价值观及作出选择都是有意识的，人类会犯下错误并从过去的错误中吸取教训。总之，人是有自由意志的。因此，计划归根结底是不可行的。罗斯巴德将《人类行为的经济学考察》称为“米塞斯的最伟大成就，本世纪（20 世纪）人类思想的最伟大作品之一。”①

但是，米塞斯的这部伟大著作在他在世时依然没有得到经济学界的广泛认同，米塞斯在经济学界的边缘地位仍然没有得到改善。在某种意义上，由于米塞斯在方法论问题上的顽固，他的处境实际上进一步恶化了。

米塞斯不仅反对凯恩斯主义，还固执地拒绝接受现代经济学的研究方法。

米塞斯坚持，唯一的纯经济科学的方法是先验论，仅仅使用演绎推理而无须经验和技术。米塞斯反对任何形式的归纳法，反对用经验研究和历史材料验证理论。米塞斯还彻底反对计量经济学和经济数学。在他看来，“摒弃数学方法不仅是由于它无效。它是种完全错误的方法，从错误的假设开始，导致错误的结论……根本没有所谓数量经济学这样的东西。”② 米塞斯固执地拒

① 马克·斯考森：《现代经济学的历程：大思想家的生平和思想》，304 页。

② 同上书，317 页。

绝用现代经济学研究方法表述其卓越的思想，这是在实证分析和数量研究已经成为现代经济学发展重要推动力量的背景下，他的经济思想不能被人们接受甚至被人们所遗忘和抛弃的重要原因之一。

《人类行为的经济学考察》是在极端恶劣的条件下完成的。在米塞斯的艰苦研究和写作过程中，在夏天最热的时候，也没有空调。

这个20世纪最重要的经济学家，从来没有得到过一个正式的教授席位。由于经济一直处于拮据状态，80多岁的时候，米塞斯还坚持上课以及到墨西哥和阿根廷作巡回演讲以谋取生活费。

进入20世纪70年代，米塞斯发现，无论从政治上还是从学术上，重回自由市场的希望越来越渺茫了。

1973年，米塞斯在绝望中去世。

享年92岁的米塞斯显然属于长寿经济学家的范畴。米塞斯活得时间够长了，他经历了第一次世界大战、大萧条、第二次世界大战，在他临死的时候，还经历了第二次世界大战后资本主义世界最严重也是最怪异的一次经济危机——滞胀；当然，在他所经历的世界政治经济诸多变局中，他也经历了人生的种种波折和磨难。但米塞斯活得时间又不够长，还没有长到可以使他看到若干年后新自由主义的复兴，可以看到1974年他的弟子哈耶克获得诺贝尔经济学奖以及随后的现代奥地利学派经济学的兴起和发展。

熊彼特的“神圣十年”

1914年，庞巴维克（Eugen Bohm-Bawerk，1851—1914）去世，熊彼特在纪念文章中写道，学者生命中的第三个十年是神圣的创造岁月，人一生的创造性贡献的基础，往往是在20～30岁之间打下的。人生第三个十年对学者的重要性，在庞巴维克身上得到了体现。这位门格尔的弟子、奥地利学派的最重要的经济学家之一、现代资本和利息理论的重要奠基人，在他29岁那年取得教授资格，30岁那年出版了奠定其学术地位的著作《从国民经济商品学的观点看法律与经济的关系》。

1921年，门格尔（Carl Menger，1840—1921）去世，熊彼特在其悼念文章中写道：“在他生命中的第三个十年，他的努力结出了累累硕果。那个少有的思想丰富的阶段，对于每一位思想家来说，都是出成果的最佳时期。”[①] 门格尔的生平也证明了“神圣十年”在学者人生中的重要性。这位前维也纳首相办公厅的经济记者，当他发现主观需求与价格的内在关系时，沉浸在一种“病态的兴奋”中，深入研究和勤奋写作的结果是在1871年他31岁时出版了《国民经济学原理》。这本书的出版，同杰文斯的《政治经济学理论》（1871）和瓦尔拉斯的《纯粹经济学要义》（1873）一道，掀起了经济学历史上最重要的一场方法论革命——边际革命。门格尔凭借此书在33岁那年成为维也纳大学的特别教授，成为奥地利学派的创始人和导师。

熊彼特在《经济分析史》中介绍休谟时也谈到“神圣十年”与学者创造

---

① J. A. 熊彼特：《从马克思到凯恩斯》，70页，南京，江苏人民出版社，2003。

力的关系，“创造活动是三十岁以下的人享有的特权。”① 休谟被称为是少年老成的思想天才。这位对哲学有着无限痴迷和执着的天生的思想家，21 岁开始系统研究和写作，28 岁出版了哲学巨著《人性论》，建立了一个完整的哲学体系。他随后的哲学研究，在一定意义上是对此前研究的系统化和普及化。他分别于 1748 年和 1751 年出版的《人类理解研究》和《道德原理研究》其实是《人性论》的改版。

“神圣十年”在学者生涯中的重要性，在熊彼特身上有着最为深刻而鲜明的体现，在一定意义上，可以认为熊彼特是从自身经历得出“神圣十年”的结论的。

1901 年，熊彼特进入维也纳大学学习，由于当时该校没有经济学系，他选择进入开设有经济学课程的法律系。熊彼特是 1903 年接触经济学的，一开始，他精读了门格尔的著作，然后是庞巴维克、杜能、历史学派和马克思的著作。为了研究瓦尔拉斯，熊彼特自学了数学并发现数学对经济学研究的重要性。进一步，熊彼特阅读了从柏拉图、亚里士多德到斯密、李嘉图、约翰·穆勒、马歇尔、费雪、克拉克、古诺、帕累托的所有主要的、次要的、被忽略的经济学家及与经济学沾边的经院哲学家和自然法哲学家的著作。熊彼特几乎读遍了那个时代所有的经济学著作，总共阅读了 1 000 多卷。如饥似渴的阅读、殚精竭虑的思考，使得熊彼特的经济学知识迅速积累，研究能力不断提高。1903 年，熊彼特在《统计学月报》上公开发表了论文，那时他才 20 岁。

1906 年，熊彼特从维也纳大学毕业，取得法学博士学位。作为对此前门格尔和施穆勒之间长期的方法论论争进行深入研究和系统总结的结果，1908 年，25 岁的熊彼特出版了《理论经济学的性质和概要》，这是他的第一本学术专著。通过该书，熊彼特提炼了他“方法论个人主义”的观念，系统分析和阐述了理论经济学的性质、特点和基本结构。该书被认为是“强调‘理论经济学’或‘纯粹经济学’的经济学方法论的最具代表性的论著。”② 太年轻

① 熊彼特：《经济分析史》，第一卷，192 页，北京，商务印书馆，1994。

② 理查德·斯威德伯格：《熊彼特》，36 页，南京，江苏人民出版社，2005。

了！这么年轻又这么才华横溢实在罕见。方法论问题对一门学科来说具有哲学的性质，研究这样的问题需要长期的积累和艰深的造诣。在这样的年龄，即使是很有天分的研究者，一般也是在写论文而不是专著，更何况是关于方法论的专著。熊彼特天才卓越，以至在他拜会里昂·瓦尔拉斯（Léon Walras，1834—1910）时闹出了笑话。1909 年，熊彼特拜会瓦尔拉斯并呈送他的这本著作。瓦尔拉斯完全没有想到这样一部方法论著作出自眼前这个 26 岁青年之手，以为是熊彼特代他父亲转呈的，一再要熊彼特代为转达对他父亲的谢意和敬意。①

《理论经济学的性质和概要》奠定了熊彼特青年经济学家的声望。1909 年，在维塞尔和庞巴维克的推荐下，熊彼特被任命为维也纳大学政治经济学讲师，成为奥地利历史上获得这一职位的最年轻的经济学家。同年，熊彼特被委任为捷尔诺维茨大学副教授，成为这个国家最年轻的副教授。1911 年，熊彼特又被格拉兹大学任命为政治经济学教授，成为奥地利帝国历史上最年轻的教授。这一年，他才 28 岁。

在捷尔诺维茨大学和格拉兹大学期间，熊彼特承担着繁重的教学任务。但凭着勤奋和天才，熊彼特写作出版了《经济发展理论》（1911）。《经济发展理论》是熊彼特一生中最重要的著作，在这本书中，熊彼特通过将经济理论与其他社会科学结合，建立起一种关于经济运行的动态理论。熊彼特在此书中构建的创新理论和企业家理论，成为他整个学术生涯的两个重要主题。

1914 年，31 岁的熊彼特出版了他的第三部著作《经济学说和方法》。这部书起源于马克斯·韦伯特约编撰的一部《社会经济学纲要》。此书中，熊彼特不仅回顾和梳理了经济学成长的历程，还发展了构建“社会经济学”的某些构想，成为其后研究的一个重要方向。

熊彼特不仅是 20 世纪最伟大的经济学家之一，也是一位卓越的社会学家。作为一个学者，熊彼特学术生涯的基础，不论是知识和思想，还是学术地位或研究路径，都是在他的“神圣十年”中奠定的。事实上，熊彼特此后

---

① 理查德·斯威德伯格：《熊彼特》，32 页。

的主要研究，基本上是在锤炼他年轻时代开拓的那些观念，其此后的等身著作，在相当程度上是在深化、拓展及系统化他在“神圣十年”的研究成果。比如，熊彼特对经济学最重要的贡献——创新及创新的经济周期理论和企业家理论——其基础部分的创新理论和企业家理论是在1911年的《经济发展理论》中确立的，其浩瀚的《经济周期：资本主义过程之理论的、历史的和统计的分析》(1939)，将创新和企业家行为引入对经济周期的分析中，本质上是对《经济发展理论》的一个发展。熊彼特对经济学的另一个重要贡献是《经济分析史》。《经济分析史》是经济思想史领域一部具有里程碑意义的巨著，同时也是耗费作者心血最多的一部著作——熊彼特在世的最后9年几乎全部用于这部著作的写作。而这部著作可以看成是他1914年的《经济学说和方法》的延伸和扩展。

“神圣十年”在经济学家学术生涯中的重要性有着某种普遍意义。

1889年，23岁的欧文·费雪（Irving Fisher，1867—1947）的论文《价值与价格理论的数理研究》发表，该论文创建了新古典经济学的边际主义和效用均衡函数，被萨缪尔森称为“经济学界前所未有的最伟大的博士论文”①，奠定了费雪在数理经济学界的地位。借此，1898年，31岁的费雪被聘请为耶鲁大学教授。科斯（Ronald Harry Coase，1910—2013）在1937年发表的《企业的性质》，不仅确立了新制度经济学奠基人的地位，该论文还开创了经济学新的研究领域，拓展了经济学新的研究方法，成为对21世纪经济学发展影响最大的文献。那一年，他26岁。萨缪尔森（Paul A. Samuelson，1915—2009）在经济理论上的卓越贡献是对数理经济学的发展。他26岁时的博士学位论文《经济分析的数学基础》(1941) 提出所有经济行为的研究都可以用数学分析的方法解决最大化问题。1947年，萨缪尔森凭借该论文获得约翰·贝茨·克拉克奖并被麻省理工学院聘请为教授。凭借该论文的贡献，1970年，萨缪尔森还成为美国历史上第一个诺贝尔经济学奖获得者。

就一般情况而言——我们大多数人并非天才——“神圣十年”不一定是

① 马克·斯考森：《现代经济学的历程——大思想家的生平和思想》，272页。

熊彼特那样的硕果累累的十年。知识的积累和成长需要一个过程。如同价值实现滞后于价值生产一样，科学研究及研究成果通过知识市场的检验从而实现其社会价值并体现研究者的个人价值需要一定的时日。但是，从生理学和心理学的角度看，“神圣十年”的重要性确实存在。20—30 岁是人生命力最旺盛的时期。这一时期，人的接受能力处于最佳状态，人的认知能力也在迅速提高。对于一个有志于经济学的人来说，这一时期的知识积累、方法训练、观念培养，将直接影响此后的知识存量和结构、研究方法和研究路径、思想观念和学术准则。这体现着思想或知识成长的“路径依赖”。进一步，在知识竞争日益激化的背景下，这一时期同时是一个培养、训练体现研究能力的过程。这要求学子更加专注和更加勤奋。

“李嘉图恶习”和熊彼特“厄运”

同斯密相比，李嘉图的方法论是一个进步。在斯密那里，抽象主义和经验主义、逻辑演绎和描述归纳同时存在。按照马克思的说法，斯密方法论的二重性导致其理论的矛盾性。李嘉图采用的是一种现代意义上的科学方法：在简单公理的基础上，通过逻辑演绎建立体系。如果说科学意味着对本质的揭示、对规律的探索，那么抽象和演绎不仅是必要的，而且是必需的。如亨利·庞加莱所说：“科学是由事实逐步建立的，正如房子是由石头渐渐垒砌的一样；但是，一堆事实并不是科学，正如一堆石头不是房子一样。”[①]

李嘉图并不是最早应用抽象演绎研究经济学的思想家，比他早 100 多年的威廉·配第的“政治算术”可以看成是抽象分析和实证研究的早期尝试。但是，由于李嘉图作为一个经济学家的成功，由于其《政治经济学及赋税原理》作为经济学经典的特殊地位，其抽象演绎方法的应用在经济学历史也就具有了特殊的重要性。如罗伯特·F·赫伯特和小罗伯特·B·埃克伦德所说：“李嘉图严密推理的分析体系显示了一种方法论的严密性，这种严密性是他的前辈或他的同时代经济学家所不及的，而且这对羽毛未丰的科学的成功发展也是至关重要的。”[②] 马克·布劳格也给予李嘉图极高的评价：“如果经济学本质上是一部分析的机器，是一种思维方式，而非一大堆具体的结论，那么就是李嘉图真

---

① 亨利·庞加莱：《科学与假设》，转引自杰弗里·M·霍奇逊：《经济学是如何忘记历史的》，87 页，北京，中国人民大学出版社，2008。

② 罗伯特·F·赫伯特、小罗伯特·B·埃克伦德：《经济理论和方法史》，139 页，北京，中国人民大学出版社，2001。

正发明了经济学这部机器所使用的技术。"[①] 基于李嘉图对经济学方法论发展的贡献，萨缪尔森将其称为"卓越的经济学家的经济学家"[②]。

抽象分析和逻辑演绎的目的是建立科学体系，而科学的最终目的是解释世界。当李嘉图"用严格的逻辑把经济整体简化为几个变量，然后在他看来自明的假设的基础上推理出结论"[③] 时，他的体系比斯密更加严密、更加接近于科学。但是，抽象了现象和事实，割裂了制度和历史，这样一个"科学"体系对现实世界的解释力不是增强而是降低甚至是丧失了。李嘉图方法论的问题不是抽象和演绎，而是过分的抽象和演绎。与李嘉图同时代的西斯蒙第对李嘉图的过分抽象也非常不满，他挖苦说，李嘉图"陷入抽象的概念里，可以说已经变成一门占卜学了。"[④]

在《经济分析史》中，熊彼特将李嘉图这种——在不现实的假设前提下建立抽象模型，借助于演绎推理和数学分析，证明想要得到的结论的方法，叫做"李嘉图恶习"。按照马克·斯考森的解释，"李嘉图恶习"就是"理论和历史的长期分离。它剥离经济学的过去、现在和未来。它是纯粹的演绎推理加上数学公式，完全无视历史、社会学、哲学和制度框架。它是在不现实的、甚至是错误的假定下进行抽象的思考，建立抽象的模型。"[⑤]

形式化是经济学实现其科学目标的法宝。"李嘉图恶习"——对抽象和演绎的过分依赖——于是成为新古典以来经济学方法的痼疾。在瓦尔拉斯的"一般均衡理论"中，在萨缪尔森的《经济分析的数学基础》中，技术而不是思想、数学而不是经济学成为经济学的主体。这样一种"经济学"同斯密的经济学相比已经面目全非，科斯嘲弄其为"黑板上的经济学"。

作为历史学派的传人，熊彼特对李嘉图抽象演绎的排斥态度可以理解。

熊彼特同情强调抽象和演绎的奥地利学派。在他看来，只有应用抽象和演绎才能揭示规律，只有应用数学，才能统一支离破碎的经济学。在他看来，

---

① 转引自马克·斯考森：《现代经济学的历程——大思想家的生平和思想》，93 页。

② 同上书，89 页。

③ 亨利·威廉·斯皮格尔：《经济思想的成长》，270 页。

④ 西斯蒙第：《政治经济学新原理》，481 页。

⑤ 马克·斯考森，《现代经济学的历程——大思想家的生平和思想》，91 页。

历史上最伟大的经济学家非瓦尔拉斯莫属，而瓦尔拉斯的一般均衡理论则是人类历史上最伟大的智力发现。同时，在熊彼特成长的过程中，历史学派是德国经济学的主流，其对历史和事实的强调毫无疑问渗透进他的方法论观念中。历史学派的影响强化了熊彼特方法论中对历史和事实的依赖，对“李嘉图恶习”的批判又削弱了熊彼特的抽象能力，这一切成为他科学研究的严重障碍。

熊彼特和凯恩斯同生于 1883 年。对熊彼特来说，与凯恩斯生在同一个时代是他的“厄运”——尽管他有着卓越的天才，但凯恩斯的存在使他未能成为世界上最伟大的经济学家。

1911 年，熊彼特完成《经济发展理论》后，开始研究货币问题。熊彼特不满于李嘉图或凯恩斯那种通过简单模型进行逻辑演绎的方法。他试图构建一个动态的货币理论模型，这一模型包括众多的参数，每一个参数又包括众多具体而现实的影响因素。在这样的前提下，熊彼特的“理论”只能是对现象的说明或描述，但熊彼特却力求使其理论化和一般化。纠缠于理论和现实的冲突，在一般性和简化性之间进退维谷的熊彼特一直到死都未能完成其货币理论。而凯恩斯借助于熊彼特所反对的“李嘉图恶习”却在 1923 年和 1930 年分别出版了《货币改革论》和《货币论》。

1929—1933 年的大危机之后，传统周期理论失效了。熊彼特计划以创新理论为基础，对周期作出新的解释。1934 年，熊彼特开始写作《经济周期》。对“李嘉图恶习”的反感以及对历史和事实的过分依赖使他不断拓展研究的深度和广度，研究难度增加、研究周期延长。1939 年，《经济周期》才得以出版。此前的 1936 年，凯恩斯的《就业、利息和货币通论》已经出版。相比之下，凯恩斯的《就业、利息和货币通论》模型更简单、结论更简明、方案更可行。相反，熊彼特的著作，模型过于复杂，无法提供简单的数学结论也没有提出有效的政策建议。

在与凯恩斯的两次竞争中熊彼特都失败了。熊彼特的失败，实际上是方法论上的失败。历史学派的影响使熊彼特过分依赖历史和事实，而对“李嘉图恶习”的反感和拒斥也可能是他疏离抽象和演绎的重要因素。

科学的研究和体系的建立必须借助于抽象和演绎。离开抽象和演绎，无法实现对象的统一，研究只能是分类和描述。其实，即使是分类和描述，也不能离开对对象的整体把握，而整体性只能借助于抽象来理解。

对经济学来说，成为科学的手段同样是抽象和演绎。没有抽象和演绎，就没有分析和理论，就没有科学和体系。就如同一堆建筑材料，不经由一定的程序、工具和方法，就不能组合成为建筑。

经济学是用来解释现实世界的。抽象和逻辑有助于理解事物的本质，探索事物的联系，预知事物的发展。但抽象需要一个适当的度。过分的抽象可能会丧失对真实现象的把握能力，而过于依赖演绎所把握的可能不是事物之间的内在关联而仅仅是抽象范畴之间的抽象联系。——我们需要的不是一张图纸而是一座大厦。

对经济学的发展而言，"李嘉图恶习"确实是一个痼疾，过于形式化的新古典经济学丧失解释力就是一个证明。但是，摒弃"李嘉图恶习"并不意味着摒弃抽象和演绎。将洗澡水和小孩一起倒掉，其结果就是熊彼特所陷入的"厄运"。

熊彼特老师

大学毕业之初，熊彼特并不想成为教师。虽然是一个假贵族，但他喜欢贵族奢侈的生活方式。他喜欢体面的穿着、昂贵的酒宴、豪华的住宅。这样的生活，教师的微薄收入是无法承受的。于是，游学英国之后，熊彼特去埃及从事律师业务，并担任埃及总督公主的财产管理人。成为世界上最伟大经济学家的梦想一直在诱惑着他。而要成为伟大的经济学家，他必须像他老师庞巴维克和他老师的老师门格尔那样，成为一名教授。1909 年，熊彼特凭借他的第一部著作《理论经济学的性质和概要》申请到教师资格。同奥地利的大多数学者一样，熊彼特渴望在维也纳大学获得教师职位，但年轻的他过于张扬、傲慢和不检点。一个刚刚取得教师资格的 26 岁青年竟然以大师自居，这让人们感到厌烦。尽管有庞巴维克的推荐，熊彼特在维也纳大学执教的愿望还是没有实现。同年底，经过庞巴维克的努力，熊彼特被距离维也纳 1 000 多公里的奥匈帝国最东边的捷尔诺维茨大学（今属于乌克兰）聘请为副教授，从此开始他的教师生涯。

作为帝国历史上最年轻的副教授，熊彼特是带着他惯常的傲慢来到这个偏远城市的，他期待着人们不仅将他当成一个成功者，而且当成他自以为是的贵族。一次法学院召开会议，全体教师等待很久熊彼特才出现，而且是一身打猎装扮。当院长告诫开会应穿平常服装时，熊彼特建议以后开会时间应该推迟，这样他才有足够时间来换衣服。因为他对着装的要求非常严格！熊彼特的趾高气扬和肆无忌惮令人非常头疼。没办法，谁让他是上帝的宠儿呢！1910 年春，学校图书馆管理员限制熊彼特的学生借书。熊彼特未加思考就冲入图书馆指责管理员，声称管理员不称职。管理员认为受到侮辱，要求决斗。熊彼特答应了。依仗在特里萨学院的击剑训练，熊彼特刺伤对方而获胜。学生取得自由借阅图书的权利。这一次的成功可能使熊彼特萌发了成为“奥地利最杰出的骑士”的梦想。在捷尔诺维茨大学的两年，熊彼特似乎还没有真正进入教师的角色。他将主要精力用于写作他平生最重要的著作《经济发展理论》，此外就是享受生活。

捷尔诺维茨这个小水池显然容不下熊彼特这条大鱼。1911 年底，熊彼特的《经济发展理论》出版了，他希望借助这块敲门砖进入维也纳大学。但维也纳大学的大门已经对他关上了，他的傲慢和张扬让人厌恶和恐惧。退而求其次，经由时任帝国科学院院长庞巴维克的推荐，在皇帝的干预下，熊彼特进入奥匈帝国仅次于维也纳大学的格拉茨大学，接替退休的历史学派经济学家理查德·希尔德布兰德（德国历史学派奠基人布鲁诺·希尔德布兰德之子）担任政治经济学教授。熊彼特又完成了他成功道路上的一次飞跃，成为帝国历史上最年轻的教授。成功是成功者骄傲的资本。熊彼特相信俾斯麦的名言——只有无赖才是谦虚的。但是，当熊彼特以他一贯的傲慢来到格拉茨大学时，他的傲慢给他带来了教学的失败。

熊彼特进入格拉茨大学，遭到希尔德布兰德的强烈反对。熊彼特一贯主张经济学的理论性，而作为历史学派传人的希尔德布兰德则对经济理论持有根深蒂固的反感。在评价熊彼特的《理论经济学的性质和概要》时，这位老经济学家显得相当不宽容：“除了空洞的一般原理和琐屑的细节之外一无所有。然而作者却自鸣得意，不断强调这些原理和细节，好像那是重大发现一样。”[①] 熊彼特对希尔德布兰德的浅薄和无知表现出极大的蔑视，这在他私下的交谈和课堂上都有所表现。在与新同事的交流中，熊彼特也经常表现出居高临下的姿态。这一切使熊彼特在学校陷入孤立境地。当他遭到学生的罢课威胁时，无法得到同事的谅解和支持。

熊彼特在格拉茨大学开始上课时，就发现这里的学生对经济学兴趣不高，

---

① 洛林·艾伦：《开门——创新理论大师熊彼特》，130 页，长春，吉林人民出版社，2003。

学习不努力而且目标不明确。出于对专业的热爱和对学生的负责，熊彼特对教学提出严格要求，要求学生认真听讲，课外大量阅读，并严肃课程考试。这一切与他前任的宽容形成鲜明对比，学生普遍不能接受。第一年，学生抱怨连连，到课率很低，但还是勉强维持下来。第二年一开学，学生就举行罢课，要求更换老师。其理由是熊彼特要求的阅读量太大、难度太高、考试太难太严格，还有就是熊彼特对他们的老教授缺乏应有的尊重。罢课持续了三个星期，成为奥地利历史上罕见的学生集体反对老师的事件。熊彼特最后还是留下来了。他同意降低考试难度，但阅读书目的长度和难度并没有改变。

经过这一事件，熊彼特突然明白，学生对他的反对，很大程度上是由于他缺乏对学生的理解和同情以及自己对教师职责认识的模糊。此后，熊彼特对待学生和教学的态度有了根本变化。熊彼特认识到，作为教师，教学活动的目的不是展示其才华、炫耀其风采，更不是诋毁其对手。作为一个教师，其职责就是给学生提供学习的机会，“他有一份特殊的职责，就是鼓励、引导那些好学的年轻学者，并为他们开启知识的大门。”① 教师的职责不是填鸭式地向学生灌输知识，而是引导学生自主地学习，培养学生的学习和研究能力。“他将指路开门，他将展示给学生在标着门格尔、马克思、瓦尔拉斯或马歇尔的门后所发现的知识的神奇魅力。”② 为学生开门成为他科研和教学活动的真正目标。他把学术贡献看成只是教学的一个愉快的副产品，对研究的努力只是为了更好地服务于教学。同时，熊彼特强调，为了给学生开门，教师必须明了门内的秘密，因此需要广泛阅读。“他阅读了在过去三百年中以英文、法文、德文、意大利文、希腊文和拉丁文出版的，有关经济理论的每一本书和每一篇文章。”③ 要成为一个合格的开门的人，教师需要不断地学习，他说：“大学是一个学习的场所，在那里每一个人都是学生，尤其是教授。”④

教学观念转变后，熊彼特与学生的关系得到了改善。事实上，自那之后，

---

① 洛林·艾伦：《开门——创新理论大师熊彼特》，280 页。

② 同上书，141 页。

③ 同上书，160 页。

④ 同上书，228 页。

不论在格拉茨大学、波恩大学还是哈佛大学，熊彼特都是最受学生欢迎的教师。学生对熊彼特的喜欢，固然由于他渊博的学识和迷人的风采，更由于他独特的教学方式。

熊彼特上课从来不带课本，也不带讲义。上课前熊彼特会做好充分的准备，广泛搜集和阅读文献，拟定大纲并编写讲义。编写讲义的目的只是为了加强记忆，讲义从来不带进教室。脱离课本和讲义使上课好像即兴演讲，从而保证教学过程的流畅。备完课讲义便不再浏览，学期结束打包封存。第二次上课再从头备课。

熊彼特的课程从不指定和使用教科书。在熊彼特看来，指定教科书必然束缚教师的讲授，也束缚学生的学习。推荐阅读书目会有更好的作用。每学期开学，他都将需要阅读的资料详细列出，印成“阅读参考书目”发给学生，由学生根据自己的情况选择阅读。书目往往很长，而且有一定难度，便于学生提高对课程的理解和把握程度。这一方法现在早已普及，在当时却是一个创举。

广博的学识、迷人的魅力、轻松的课堂气氛，不论到哪里，熊彼特的课堂都是最受学生欢迎的。当时，由于仰慕熊彼特的风采，柏林大学教授赫尔曼·阿尔伯特·舒马赫将他的儿子E·F·弗里茨·舒马赫送到波恩大学学习经济学。弗里茨·舒马赫在家信中这样向父亲汇报：“熊彼特是一个出色的人！我已经急切盼望他下周一的课了。他并非罗列枯燥的知识，而是讲述令人难以置信的生动知识，你可以感受到在每一句话后面都有他这个完整的人。”① 弗里茨·舒马赫就是后来以“中间技术”理论和《小的是美好的》著称的英国著名经济学家。熊彼特在课堂上的迷人风采在他最得意的弟子萨缪尔森的回忆中有着最生动的描述：“他表情丰富，思维敏捷，这使他的课堂本身就带有一种诙谐；他妙语连珠，即使那些拉德克利夫最严肃的学生也觉得在经历一次美妙的旅行。他没有那些老教授常有的恶习：他从不重复他的故事……他的演讲并不是那种单调的欧洲式独角戏。他在课堂上经常调动大家

① 洛林·艾伦：《开门——创新理论大师熊彼特》，291页。

的兴趣，他经常被他的听众打断。”①

生性豪爽大方的熊彼特很喜欢和学生在一起，于是，咖啡馆、办公室、校园小径就成为熊彼特为学生“开门”的另一类课堂。当然，这个课堂要更加轻松活泼，也更加开放和民主。熊彼特经常通过这样的方式组织学生讨论，他提出自己的观点，引导学生思考，鼓励大家发表不同看法。他从不期待别人同意他的观点，只是引导他们去寻求新的观点。实际上，自从格拉茨大学的学生罢课事件后，熊彼特就养成了组织学生课外讨论的习惯，一直保持到他教学生涯的最后。刚到哈佛的时候，是熊彼特最孤独落寞的时候，下午他经常待在图书馆附近的咖啡馆，学生可以在这里与他交谈。在一定意义上，学生成了他的家人，成了他生活的重要构成部分。“所有较他年轻的人都向他寻求指导、建议和想法。……每次从校园和广场路过，他都像磁铁一样吸引着好奇的人们。”② 很快，在熊彼特身边聚集了一批崇拜他的学生和年轻教师，如萨缪尔森、詹姆斯·托宾、理查德·马斯格雷夫、理查德·古德温、沃尔夫冈·施托尔普、保罗·斯威奇、加尔布雷斯等。这些年轻的经济学知识追求者，在熊彼特的引导下，后来成为世界一流的经济学家。

熊彼特自己对科学研究持有严谨的态度，对学生的学习和研究也严格要求。但是，对于考试——也许是受格拉茨大学学生罢课事件的影响——则持有一种宽松的态度。关于熊彼特给学生打课程考试成绩，流行着这样一个笑话：熊彼特给所有的耶稣会会员的成绩打 A；给所有女生打 A；给除了耶稣会员和女生之外的所有学生打 A。这样，对那些杰出的学生如斯密·西斯就只好打 A＋，而给天才如萨缪尔森这样的学生就只能打 A＋＋。不过，A＋＋的成绩只有萨缪尔森一人得过。③

熊彼特对学生及其他年轻学者的关心、热爱还表现在对他们的个别指导和关照上。在学术上，熊彼特是个胸怀广阔的学者。他将自己的职责确定为为学生进入经济学殿堂开门，这需要他有着渊博的知识、卓越的洞察力，更

① 洛林·艾伦：《开门——创新理论大师熊彼特》，402 页。

② 同上书，364 页。

③ 参见施建生：《伟大的经济学家熊彼特》，75 页，北京，中信出版社，2006。

需要有高尚的无私奉献精神。正是在他的直接关怀和指导下，一大批青年学者成长起来并取得世界声誉。

1927年，熊彼特读了里昂惕夫的一篇计量经济学论文后，对他的研究产生了浓厚兴趣，邀请他访问波恩大学。通过与这位比自己年轻22岁的青年学者的长谈，熊彼特发现他是一个真正的天才。后来，熊彼特到哈佛大学，力劝校方引进里昂惕夫。在哈佛良好的环境里，里昂惕夫成长为世界一流的计量经济学家，1973年获得了诺贝尔经济学奖。

熊彼特在波恩大学期间，来自鹿特丹的弗里沙沃尔为自己的论文请教熊彼特，熊彼特在五个星期内每天花三个小时与其讨论和修改。后来，弗里沙沃尔也成为著名经济学家。

厄利希·伦纳德原是中学数学教师，在波恩访问熊彼特之后，受其影响留下学习经济学，后成为战后德国最重要的经济学家之一。他将他的成就归功于他的老师，一生都对熊彼特保持着敬意。

芝加哥大学教授哈里·约翰逊20世纪40年代在哈佛读研究生时，发现李嘉图的《政治经济学及赋税原理》中存在一个计算错误，并向熊彼特请教。熊彼特督促他写出一篇短文，后几经讨论，发表在熊彼特担任编辑的《经济学季刊》上。约翰逊后来说，世界著名经济学家对一个无名小卒如此关心和提携，在其他人身上很难见到。

针对熊彼特对学生和年轻人的无私关怀，萨缪尔森感慨地说："熊彼特身后没有留下致力于将他的理论和传统的经济理论相区分的追随者，但熊彼特确实留下了唯一一种与一个科学学科相符的派别——从他的教学中受益的一代经济理论家。"①

熊彼特不仅关心学生的学业，更关心他们事业的发展。

保罗·斯威奇是战后美国重要的马克思主义经济学家，曾经是熊彼特的学生和研究助手。1942年，斯威奇离开哈佛从军，1945年准备回到哈佛从事教学和研究。由于斯威奇的政治立场，哈佛对是否留用他有所犹豫。熊彼特

① 洛林·艾伦：《开门——创新理论大师熊彼特》，402页。

强烈主张留下斯威奇。在他看来，尽管斯威奇是马克思主义者，但他首先是一个杰出的学者。留下斯威奇，至少有助于思想竞争。当斯威奇最终被哈佛抛弃时，熊彼特十分痛苦，一再公开指责哈佛缺乏学术兴趣。

1940 年，萨缪尔森——熊彼特最宠爱、最得意的弟子将从哈佛毕业。此前，萨缪尔森是该校“卓越学人联谊会”会员，地位超过一般教员。获得博士学位后，应该聘为助理教授。但萨缪尔森的天才遭人妒忌，有少数教员反对聘用他。此时，麻省理工学院向萨缪尔森提供助理教授职位，而哈佛没有采取挽留措施。对此，熊彼特非常生气，冲到办公大楼走廊上咆哮：“如果他们是因为他是犹太人而不聘他，那我可以理解；但不是如此，他们不聘他是因为他比他们都强。”①

此事让熊彼特对哈佛深感失望，当得到耶鲁大学的邀请后，他意欲转投过去。但熊彼特是多么受学生爱戴，而他又是多么在意学生的请求！一封学生的挽留信让他选择了留在哈佛。“我们每个人都曾经受到了您远见卓识的激励。与别人不同，您对我们遇到的不论何种领域的问题总是给予强烈的关注；我们有成千上万个理由对你表示深深的谢意，谢谢您为了我们付出的时间和精力。您的有益批评和众多的鼓励极大地推动了我们的研究。您在我们心目中已植入了对一种更精确、更客观的经济科学的重要性的信念，并激发我们献身于这样一种科学发展的激情。更为重要的是，您对我们来说不仅是一位老师，我们一直为有您这样一位朋友而自豪。……”签名者大多后来成为世界一流经济学家，如保罗·萨缪尔森、亚伯拉罕·伯格森、约翰·威尔逊、詹姆斯·托宾、保罗·斯威齐等。

作为创新理论的提出和阐释者，熊彼特无愧于 20 世纪最伟大的经济学家。但是，熊彼特的伟大并不仅仅在于其对经济思想发展的卓越贡献。在很大程度上，他作为一个经济学教师，作为青年学子进入经济学殿堂的“开门”者，通过言传身教培养出一大批杰出的经济学家，这一贡献更加伟大。当然，熊彼特首先是由于其理论创新而成为卓越经济学家。但是，如果他后来

① 施建生：《伟大的经济学家熊彼特》，87 页。

没有作为一个杰出教师的经济学家，他对经济学的贡献就要大打折扣。

如果说理论研究意味着创新的话，这一工作是在“神圣十年”奠定基础的。当熊彼特感慨随着年龄增长，创造力衰减时，曾经说过：“如果有点理智，我们都会在40岁自杀。那时，我们或者已经做了能做的一切，不需要活下去了；或者，已经什么都做不了，不需要活下去了。”① 但是，熊彼特这样的话不能当真。其实，他知道，在学者的创造力衰减的同时，知识和阅历在增长，对世界的认识会更加全面而深入。因此，学者的生命并不是在进入创造力衰减时期就没有意义。利用自己的知识和对知识演进过程的理解为学生开门，可以使学者的生命具有更重大的意义。

熊彼特就是通过这种转变实现他作为经济学家的价值的。对此，他的学生洛林·艾伦给予了高度评价：“他必须作为世界上最伟大的经济学家之一、最有思想的社会学家之一、对社会和经济状况的最深刻的评论家之一，也许更重要的，作为最伟大的经济和社会科学的教师之一而名垂青史。”②

---

① 洛林·艾伦：《开门——创新理论大师熊彼特》，547页。

② 同上书，645页。

凯恩斯·思想

开学之初，我总要求同学们朗读来自凯恩斯（John Maynard Keynes，1883—1946）《就业、利息和货币通论》以下简称《通论》的这段话——

“经济学家以及政治学家之思想，其力量之大，往往出乎常人意料。事实上统治世界者，就只是这些思想而已。许多实行家自以为不受任何学理之影响，却往往当了某个已故经济学家之奴隶。狂人执政，自以为得自天启，实则其狂想之来，乃得自若干年以前的某个学人。我很确信，既得利益之势力未免被人过分夸大，实在远不如思想之逐渐侵蚀力之大。……危险的倒不是既得权益，而是思想。”①

听着同学们整齐、洪亮、昂扬、激越的朗诵，我总会热血沸腾，一种自豪感、优越感油然而生。经济学、经济学思想……多么伟大啊！想起凯恩斯，想起凯恩斯的思想，想起凯恩斯的思想对世界的影响，能够工作生活在经济学的神圣王国里，哪怕只是一个耕耘者、一个拾荒者，也是无上的荣耀啊！

在布莱恩·斯诺登和霍华德·R·文所著的《现代宏观经济学：起源、发展和现状》中，凯恩斯的传记作者罗伯特·斯基德尔斯基（颇为有趣的是，凯恩斯因为对经济学的贡献被英国王室授予爵士，而斯基德尔斯基因为研究凯恩斯也被授予爵士）讲过这样一段掌故——凯恩斯的《通论》出版后，J. R. 希克斯试图将凯恩斯复杂的理论形式化，他用三个方程式（货币需求决定于收入与利率，投资决定于利率，投资等于储蓄）和 IS-LM 模型概括了凯

---

① 凯恩斯：《就业、利息和货币通论》，396 页，北京，商务印书馆，1999。

恩斯的理论。对于凯恩斯思想的形式化及传播而言，这将是一件极有意义的事情。于是，希克斯给凯恩斯写信，阐述他的想法。希克斯似乎有邀功的想法，不料凯恩斯过了六个月才回信，并表示希克斯的工作没有什么特别的重要性，没有多少有趣的东西。在基斯德尔斯基看来，凯恩斯的行为体现着某种傲慢，不过这是一种思想对技术的傲慢。在凯恩斯的观念里，思想是第一位的，技术至多是第二位的，重要的是思想而不是技术。斯基德尔斯基说，凯恩斯属于最后一批声称能够以文化的名义指导社会前进的思想家；他总是以一个布道者的口吻，而不是以一个技术专家的身份，对世界发表看法。没有希克斯及其 IS-LM 分析，凯恩斯的思想仍然具有价值，而没有凯恩斯的思想，希克斯的技术一文不值。

尽管曾经是剑桥大学的数学优等生，成为经济学家的凯恩斯对数理经济学却一直持怀疑态度。他相信数学在检验一个人的思路时是有用的，但他绝不用数学来思考问题。随着年龄的增长，凯恩斯对数学的怀疑日益加深，最终他的数学荒废了。在凯恩斯的观念里，数学思维对于逻辑性和精确性有帮助，但经济世界充满高度的复杂性和不确定性，对其理解所需要的更多的是直觉、自省、创造力和想象力；况且，经济学在很大程度上具有伦理学的性质，而数学无助于伦理性的研究。在凯恩斯看来，对一个经济学家的素质要求而言，直觉、想象力等因素甚至比理性和逻辑还重要。在凯恩斯的随笔集《精英的聚会》中，他对历史上一些卓越思想家的品性、素质和特点进行了评价，他说马歇尔试图“用极其聪明的天使般的眼睛来观察经济生活”；他说马尔萨斯具有一种“深刻的经济直觉”；他说杰文斯“永远蕴涵丰富而又有独创性的头脑”，“具有神灵的直觉”和“引人入胜的好奇心”。关于牛顿，凯恩斯说：“他早期的卓越归因于他的直觉的力量……卓越的不平凡是他的直觉……”①

直觉之所以重要，是因为它对经济思想的产生不可或缺。凯恩斯的经济学一直强调现实经济世界的复杂性和不确定性，经济学的任务就在于通过思想理解世界和改善世界。在凯恩斯的观念里，当这个充满不确定性的世界急

① 凯恩斯：《精英的聚会》，409 页。

剧变化之时，思想发展比之理论构建更为紧迫。理论构建所需要的，更多是抽象和逻辑，而思想的产生，更多需要的是直觉和内省。理论虽然对思想的产生会有帮助，对知识的传承及发展具有基础性的意义，但相对而言，理论的发展总是具有滞后性。对于充满激情的不安分的凯恩斯来说，他有着太多的思想要阐发，理论的构建就只能留给那些对此有着特别兴趣的经济学家去完成。当他的学生质疑他热衷于小册子写作的时候，他说："将书本上的荣光留给亚当·斯密就够了。你们应当只争朝夕，在空气中散发大量的小册子……"[①] 凯恩斯过于相信直觉，赋予自己的直觉一种特别优越的地位，有时因为急于提出自己的看法而不能很好地顾及逻辑。他的《货币论》出版后，就遭到了哈耶克的攻击。不过，哈耶克所攻击的仅仅是《货币论》的逻辑而不是思想和观念，这对强调思想的凯恩斯来说并不致命。

事实上，因为对思想的强调，凯恩斯甚至认同历史上的一些异端学说。对于凯恩斯来说，经济学的进步需要思想进步和理论创新，这就需要想象力和创造力，需要多样化的观念和方法。离经叛道实际上是一种多样化的尝试，从而可以成为经济思想成长的摇篮。相对于庸庸碌碌的拾人牙慧而言，相对于亦步亦趋的循规蹈矩而言，凯恩斯相信离经叛道和异端学说有着更重要的价值。凯恩斯从来就不是传统智慧的信奉者，相反，他鄙视一切陈词滥调，憎恶一切庸俗教条。他崇尚艺术，相信艺术的直觉；他相信经济学的生命在于思想，而经济学思想的发展需要经济学家更多地依赖艺术家的直觉、内省、创造力和想象力而不是数学或者技术。

在经济学的形式化发展登峰造极的今天，凯恩斯的思想和观念已经远远落伍了。经济学的形式化发展，最初是出于确认科学地位的需要，后来则成为掩饰思想无能的隐身术。经济学的形式化发展已经走上一条不归路。当经济学成为数学的奴婢，成为思想的不生产者之后，即使凯恩斯复活也帮助不了什么。

罗伯特·斯基德尔斯基在《凯恩斯传》的最后说了这样一段话——"思想是不会很快随风飘去的。只要这个世界有需要，凯恩斯的思想就会一直存在下去。"[②] ——问题是，现在这样一个经济学世界，已经不再需要思想。

---

① 凯恩斯：《精英的聚会》，206页。

② 罗伯特·斯基德尔斯基：《凯恩斯传》，904页，北京，生活·读书·新知三联书店，2006。

琼·罗宾逊与马克思主义

“她是个马克思的赞美者和评论家，却从不是个马克思主义者。她赞同共产主义者的社会实验，特别是在中国和北朝鲜的实验，但她却不是个共产主义者。”[①] 尽管被称为“马克思化的凯恩斯主义者”，但琼·罗宾逊一直声称自己是“资产阶级的经济学家”。不同于卡莱茨基，他是天生的马克思主义经济学的信仰者他从他所学的“唯一的经济学”即马克思主义经济学中先于凯恩斯发现有效需求不足导致经济危机的原理；也不同于保罗·斯威齐，他从正统经济学的一流经济学家——他曾经因为提出“拐折的需求曲线”而成为现代微观经济学厂商理论的重要奠基者——转化为正统经济学的怀疑者、批判者和马克思主义经济学的维护者和发展者。琼·罗宾逊也曾经是正统经济学——马歇尔经济学的信奉者。在她学术生涯的早期，在她最早的学术著作《政治经济学是一门严肃的学问》（1932）与奠定她学术地位和历史影响的《不完全竞争经济学》(1933）中，琼·罗宾逊还相信马歇尔的价值理论和静态均衡分析方法。此后，在凯恩斯组织的研究小组里——包括罗宾逊夫妇、卡恩、斯拉法、卡莱茨基、卡尔多等——琼·罗宾逊成为马歇尔经济学的怀疑者、批判者（“罗宾逊花了大量的精力试图根除这种方法和她所接受的假设”[②]）和坚定的凯恩斯主义者。琼·罗宾逊赞美和同情马克思主义，但成为其信仰的是凯恩斯而不是马克思。在一定意义上，琼·罗宾逊以挑战传统来

① 玛乔里·谢泼德·特纳：《琼·罗宾逊与两个剑桥之争》，1页，南昌，江西人民出版社，1991。

② 同上书，41页。

证明自己的价值，而马克思主义经济学是她挑战传统经济学风车的长矛。尽管最终琼·罗宾逊也没有成为马克思主义者，但马克思主义经济思想贯穿于其 20 世纪 40 年代后 40 多年的学术活动和社会实践，并成为影响其学术命运的重要因素。

马克思告诉了我们什么？

1936 年，琼·罗宾逊在凯恩斯编辑的《经济学》杂志上发表了一篇评论约翰·斯特雷奇的《资本主义危机的本质》的文章。罗宾逊对马克思先入为主的抨击遭到了斯特雷奇的质疑，批评她在没有阅读马克思的《资本论》的情况下，就对马克思作出了纯粹主观的判断。这一批评使罗宾逊产生了阅读马克思著作的想法。

琼·罗宾逊于 1940 年开始阅读马克思的著作。“我开始阅读《资本论》……想看看里面有什么；结果我发现了许多东西，它的追随者和反对者都未曾料到我会发现它们。”[①] 1941 年，罗宾逊发表了《论马克思主义经济学》。在罗宾逊看来，马克思主义经济学与传统经济学之间存在两个实质性的区别：第一，传统经济学坚持资本主义制度是“永恒自然规律”的一部分，而马克思主义则认为它是一个发展阶段；第二，传统经济学只看到社会各种利益的一致性，而马克思主义则主张经济生活取决于利益的矛盾。另外，罗宾逊还看到，马克思对资本主义基本矛盾的解释实际上是“长期就业理论”的一个重要创举；“关于有效需求的本质和意义的现代观念是马克思创立的”[②]。

我们知道，在反对正统经济学的过程中，以琼·罗宾逊为旗手的新剑桥学派主张打破均衡观，实现从均衡概念向历史概念的转变。另外，新剑桥学派认为，经济理论的核心问题是国民收入的分配，只要涉及分配就必然要分析社会阶级关系和社会制度等。因此，他们特别重视规范分析和阶级分析。例如，在收入分配中，他们把阶级划分为工人和资本家，考察两个阶级在收入分配中的地位和作用。作为新剑桥学派核心的上述思想，不同程度存在着

---

① 玛乔里·谢泼德·特纳：《琼·罗宾逊与两个剑桥之争》，91 页。

② 同上书，112 页。

罗宾逊从马克思的《资本论》中吸收的营养。

尽管面对几乎整个资产阶级经济学世界冷漠的抵制或狂热的反击，但罗宾逊没有放弃应用马克思主义经济学挑战正统经济学和研究分析现实社会经济问题的努力。在保罗·斯威齐主编的从马克思主义观点讨论政治经济学问题的美国学术杂志《每月评论》上，罗宾逊发表了14篇文章。她仍然把马克思看成是一位杰出的古典经济学家，坚持马克思不应该被回避和否定。她认同马克思关于收入的不合理分配这个“资本主义不可避免的中心矛盾”导致经济危机的理论，承认“剥削是资本主义借以毁灭自身这一过程的必需部分”。① 她认为，“马克思的扩大再生产图示”是长期发展理论的重要基础，哈罗德和多马的模型不过是重新发现。如果马克思的经济学说早得到认真重视的话，“它一定为我们节约了大量的时间”②。她甚至说，“我的骨髓里都有马克思的影响。”③

社会主义发生了什么？

也许是天生的对穷人命运的同情，也许是受马克思主义经济学的影响从而渴望了解马克思主义理论的实践结果，也许是作为对她的“反美”情绪的一种替代，罗宾逊对社会主义国家尤其是中国和朝鲜的社会改革、文化革命和经济实践给予了充分的关注。

1953年后，罗宾逊曾经六次访问中国。“罗宾逊喜欢晚上跑进中国的剧院，白天则访问合作社（1957年）或人民公社（1963年以后）、工厂、博物院或某所大学。……在许多大学，她经常就许多理论观点发表演讲。”④ 在中国的调查和访问使罗宾逊精神振奋。同资本主义社会的生活侈靡、精神颓废、理想丧失相比，她看到了一个朝气蓬勃、欣欣向荣的新世界，她看到了马克思主义在振奋人们精神、推动经济建设中的巨大作用。她发现了人们思想观

① 玛乔里·谢泼德·特纳：《琼·罗宾逊与两个剑桥之争》，115页。
② 同上书，116页。
③ 同上书，115页。
④ 同上书，119页。

念的改进，“马克思列宁主义正在战胜他们称之为‘封建糟粕’的思想和观念”；她还观察到了“那些对我们来说司空见惯的东西在中国那里有了新的含义，马克思列宁主义在这里取得了良好的声誉，因为正是通过这一媒介才使这些新事物有了新的意义。”对中国人民自力更生建设现代化的勇气和尝试，罗宾逊给予了充分的肯定。她说，在这里，马克思列宁主义战胜了“古典经济学的诡辩。凭借这种诡辩，相对优势的教条被用来欺骗人民，以保持落后国家永久处于殖民状态。此外，马列主义还向中国揭示她能够变成一个伟大的工业化国家。”最后，她得出了结论：“中国似乎最终证明，共产主义并非资本主义之外的一个阶段，而是资本主义的替代物。”①

琼·罗宾逊“一直是中国人民的朋友，努力理解他们想要干什么。”“文化大革命”结束，中国开始走上改革开放道路后，罗宾逊欣喜地指出：“中国领导人已着手进行一项迄今为止前所未有的事业，把积累和增长的宏伟计划与理想的自由化和公开讨论结合起来。”② 在西方理论界和政界的一片怀疑中，罗宾逊凭借她对中国人民的感情和信心显示了她的远见。

作为资产阶级正统经济学和资本主义制度的批评者，罗宾逊似乎相信了熊彼特的怀疑——资本主义能够生存下去吗?

她为什么没有获得诺贝尔经济学奖?

琼·罗宾逊一生执着于学术研究，在长达50多年的学术活动中，著述等身的她不是一个简单的传承者和发展者，而是一个开拓者和创新者。她是一把利剑，刺穿了正统经济学厚实的幕布，向人们展现了一个不一样的经济学世界；她是一只牛虻，通过鞭策刺激着经济学前行。即使撇开罗宾逊1933年后所有的经济学著作，仅凭其1933年的《不完全竞争经济学》，罗宾逊也可以跻身20世纪最伟大经济学家的行列。罗宾逊的终身论敌萨缪尔森也承认，不完全竞争之于经济理论家就像氧气之于生物“一样存在着……为具有持久

① 玛乔里·谢泼德·特纳：《琼·罗宾逊与两个剑桥之争》，122页。

② 同上书，129页。

价值的科学屏幕所吸引。”[①] 但是，诺贝尔经济学奖最终还是错过了罗宾逊。1975 年是联合国确认的“世界妇女年”，罗宾逊的名字已经进入了诺贝尔经济学奖候选人短名单中，这是罗宾逊离诺贝尔经济学奖最近的一次。但结果，获奖者是康托罗维奇和库普曼斯（30 年后，还有多少人记得这两个家伙）。1983 年，罗宾逊去世，诺贝尔经济学奖永远错过了历史上最伟大的女性经济学家。

罗宾逊未能获得诺贝尔经济学奖的原因，一般认为有三个方面。

一是性别歧视。罗宾逊晚年的学生斯科尔说：“如果她是一个男人，她可能被授予诺贝尔奖了。”[②] 对罗宾逊本人来讲，性别是个不存在的问题。从进入作为男性领地的经济学领域那天起，罗宾逊就抛弃了自己的性别。（尽管罗宾逊不愿意承认，她仍然是经济学历史上最美丽、最优雅的女性。）她的老师庇古说她是“尊敬的男士”。在同男性的思想论争中，思维缜密、词锋锐利的罗宾逊从来没有显示出任何女性的弱点。“她不把自己当成一名女性看待，她强烈地想让人把她看成一名无性别的人。她一次又一次地声明这一点。没有任何事比人们说‘她是一位最伟大的女经济学家’更让她感到愤怒。”[③] 所以，如果诺贝尔奖评选委员会确实有性别歧视而且这种歧视居然得到经济学界的认同的话，这种奖对罗宾逊毫无价值。

二是理论观点。从罗宾逊提出的不完全竞争理论对经济学发展的贡献来讲，她确实有充分的资格获奖。但是，罗宾逊此后的理论发展实际上可能成为她获奖的障碍。首先，在《不完全竞争经济学》中，罗宾逊还没有完成对马歇尔的清算，还保留着马歇尔经济学的基本假设和基本方法。此后，在凯恩斯主义影响下，罗宾逊完成了对马歇尔的批判，在该书很多年后的再版中，罗宾逊否定了作为其不完全竞争经济学基础的马歇尔理论。也就是说，如果授奖给罗宾逊，奖励的只能是她已经否定了的理论创造。也就是因为这个原因，当得知罗宾逊已经进入诺贝尔经济学奖候选人短名单后，罗宾逊的亲密

① 玛乔里·谢泼德·特纳：《琼·罗宾逊与两个剑桥之争》，324 页。

② 同上书，322 页。

③ 同上书，330 页。

朋友艾克纳“强烈地希望罗宾逊永远不去接受该奖。”[①] 姑且不论即使获奖，罗宾逊是否会给诺贝尔奖委员会带来难堪，关键的是，罗宾逊 20 世纪 40 年代后的理论研究，使其远离了诺贝尔经济学奖。归根到底，诺贝尔经济学奖是主流经济学的奖项，其奖励的是那些为主流经济学发展作出贡献的理论创新。就罗宾逊的研究活动来看，不仅她的基本信念、研究方法、基本理论同主流经济学背道而驰，而且，从其研究动机来说，她不是主流经济学的建设者而是颠覆者。

三是政治倾向。经济学最终通过政治介入现实。罗宾逊的亲马克思主义倾向才是她走向诺贝尔经济学奖的最大障碍。在诺贝尔经济学奖的历史上，也存在主流经济学的怀疑者获奖的例子，如缪尔达尔。但是，与其他批评者不同的是，罗宾逊所要摧毁的不是正统经济学的某个理论，而是整个正统经济学的大厦；她所要面对的不是某个经济学家，而是整个正统经济学阵营。虽然后面有卡尔多、斯拉法等人的助阵，我们还是看到了琼·罗宾逊独战风车的唐吉诃德般的孤独。关键还在于，她用于摧毁传统经济学的武器，居然有资产阶级经济学深恶痛绝的马克思主义经济学。“随着《论马克思主义经济学》的发表，罗宾逊败坏了自己在剑桥和马萨诸塞的形象。”[②] 这种打击甚至来自原来的凯恩斯阵营。“由于她这篇文章以及她一向对马克思经济学某些方面的兴趣，现在她遭到了猛烈的攻击，甚至受到那些曾经是她的朋友、喜欢她的著作的人的批判。”[③] 她曾经的老师和同事肖夫甚至说，罗宾逊已经“丧失了她的道德观”[④]。她最器重并倾注大量心血培养的学生背叛了她，称她为“马克思化的凯恩斯主义者”；阿伦·鲍斯说她是“一只现代后凯恩斯主义理想的羊，披着信仰马克思主义理想的狼的外衣。”[⑤] 此外，她对社会主义革命和实践的关注和支持、她对冷战的批评、她的强烈的“反美”情绪也是她获得认同的重要障碍。

---

① 玛乔里·谢泼德·特纳：《琼·罗宾逊与两个剑桥之争》，323 页。

② 同上书，108 页。

③ 同上书，110 页。

④ 同上书，112 页。

⑤ 同上书，132 页。

罗宾逊与诺贝尔经济学奖的擦肩而过已经过去了半个多世纪。如果诺贝尔经济学奖是值得追求的，遗憾的只是诺贝尔经济学奖本身。况且，在罗宾逊看来，诺贝尔经济学奖不一定值得追求。

她为什么选择了马克思?

一个来自资产阶级上层社会的优雅女性，一个在正统经济学熏陶中成长的天才经济学家，为什么会选择亲近马克思的艰难之路?

罗宾逊是在否定马歇尔的过程中找到马克思的。罗宾逊对正统经济学尤其是对马歇尔经济学的背叛，可能的原因之一是马歇尔经济学不能实现她的济世理想。尽管罗宾逊不在乎她的女性身份，尽管“她一生不会煮一个鸡蛋”[①]，但罗宾逊确实有着悲天悯人的情怀，“当她还是个中学生时就对穷人发生了兴趣，还在伦敦的一个贫民福利工作团体做了很多工作。”[②] 1926 年，琼·罗宾逊随丈夫到印度工作，落后国家穷苦人民的悲惨生活使她震惊，她将致力于用经济学来改善穷人的境遇。于是，当她认识到马歇尔不过是“食利者的战士”后，她需要一个理想的经济学，“我抱着某种模糊的希望，希望它会有助于我理解什么是贫穷以及如何去改变它。”[③] 马克思主义经济学是穷人的经济学，他解释了无产阶级受剥削的根源并指出了无产阶级获得解放的道路。正是为了探索改变穷人命运的道路，罗宾逊走近了马克思。这可以解释为什么罗宾逊对中国的社会主义革命和建设成就充满欣喜，对中国的改革开放充满希望；这也可以解释罗宾逊为什么在遗嘱中要求将她的著述销售收入用于资助发展中国家的研究生教育项目。

罗宾逊选择马克思还与 1929—1933 年大危机有关。在马歇尔新古典经济学的和谐世界里，均衡是市场自发作用的必然结果，自由放任是唯一可以选择的政策主张。大危机的发生使罗宾逊对马歇尔经济学的解释能力产生了深刻的怀疑，而大危机期间的自由放任政策则无异于犯罪。在她看来，在大危

① 玛乔里·谢泼德·特纳：《琼·罗宾逊与两个剑桥之争》，293 页。

② 同上书，17 页。

③ 同上书，14 页。

机剥夺人的生命时，听任市场的自发作用实际上就是在谋杀。这是罗宾逊抛弃马歇尔经济学的直接原因。凯恩斯的理论为经济危机的产生提供了一个有价值的解释，而凯恩斯的政策主张在抑制危机破坏性方面也发挥了重要作用。为了从更深刻的制度背景方面理解经济危机，罗宾逊走近了马克思，她发现，在很多方面，应用马克思经济学可以对凯恩斯经济学作出更有效的解释。说到这里，我又想起了保罗·斯威齐。早在大学时代，斯威齐就因为发现了“拐折的需求曲线”而成为经济学界的一颗新星。但是，大危机改变了这位大银行家后代的命运。大危机期间，斯威齐目睹了资本主义的缺陷：一方面是产品过剩，而另一方面是广大下层人民对于大量的过剩产品几乎没有任何消费能力；一方面是大量的食品被倾倒入垃圾场，而另一方面是寒冷的冬夜街头常有饿殍的流浪者。在主流经济学框架里无法得到解释的斯威齐只能求助于马克思，于是，一个主流经济学家彻底转化为马克思主义者。

最后，我还是迷惑——琼·罗宾逊不是马克思主义者？

“资本主义精神”与富兰克林

将本杰明·富兰克林（Benjamin Franklin，1706—1790）与“资本主义精神”联系在一起的是马克斯·韦伯及其《新教伦理与资本主义精神》。

韦伯将资本主义精神理解为一种理性的牟利精神，这种精神的产生源于新教改革。按照韦伯的理解，传统社会无论东方还是西方，对经济牟利都持有一种保守和克制的态度。至少在主流意识形态中，经济牟利不具有充分的合法性。比如在基督教中，放债取息及经商牟利都是一种恶。新教改革，尤其是加尔文宗的发展，确立了将世俗经济活动的成功包括经商牟利的成功视为对上帝的荣耀的观念，于是经济牟利具有了意识形态上充分的合法性。

韦伯将富兰克林视为“资本主义精神”的象征。在《新教伦理与资本主义精神》中，“资本主义精神”体现在如下“新教伦理”信条之中——

“时间就是金钱”；

“信誉就是金钱”；

“金钱有增殖和衍生的性质”；

“精明的掌钱人是他人钱包的主宰者”；

“一个人如果白白浪费了可以值五先令的时间，其实就是损失了五先令的金钱，就好像故意把五先令扔进大海一样”……

韦伯说：“这些话就是本杰明·富兰克林对我们的教导。”[1]

“这些话”是否真的就是“本杰明·富兰克林对我们的教导”？一般认为，

---

① 马克斯·韦伯：《新教伦理与资本主义精神》，43页，北京，北京大学出版社，2012。

本杰明·富兰克林的道德信念及伦理原则体现在他卓越的《本杰明·富兰克林自传》当中，但《本杰明·富兰克林自传》中并没有这些信条——至少是没有这些表述。富兰克林二十多岁的时候，曾自立十三项道德信条，并切实加以实施和训练。这些信条包括：节制、节言、贞节、节俭、勤劳、诚实、正直、秩序、决心、中庸、整洁、宁静、谦虚。这些信条尽管包括若干“理性”的因素，却没有太多显著的“牟利”色彩。实际上，富兰克林的道德及伦理信念的形成，更多受到古希腊文化的影响，他少年时代就阅读过色诺芬、柏拉图以及西塞罗的著作。他的十三项道德信条所内含的，更多体现的是斯多葛主义、柏拉图哲学及亚里士多德精神。

富兰克林的“这些话”是否来自他的另一部著作《穷理查年鉴》呢？富兰克林年轻时曾从事印刷业务，期间出版了这本年鉴，这也是他作为成功的商人掘到的第一桶金。涉及财富、金钱等道德及伦理观念的，主要在第三章“财富之悟”。

“财富属于懂得分享它的人，而不属于只会占有它的人”；

“财富越多，事务越忙”；

“欲望在女人与酒，游戏与骗术之间变大，相对的财富却变小了”；

“财富和知足并不总是同床者”；

“财富发现罪恶，逆境看见美德”；

“很多人财富多了，良心就坏了”；

“不要让你的餐桌成为陷阱，与穷人一起分享上帝的恩赐”；

“许多人以为自己花钱买了快乐，其实是花钱做了快乐的奴隶”；

“贪婪和幸福就是两条平行线，它们是不会相交的”；

“知足让穷人变富，贪婪让富人变穷”；

“如果一个人得到了世界，却失去了自己的灵魂，又有什么用呢？如果不注意这方面，即使他以后飞黄腾达，但在明白人眼里，他永远都是一贫如洗”；

…………

《穷理查年鉴》中的这些道德箴言，所体现的还是与《本杰明·富兰克林自传》一致的斯多葛主义、柏拉图哲学及亚里士多德精神。这些观念和信条虽然没有否定物质财富的现实意义，但远远没有如韦伯声言的那样，将物质成功看成是人生意义的实现。

韦伯在《新教伦理与资本主义精神》中提及的那些富兰克林“对我们的教导”，既不来自《本杰明·富兰克林自传》，也不来自《穷理查年鉴》；被韦伯说成是富兰克林“对我们的教导”的那些箴言，既不体现富兰克林的精神，也不是富兰克林的原话。韦伯在那句话之后紧接着说：“这些话在费迪南德·科恩伯格那本机智而又具有恶意的《美国文化写照》中则被讽刺成美国佬对信仰的自白。”① 这里就有一个问题：一个怀有恶意的作家对富兰克林的讽刺，怎么还能理解为对富兰克林精神的反映？这样一种对“美国佬”文化的嘲弄，如何能够成为美国资本主义精神的体现？

将那些体现“资本主义精神”的新教伦理信条归结到富兰克林名下实在是牵强附会。只能这样来理解，资本主义理性精神与新教伦理的关系在历史上早已存在，在弗里德里希·李斯特的《政治经济学的国民体系》中，在为柯尔培尔主义辩护时，就将柯尔培尔之后法国经济的失败解释为大批新教徒受迫害而离开法国。这里内含着新教精神对世俗经济活动的促进作用的观念。韦伯希望提供新的更深入的解释，他将成功的资本主义的典型确定为美国，再将体现美国资本主义精神的典型确定为18世纪成功的企业家、科学家、理论家、政治家富兰克林。至于富兰克林是否真的吻合他新教伦理——资本主义精神——资本主义成功的逻辑，那就需要挖掘新的材料证据，即使这些“证据”显得牵强。

韦伯将本杰明·富兰克林确定为体现新教伦理背景下资本主义精神的代表实在是一个错误。富兰克林主张信仰的自由、道德的宽容。他的思想虽然有新教的色彩，但他明确否认自己是个新教徒。在《本杰明·富兰克林自传》中，富兰克林宣称，如果要确定自己的宗教信仰的话，他更愿意将自己视为一个自然神论者。在《本杰明·富兰克林自传》中阐释自己“宗教的见解”

① 马克斯·韦伯：《新教伦理与资本主义精神》，45页。

时，他将自己所认同的宗教的“精义”确定为以下几个方面——

“世间只有一个创造万物的上帝。

治理世界就以上天的道义。

人们当以崇拜、祈祷和感恩向他表达敬意。

与人为善，这是上帝最大的希冀。

灵魂永远不朽，

今生或者来世，上帝必定惩恶扬善。”

富兰克林的这些宗教“精义”，与韦伯强加给他的那些“新教伦理”信条，即使不是南辕北辙，也是大相径庭。

撇开宗教信仰而言，作为一个世俗的成功人士，富兰克林所追求的，与韦伯所理解和认同的，也大相径庭。富兰克林珍视生命，追求人生的成功。但他远远不是一个物质主义者，远远不是一个自利主义者。他一生“唯一的兴趣”就是读书，他通过阅读、思考和道德训练不断提升自己的道德境界；他关注民生，热心公益事业，他曾经建立消防队，成立医院；他热爱科学研究，建立研究协会，热衷科学研究；他相信教育对个体和国家的意义，他热心教育，成立大学；他关注国家和民族的命运，满腔热忱投身于国家的独立和民族的自由。作为一个世俗成功者的富兰克林并不将人生意义理解为个人价值的实现，他追求出人头地，更追求在社会价值实现的过程中实现个体的价值。

读韦伯的《新教伦理与资本主义精神》，一个问题总挥之不去。科学研究的目的是什么？发现真理还是迎合需要？如果只是需要，只要求说服，那么证据的真实性并不重要。时代有时候需要比逻辑以及证据有着更为强大的力量。韦伯关于“新教伦理与资本主义精神”的理论成为20世纪社会科学研究中影响深远的“伟大创见”之一，其成功与对抗马克思主义“经济决定论”的时代需要有关。这种成功由于脱离科学的真实，可能已经成为一种误导。

韦伯是20世纪最伟大的社会科学家之一，是西方文化发展中一位跨时代的巨人。当我为《新教伦理与资本主义精神》中可能存在的问题而惶惑的时候，我感到有些忐忑，更确信哈耶克关于人的知识的有限性的思想。

欧文·费雪的传奇

欧文·费雪（Irving Fisher，1867—1947），货币主义和计量经济学的创始人，著名的交易方程式（$MV=PQ$）的阐释者。詹姆斯·托宾说他是美国有史以来最伟大的经济学家，萨缪尔森说他的博士论文《价值与价格理论的数理研究》是经济学界前所未有的最伟大的博士论文。当代最杰出的经济思想史学家马克·布劳格称费雪为"美国有史以来最伟大的当然也是最具有传奇色彩的经济学家之一。"①

费雪的一生确实充满传奇。1898 年，31 岁的费雪就成为了耶鲁大学教授。在他的时代，这是个了不起的成就。要知道，与费雪同出萨姆纳门下的大名鼎鼎的凡勃伦的职称终身没有超过副教授。但是，同年，志得意满的费雪就被诊断出肺结核，在当时这是绝症，等于被判了死刑。费雪没有被病魔击倒，而是成为一位为健康而战的斗士。此后，他隐居三年，通过长途旅行、呼吸新鲜空气、履行健康的生活方式和坚持锻炼身体配合治疗。他不仅战胜了肺结核，而且成为健康的象征。最后，费雪活到了 80 岁的高龄。在他的时代，费雪就是经济学家中的著名"怪人"。他天资异常卓越，因而自视甚高，有时甚至飞扬跋扈。面对争论，他态度坚决、自以为是、从来不知道妥协；生活上，他秉持清教徒的精神，严于律己，不抽烟、不饮酒，也不饮用咖啡和茶，极少吃肉；他没有幽默感，很少会笑，总是衣着整洁而古板。可费雪却同时是一个仁慈的父亲和温情的丈夫。1893 年他同玛吉·海泽结婚，他们

---

① 马克·斯考森：《现代经济学的历程——大思想家的生平和思想》，271 页。

幸福生活了将近半个世纪，终生不渝地彼此相爱。[①]

最令人震惊和感慨的是费雪对现代经济学作出的大量基础性贡献。费雪是美国第一位计量经济学家，他是美国最早将数学方法系统应用于经济研究的人，1930 年他与弗里希等一同创建了美国计量经济学会并担任第一届会长。实际上，费雪是现代经济学最重要的奠基者之一。“今天许多标准的新古典理论，在起源、风格精神和本质方面都是费雪式的。……他的货币理论和价格理论是许多现代经济学的基础。”另外，费雪“被认为在分布滞后回归、生命周期储蓄理论、‘菲利普斯曲线’、对消费而非对‘收入’征税的情况、现代货币数量论、实际利率与名义利率的区别以及经济学家们的工具箱中许多更标准的分析工具等方面有所建树。”[②] 即使在今天，费雪也是任何经济学研究者都无法绕过的一座高峰。现在，费雪仍然是他所处时代被引用次数最多的经济学家，而且主要是在基本理论而不是在思想史中被引用。费雪被引用的次数同与他同时代的经济学家韦斯利·米切尔、约翰·贝茨·克拉克、陶西格的比例，在 1976—1980 年间是 9∶3∶1∶1。费雪最令人吃惊的是他的多产和富有才华。他一生写过 30 多本书，独立发表过 2 000 多篇文章，此外还有数百篇与他人合作发表的论著。这实在是一串让人瞠目结舌的数字。这样一个多产而深刻的思想家，很容易被看成是象牙塔中孤芳自赏的隐者，可费雪却又同时是一个积极的改革者和社会活动家，他是禁烟协会成员，国际联盟活动的积极参与者和支持者。他曾经向墨索里尼推销过其货币改革计划，1933—1934 年间曾经给罗斯福写过 100 封信提供广泛的政策建议。

费雪的财富故事也是经济学家中最具有传奇色彩的。

---

① 步入老年后的费雪仍然热情似火，他在给妻子的信中写道：“我似乎感到一种爱情的新的甜蜜温情，我多想能以某种方式向你表达或描绘此种感受。晴朗的天空、静谧的微风、壮丽的加利福尼亚，尤其因为它和你有一种微妙、潜在的关系——那个冬天我们是在这里订婚的，你从此占据了我的整个心灵。爱情真是一件复杂的事情！它看起来如此简单，然而它却又如此多变，像钻石的各个截面、彩虹的多种色彩或像我们神父宅第的富丽堂皇……对我来说，你是奇迹中的奇迹。你的心灵和我的心灵各掌握着对方的钥匙，我有一种不可思议的感觉，自从我来到这里，这种感觉尤为强烈，你已经并仍然引领着我步入心灵体验的仙境。”——马克·斯考森：《现代经济学的历程——大思想家的生平和思想》，274 页。

② 詹姆斯·托宾：《欧文·费雪》，见约翰·伊特韦尔等：《新帕尔格雷夫经济学大辞典》（E-J 卷），395 页，北京，经济科学出版社，1996。

费雪一生爱慕虚荣且自视甚高，从来都相信自己会成为一个伟人——不仅在学术上，而且在财富上。他总是在寻找各种致富的途径。1910 年，费雪发明了一种索引卡片系统——罗拉代克斯（Rolodex）并取得专利。1913 年创办自己的公司——索引可视公司进行生产和销售。开始盈利后，1925 年，费雪的公司与主要竞争对手合并，该公司后来叫雷明德・兰德公司。售出部分股份后，费雪一时成为百万富翁。丢下骑了几十年的自行车，费雪购买了一辆大号林肯并雇佣了一名专职司机。百万富翁的身份使费雪成为 20 世纪 20 年代“华尔街的先知”，他关于股票市场前景和宏观经济展望的言论引导着舆论的方向。在狂飙猛进的 20 世纪 20 年代，费雪是乐观主义的主要倡导者。他把股票市场的兴旺视为美国长期繁荣的“新时代”的反映。除了持有兰德公司股票外，他还购买了大量小盘成长性股票。在牛市高峰时期，费雪的股票市值超过 1 000 万美元。这一数字实际上使费雪成为历史上最富有的经济学家。

1929 年 10 月华尔街股市崩盘之前，费雪仍然坚定地认为股票价格将在一个较高的水平上稳定下来，相信美联储会采取有效措施避免危机的加深，相信胡佛总统的计划能够遏制事态的恶化，相信“前景是光明的”。费雪对于市场前景是过于乐观了，他的投资基本上没有防守策略。当股指由 1929 年的最高点 381 点跌到 1932 年的 40 点左右时，费雪的投资被彻底吞没。后来经济复苏了，但费雪的经济状况一直没有复苏。实际上，他已经破产。此后，他不仅要应付沉重的负债，还要同税务机关提出的对他以往收入征税的要求进行斗争。1931 年，费雪得了肺炎，雪上加霜的是他同时收到美国国税局的来信，要他支付 6 万多美元的税款。是玛吉的姐姐借给他 10 万美元才暂时勉强渡过难关。1935 年，为耶鲁大学服务一生的 68 岁的费雪因为年龄原因被强制退休。贫困的费雪无法付清住房款项，耶鲁大学只能同费雪签订终身租期协议，买下这所房子再租给费雪。晚年，费雪基本上是靠其妻姐的周济度日，他一共欠下 75 万美元，而且一直没有能力归还。费雪还一直期待能够找到帮他赚到几百万美元的方法，但也只是完成了一些毫无价值的小发明。1947 年，贫困中的费雪被癌症击倒了，他的财富梦想终结了。

费雪最初成为百万富翁依靠的是技术发明而不是经济学，但他最终的失败却与他的经济学有一定关联。费雪一生的研究围绕着货币问题，但他的货币理论被认为是有缺陷的。费雪的货币理论注重宏观和长期的分析，忽视对个人与机构货币行为的研究，这妨碍他对经济和银行系统可能存在结构不平衡的观察和认识。根据费雪的观点，资本是同质的，而且具有高度的流动性。货币的高度流动性可以避免结构性危机的产生，因此经济不可能陷入长期的严重萧条中。根据他的交易方程式 $MV=PQ$，假定 V 和 Q 不变，价格水平取决于货币供应量。因此，货币在长期是中性的。即货币供应的变动将引起价格水平的同比例变动，不会产生长期的负面影响，因此，经济系统不存在经济周期。当结构问题导致的危机迹象越来越明显，费雪仍然执迷不悟。凯恩斯将费雪等货币主义者的这种乐观观点称为“关于当前事务的令人误入歧途的向导”。凯恩斯挖苦到，“在长期，我们都不在人世了。如果在暴风雨的季节，经济学家能告诉我们的只是当风暴过去很久以后，海面又会恢复平静，那么他们给自己规定的任务就太简单，太没用了。”[①] 对费雪来说，新古典经济学的虚幻前景带给他的不是暴风雨，而是吞噬他全部财产的旋涡。

费雪的人生传奇尤其是他的财富故事引人入胜。但是对于经济学来说，费雪的意义不在于他曾经是历史上最富有的经济学家，不在于他从百万富翁到破产者的财富历险，而在于他为现代经济学大厦建设所提供的整体设计、基础工程和大量的建筑材料，在于他作为货币主义、计量经济学的创始人和“交易方程式”提出和阐释者的身份。

---

① Keynes，John Maynard. 1971. Activities，1906—1914，*The Collected Writings of John Maynard Keynes*，Vol. 15. London：Macmillan. 转引自马克·斯考森：《现代经济学的历程——大思想家的生平和思想》，354 页。

周末，跟哈耶克在一起

周末，一个人在家。

深秋好时节，正是读书时。

这一次，翻开的是哈耶克。

最初接触的哈耶克，是一个纯然负面的形象。他的《通往奴役的道路》，是对社会主义和集体经济的诅咒。在尚未理解经济学而真诚且盲目信赖"马克思主义经济学"的时代，这样的哈耶克是撒旦。再后来，了解了他的货币经济周期理论，了解了他与凯恩斯的论战，了解了他极端的自由市场观念——比如他的货币非国家化主张——他居然主张货币的市场发行而反对中央银行的存在。那时候还迷恋凯恩斯的思想，相信他关于市场失败背景下政府存在具有必然性的观念，因此站在反面的哈耶克是个疯子。

再往后，因为向往自由而亲近斯密并接受弗里德曼，因为对管制的憎恶而了解施蒂格勒，因为斯密、弗里德曼及施蒂格勒的自由主义观念而接触并理解哈耶克。原来，哈耶克的逻辑具有强大的力量。

为什么集体经济或者计划经济是"通往奴役的道路"？计划要求对生产或者供给进行控制以适应需求。计划的制定需要需求信息。可是，计划排斥市场，没有价格就没有需求信息。因此计划只有在需求被控制的条件下才有可能性。比如在我们的计划体制下，对食品的需求被粮票所控制，对服装的需求被布票所控制……当人的需求被全面控制后，计划可能了。但是，人的需求失去了自主性，人也就进入被奴役的状态了。

计划的观念是设计的观念。计划者以精英自居，把自己看成是上帝的代言人。他们以为自己全知全能地可以把握世界的运转，他们可以通过计划将人类的命运纳入他们设计好的轨道。哈耶克说，人脑是有限的，我们的知识因此是有限的。我们可能把握某些关于世界运行的确定性知识，但现实的经济运动受很多不确定因素的影响。他告诫我们要保持谦逊，避免陷入“致命的自负”。

哈耶克不相信社会经济的发展是可以设计的。制度的变迁，实际上是人们不断试错的结果，由此我理解了路径依赖。理性主义者站在半空之中，可以发现并设计达到目的地的最优路径，而站在现实的土地上的行动者只能走一步看一步，只能摸着石头过河。制度的变迁因此是演进的。因为相信马歇尔《经济学原理》中那句导语——“自然界没有飞跃”，我对哈耶克关于制度演进的观念就很容易接受了。

制度的演进性质和我们的知识有限性有关。在知识爆炸并日趋专业化的时代，我们每个个体的知识有限性就更加严重了。在人类知识的海洋中，我们每个人都只具备某个专业领域中很专业的某个局部的知识。哈耶克将这种知识分布的格局叫做“知识分立”。知识分立意味着每个个体的知识都不具有生产性。对于仅仅具备粗浅的经济思想史知识的我来说，没有办法对着一头奶牛讲经济思想史而让它多产奶，也没有办法用经济思想史来吆喝一只失散的羊让它回归群体。但是哈耶克相信，个体分立的知识经过市场的整合可以成为有机的知识，而有机的知识会呈现生产性的特点。因此，市场使知识有用，市场使知识分子有用。

就这样，哈耶克慢慢进入我的灵魂中了。

哈耶克不再是疯子，更不是撒旦。他是一位智者，是20世纪最伟大的思想家之一。在经济学的世界里，在日趋形式化从而经济学思想不断被稀释的现代世界里，哈耶克使我们还能保持对思想的信心。

作为经济学家的哈耶克，主要活跃在20个世纪30年代。他早年以货币的经济周期理论出名，更以对凯恩斯干预主义思想的不妥协引人注目。但是，在与凯恩斯的竞争中，时代站在了凯恩斯一边。那个时代，作为经济学家的哈耶克并没有20世纪七八十年代之后作为自由主义经济学导师的形象那样伟大。

1974 年哈耶克被授予诺贝尔经济学奖，实际上奖励的并不是他对经济学理论的直接贡献。1944 年《通往奴役的道路》出版之后，哈耶克就已经不再是经济学家的形象了。更多的，人们将他看成是一个政治哲学家。与对传统经济学对人类经济行为解释能力的怀疑有关，哈耶克逐渐将研究兴趣转移到认知哲学、政治哲学等领域。到芝加哥大学之后，他没有进入作为自由主义经济学大本营的经济系，而是进入社会思想研究院担任道德科学教授。也许，哈耶克所关注的是人类的命运、是自由主义的命运——他将自由看成是人最基本、最重要的价值。而经济学不过是他对人类命运关注的一个方面。1947 年，哈耶克召集成立了朝圣山学社，试图建立起一个抵制集权主义对自由社会渗透的坚固堡垒。

也许保持与经济学的距离，保持超越经济学的态度更能使人发现经济学面临的困境，更能清楚看到经济学可能的发展进路。不再专业研究经济学的哈耶克所发展出的那些观念，关于人的知识的有限性，关于知识的分立与市场的作用，关于制度的演进及自发秩序的扩展，等等，对经济学发展所产生的影响要远远超出作为专业经济学家的他在 20 世纪 30 年代的那些贡献。

1974 年的获奖对他来说是个意外，对经济学来说却是个转折。此前诺贝尔经济学奖获得者大多是凯恩斯主义者。哈耶克之后，更多的自由主义经济学家站到了诺贝尔经济学奖的领奖台上。弗里德曼、施蒂格勒、布坎南、科斯等等，他们都是凯恩斯经济学的反对者，也都是自由市场的坚定维护者。哈耶克的获奖更多的是经济风向转变的结果。凯恩斯主义因为滞胀而失势，时代需要一种新的解释经济运转的思维。

哈耶克不仅是一位思想家，还是一个人；他有过成功的喜悦、挫败的失落，还有过对命运无常的悲哀。

他上大学的时候就喜欢一位女子。后来他到美国访学，回来后那个女子和别人结了婚。哈耶克建立自己的家庭后，并没有感觉到婚姻的幸福。再往后，他与自己初恋再续前缘。为了与前妻离婚，他去了美国。

作为道德科学教授的哈耶克一直尊重传统道德，将其视为社会存在和发展的最后保障。他甚至被看成是一个绝对的道德主义者。可是他的婚外恋及强制离婚与他的道德观是冲突的。为此，他几十年的好朋友罗宾斯与他断绝关系并退出朝圣山学社。

晚年的哈耶克并不为自己的行为后悔。但他还是为自己的命运感到悲哀。如果没有命运的捉弄，他是不需要那样去伤害别人并伤害自己的。

周末，跟哈耶克在一起。

我只是远远地看着他，心理杂陈着崇敬、感激和同情。

感恩，弗里德曼

12 月 5 日课间，上网帮学生查阅材料，百度“弗里德曼”时，才知道，20 世纪最伟大的经济学家之一、现代货币主义的创始人、新自由主义经济学的奠基者——米尔顿·弗里德曼已经于 2006 年 11 月 16 日去世。我感慨于一个卓越经济学家一生奋斗为经济学发展作出的卓越贡献，我疑惑于弗里德曼之后的 21 世纪是否还有希望产生他那样伟大的经济思想家。弗里德曼，弗里德曼，弗里德曼……我听到我在喃喃自语。

说来奇怪，这学期我提到“弗里德曼”的次数最多。讲经济思想的演变时，我说过弗里德曼是“现代货币主义的旗手”、“新自由主义的先锋”；讲货币问题时，转述了弗里德曼的“雅浦岛的石轮货币”的故事，还介绍了弗里德曼的晚年著作《货币的祸害》；讲公共产品的供给及其效率问题时，介绍了弗里德曼的“学券制”；讲贫困与税收的再分配效应时，介绍了弗里德曼的“负所得税”方案。

大脑袋，秃顶，圆脸，慈祥的面容，永远开朗、乐观和自信。这是生活中的弗里德曼。

米尔顿·弗里德曼（Milton Friedman，1912—2006）出生于纽约布鲁克林一个贫寒的犹太移民家庭。母亲曾经在一个血汗工厂做过临时工，后来开办了自己的裁缝店，父亲则做小本生意。生活一直比较艰苦，经常寅吃卯粮。15 岁时，弗里德曼的父亲去世。次年，即大危机来临前的 1928 年，弗里德曼考入罗格斯大学。时事艰难，家境贫困，弗里德曼需要为自己筹措生活费和学费。一开始，他在百货公司做过兼职售货员，同时还在餐馆做服务生——报酬是一顿午餐（由此他知道“天下没有免费的午餐”）；后来，在学校里做过二手书生意，卖过袜子和领带，在独立日销售过烟花爆竹，还开办过一所为高中生补习功课的暑期学校。求学的艰难没有使弗里德曼抱怨什么，他所感受到的是收获。在弗里德曼看来，勤工俭学不仅使他获得完成学业的费用来源，也锻炼了自己的生活和工作能力，加深了对现实经济生活的体验，这对他今后从事经济理论研究是一笔宝贵的财富。弗里德曼对生活的这种宽容和感恩来自他母亲的遗传。“血汗工厂”的工作和生活极端残酷，但他母亲却从来没有对此有过负面评论，相反，她认为这份工作让她在有了生活来源的同时还学习了英语、适应了新的环境。弗里德曼一直觉得自己是个幸运的人。尽管他当时的老师阿瑟·伯恩斯（后来曾经担任美联储主席）和霍默·琼斯都是不到30岁的资历尚浅的助教，但在弗里德曼看来，他们都“学识渊博、智慧超群，而且人品高尚”，具有非凡的人格魅力和成熟的判断力。正是他们给弗里德曼打开了经济学殿堂的窗户，使他看到了经济学的神奇。大学毕业后，在霍默·琼斯（弗兰克·奈特的学生）的强烈推荐下，弗里德曼选择进入芝加哥大学继续深造。

在芝加哥大学这个自由主义经济学的大本营，弗里德曼有幸接受了一大批一流经济学家的教诲，从亨利·西蒙和弗兰克·奈特那里，弗里德曼继承了古典自由主义哲学和对大多数政府干预行为恰当性的深深怀疑；从雅各布·瓦伊纳那里，弗里德曼感受到了经济学理论的生命力与重要性。随后，在哥伦比亚大学，弗兰德曼在哈罗德·霍特林那里接受了完整的经济学训练，并建立了对计量经济学和统计学的永久兴趣。弗里德曼一生都对他的老师们保持着深深的敬意，在他看来，作为经济学家的他，是由他的经济学老师们共同塑造的。1987年阿瑟去世后，弗里德曼怀着感恩的心情写道——除了我的父母和妻子，没有一个人比阿瑟更多地影响了我的生活——他是我的老师、导师、同行、朋友…… 1946年，弗兰德曼获哥伦比亚大学博士学位，1948年起担任芝加哥大学教授，开始了他的职业经济学家生涯。

一个矮小的身躯支撑着一颗硕大的头颅，鼻梁上的宽边眼镜后面，是一双犀利睿智的眼睛。高亢而尖利得有点让人不舒服的声音，配合夸张地挥舞的手臂。咄咄逼人的辩论技巧令支持者着迷、反对者胆寒。这是战斗的经济学家弗里德曼。

弗里德曼开始其学术生涯的时候，正是凯恩斯主义如日中天的年代。由于凯恩斯主义政策的成功，整个西方世界都成了凯恩斯的信徒。受古典自由主义哲学的影响，弗里德曼对凯恩斯主义政策实施的后果产生了怀疑。在弗里德曼看来，人的最高价值是自由，而自由与私有财产和市场是密切相关的，在一定意义上，它们是同一回事。只有建立和维护私有产权，才能保证市场机制的有效运行，而只有在市场体制下，才能为人的自由选择提供一个广阔的平台。国家对经济生活的大规模干预意味着非市场力量对市场的瓜分和侵蚀，它缩小了市场机制作用的空间，降低了市场机制功能自由发挥的程度，从而抑制了个人的自由选择。弗里德曼和哈耶克一样担心，大规模和普遍的政府干预，在削弱市场功能的同时，也将削弱个人自由，这也许是一条“通往奴役的道路”。因此，反对政府干预，就是捍卫市场自由，就是捍卫人的自由和尊严。

为了捍卫自由市场经济精神，弗里德曼铁肩担道义，承担起狙击凯恩斯主义的重任。从 20 世纪 50 年代中期开始，弗里德曼写作出版了大量著作和论文，宣扬自由主义经济学，揭露和批判凯恩斯主义。1957 年，出版了《消费函数理论》，批判凯恩斯的边际消费倾向递减规律，否定政府公共支出对增加有效需求的作用；1962 年，出版了《资本主义与自由》，全面阐述了政治自由与经济自由的内在联系，阐述了政府干预对个人自由的危害及市场在维护和实现个人自由方面的作用；1963 年，与施瓦茨两人合作出版《美国货币史》，利用对美国经济史资料的周密分析，证明 1929 年的大危机不是源于市场的自发作用，而是政府不适当干预的结果。弗里德曼还长期在美国《商业周刊》发表文章，宣扬自己的自由主义观点。1980 年，弗里德曼还主持了一套叫《自由选择》的公共教育电视宣传片，推广经济自由主义思想。

今天，自由主义已经成为经济学的主流，而从 20 世纪 50—70 年代后期，在与强大的凯恩斯主义的战斗中，弗里德曼几乎是孤身一人。弗里德曼差不多就是凯恩斯主义风车前的唐吉诃德。在主流的凯恩斯主义一统天下的背景下，弗里德曼的经济学思想被人视为离经叛道、荒诞可笑，像杜克大学这样的名校图书馆甚至连弗里德曼的著作都不摆放在书架上。在一些学术活动中，弗里德曼还受到歧视和排挤。弗里德曼对自由主义精神的执着和对凯恩斯主义的决不妥协逐渐为他赢得了学术声誉，但是，他也为此受尽了嘲弄。在一个流行的情景描写中，当极右的弗里德曼与极左的加尔布雷斯辩论时，作为历史上身材最高的经济学家的后者被描绘成温文尔雅、智力超群的智者，而前者则被妖魔化为声嘶力竭、张牙舞爪的小丑。

20 世纪 70 年代中期以后，新自由主义逐步取代凯恩斯主义而成为经济学的主流。物理学家马克斯·普朗克曾经说过，一项新的科学真理取得胜利，并不是通过说服它的对手从而使得他们认识到这一真理，而是由于它的对手最终都死了，而熟悉这一真理的一代新人成长起来。凯恩斯早在他的阵地失守之前 30 年就死了，干预主义的失败，在新自由主义看来，是他们自掘坟墓的结果。新自由主义者认为，市场本来具有自我恢复的功能。干预主义过于信赖政府调节和控制市场的能力，频繁使用扩张性和收缩性政策调控经济，其结果使通货膨胀和经济衰退相结合。凯恩斯主义素来以通货膨胀和经济收缩作为治理对方的药方，当这两种病症结合在一起时，凯恩斯主义就失灵了，它既不能解决此问题，也不能提出有效的解释。新凯恩斯主义者认为，滞胀本身是实施凯恩斯主义政策，破坏市场自发作用的结果，解决问题的思路只能建立在恢复市场信念，建立市场秩序之上。

自由主义的“胜利”曙光初现在 1974 年。那一年，哈耶克获得了诺贝尔经济学奖。两年后，弗里德曼也获得诺贝尔经济学奖。哈耶克获奖时已经脱离经济学研究数十年，即使在其经济学研究的高峰时期，哈耶克也不是一个真正意义上的一流经济学家，而且，他后来的自由主义思想研究也没有延伸到经济学分析中。所以，只有弗里德曼的获奖才真正意味着自由主义的“胜利”。获得诺贝尔经济学奖进一步强化了弗里德曼在新自由主义经济学流派中的“教父”地位。在 20 世纪 80 年代资本主义世界兴起的放松政府管制、恢复市场信念的运动中，美国总统里根和英国首相撒切尔夫人都接受了弗里德曼的思想。撒切尔夫人还尊敬地称弗里德曼为“学术界的自由战士”。

弗里德曼的一生都在为捍卫自由市场经济斗争，他的经济理论立足服务于宣扬自由市场制度。在一定意义上，他所有的奋斗基于他对自由市场制度的感恩。

在给阿瑟的悼文中，弗里德曼说——只要注意一下阿瑟的人生，就会惊叹于自由社会所释放出的人的潜能。一个刚到美国的10岁男孩，不会一句英语，作为新泽西州贝约尼的贫困家庭的儿子，11年后毕业于美国哥伦比亚大学……后来成为名闻世界的学者、一流学校的教授、声名卓著的美国国家经济研究局的局长、美国经济学会的主席以及著名公众人物——显然，阿瑟的成功必须具备的条件是——个人的自由选择，而这样的条件，只有自由社会才能提供。

弗里德曼的人生经历与阿瑟基本一致：出身于犹太教移民家庭，家境贫困；依靠个人奋斗取得人生的成功。弗里德曼知道，自由信念与宗教宽容精神是相互支撑的，从而，一个“异教”家庭的孩子才可能得到平等的学习环境；自由市场体制为所有人都提供了获得成功的机会，一个穷人的孩子才可能通过自己的努力为自己挣到完成学业所需要的学习和生活费用；在言论自由的背景下，他的异端邪说尽管遭到打击但没有被绞杀，从而才能经历时间的考验而最后获得胜利。

作为一位杰出的自由主义经济学家，弗里德曼被认为是斯密在20世纪的衣钵传人。相信市场的自发作用，主张限制和约束政府的职能，强调“小政府，大市场”，这确实是斯密的基本主张。但是，弗里德曼（新自由主义一般也如此）可能走得太远了。在他（他们）看来，市场有自我调节实现均衡的内在功能，如果市场运行出现了问题，不是市场自身的问题，而是因为非市场力量扰动的结果。这种判断首先是不符合历史的真实，而且，在理论上也存在问题。如果承认作为市场主体的人的理性的有限性，“市场失灵”的存在就是客观的。当然，等待市场的自我调节可能也是一种选择，但这种选择可能意味着更大和更久的灾难。而且，当弗里德曼将自由主义精神无限扩展，甚至主张卖淫、毒品交易的合法化，相信市场能够校正人们的非理性行为时，他所要挑战的不仅是传统经济学，而且是我们的整个传统伦理和道德了。

经济学是关于选择的科学。选择的前提是自由，而选择本身就是自由的实现过程。在这个意义上，自由是经济学的基本理念。弗里德曼的自由主义思想，他为维护和实现自由所建立和发展的经济理论，构成了现代经济学大厦的重要基础。在这个意义上，作为经济学人，尽管我不能完全赞成弗里德曼的思想和主张，但我对他的奋斗和贡献也怀有一份感恩之心。

科斯来了，科斯走了

科斯（Ronald Coase，1910—2013）去世一周之后，我才从学生口中得知这一消息。震惊之余有些自责——我居然这么久都不知道科斯离世的消息！

生老病死本是自然规律。再说，科斯享受了102年的美好人生，他改变了经济学世界，也在经济学世界实现了他的人生荣耀和辉煌。但我还是悲痛。这种悲痛被酝酿、发酵，越来越强烈。我所悲痛的不是科斯，而是科斯之后的经济学世界。

我们这一代人学习经济学是从政治经济学开始的。在今天看来，政治经济学已经成为经济学的一个特殊领域。而当时的政治经济学还是一种严格的意识形态约束下的具有很强政治意味的学科。说是马克思主义政治经济学，其实只是对马克思主义经典著作的一种牵强附会的解释，一种肆意切割组合以适应政治需要的意识形态体系。因为一贯的政治正确，政治经济学教学的目的不在于把握理论和探索真理，而仅仅是解释政策，宣扬“真理”；理论的逻辑不重要，理论的内容不重要，理论本身不重要。首先是将一组组概念、一套套原理生硬地塞进脑子里，然后在政治正确的信念之下生硬地将其消化。这种东西如果叫做知识，在知识者的灵魂中也没有根基。那时候我们也读《资本论》，但阅读的目的只是为了理解那些被塞进我们脑子里的教条，或者为当时流行的政治信条寻找经典的依据。那时候也开了“西方经济学”课程，但不是教学而是批判。记得当时我们所学的“西方经济学”，原理介绍不清楚，逻辑把握不准确，用马克思主义教条不着边际地批判现代西方经济学却振振有词。其实所谓批判，只是打板子，扣帽子；一堂课上，从头到尾，总是棍棒四处舞，帽子满天飞。学了一个学期的“西方经济学”，除了熟悉“庸俗”、“辩护”、“谎言”、“腐朽”、“没落”等词语外，没有留下什么东西。对待现代经济学的那种当时叫做“批判”的态度，其实远远不是批判，充其量只是隔靴搔痒的诋毁和诅咒。

还好那是一个思想开放的时代。被后来叫做“新启蒙时代”的20世纪80年代，是西方先进思想不断涌进、新旧思潮持续激荡的时代。虽然主流的意识形态对现代西方经济学还持保守甚至排斥的态度，但市场化进程的深化，客观需要市场经济的观念和理论，这些都随着国人眼光转向世界而变化着。在报刊杂志中，我们开始接受一些不为主流认同的现代经济学思想和观念。除了《资本论》之外，我们还可以阅读斯密的《国富论》，科尔奈的《短缺经济学》，萨缪尔森的《经济学》，还有张五常的《卖桔者言》。同主流经济学的僵化教条枯燥乏味、蛮不讲理、生搬硬套相比，通过非正式渠道获得的经济学知识却是那样的生动鲜活、那样的逻辑严谨而切合实际、那样的人性而自然。但是两种不同观念的冲击却一直在困扰着我们——走向谎言还是走向真实？探索科学的知识还是复制刻板的教条？一直到走向工作岗位，走上大学讲坛，还是为自己知识结构的松散、对自己经济学知识和观念的凌乱和冲突惴惴不安？那时候大学里的政治经济学不是科学而是教条，不是理论而是说教，不是知识而是谎言。政治经济学专业的学习和研究者，甚至羞于说起自己的专业。

后来，科斯来了，经济学的世界改变了。科斯是1993年因为交易费用及产权理论获得诺贝尔经济学奖的。在那之前，新制度经济学相关理论已经在中国慢慢传播开来。20世纪80年代中期的时候，北京大学出版了亨利·勒帕日的《美国新自由主义经济学》，这是中文世界接触到的对新自由主义经济学包括科斯为代表的新制度经济学最早的系统介绍。差不多同一时期，还有张五常结合中国实践的新制度经济学文集《卖桔者言》。90年代初及随后，上海人民出版社和三联书店联合出版了一系列评介新制度经济学的著作：科斯的《论生产的制度结构》，诺思的《经济史中的结构域变迁》、《西方世界的兴起》、《制度、制度变迁与经济绩效》，奥尔森的《集体行动的逻辑》，巴泽尔的《产权的制度分析》，阿尔钦和德姆塞茨的《生产、信息成本与经济组织》，奥利弗·哈特的《企业、合同与财务结构》等等。在此前后，一批有着扎实经济学功底和世界眼光的中国经济学家，如林毅夫、樊纲、张维迎、盛洪，也出版了一系列评介新制度经济学及应用新制度经济学解释中国经济建设和经济改革的著作。1993 年，茅于轼等人还成立了研究、推广新制度经济学的民间研究机构“天则经济研究所”。围绕交易费用、产权或者新制度经济学建立起来的经济学世界，奠基于科斯的两篇文章——1937 年的《企业的性质》和 1960 年的《社会成本理论》。我后来读过马克·布劳格介绍现代经济学家的一部著作，讲到科斯的时候说，历史上很少有这样的奇迹，一位经济学家仅凭两篇文章就构建起一个学科，而这一学科形成之后，围绕它又形成一系列的子学科。在交易费用理论基础上，先有了新制度经济学，后来又有了交易费用经济学、产权经济学、企业经济学、委托代理理论，等等。

科斯的经济学世界是一个精彩的世界，不仅因为丰富，因为切合现实，还因为它独特的看待世界的方法，那是一种建立在严谨逻辑和深刻的经济学精神基础上的真实世界的经济学范式。科斯之前的经济学，似乎只是一个知识体系，这种知识是用来解释知识的；科斯的新制度经济学理论也是一种知识、一套方法、一系列工具，这个知识也是用来解释的，不过他解释的是真实世界的经济运行。交易费用、产权、外部性、不完全信息、不完全合同、剩余及剩余索取权、委托代理，在新制度经济学中，这些抽象的概念并没有远离生活，没有脱离经济学逻辑。它们都抽象于真实世界，因而很容易还原到现实生活；它们都是经济学精神的逻辑结果，可以在经济学世界里自然生长。新制度经济学研究人，但它的经济人不再是那个不食人间烟火的半神，而是一个有着人的需要和追求、有着人的优点和缺点的人。它是抽象的，但抽象之后还是人。因为遵循着经济学的精神和逻辑来探索真实世界的经济运行，所以新制度经济学是切合实际的经济学。当科斯将主流的新古典经济学蔑称为“黑板上的经济学”的时候，他对自己的经济学有着充分的自信。

科斯的经济学也给我信心。有了新制度经济学的工具和方法，对很多经济问题的解释不再那么牵强附会，不再那么蛮不讲理。有了交易费用概念，可以对分工及企业的产生有切实的理解；有了产权及外部性理论，可以对环境及其他公共产品供给问题作出让自己信服的解释；有了委托代理理论，可以对国有企业存在的深层问题作出与科尔奈不同的更深入的解释……阅读科斯及其他新制度经济学家的著作，叹服他们卓越的洞察力，同时也感觉到自己的知识和理解能力在自然地生长着。

放眼经济学发展的历史，科斯开创了一个新的时代。在古典经济学的时代，经济学还是关乎现实经济运行的一门学问，经济学被看成是嵌入伦理和道德、历史和文化、制度和现实的科学。但也就是在古典经济学的时代，由于科学和理性成为价值评判的一般标准，由于自然科学及其进步在社会经济生活中日益重要的影响，“科学”追求成为经济学发展的重要动力。在近现代的观念中，科学化与形式化具有了相同的含义，经济学的科学化就是不断形式化。到了新古典经济学时代，经济学的科学化追求及形式化表现达到了登峰造极的地步。经济学形式化发展的结果，使其“科学”形象越来越明朗，经济学可以自豪地宣称自己是社会科学皇冠上的明珠了，可以宣称自己是社会科学中最硬的科学了。但是，形式化或者数学化是以思想的丧失为代价的。越来越多、越来越高深的数学应用，意味着越来越少的思想，意味着与现实经济运行越来越远的距离。经济学成为科斯所说的“黑板上的经济学”。自称能对社会经济运行进行预测和指导的经济学所开出的往往是不着边际甚至毒害经济运行的药方，经济学对社会经济活动也就失去了解释的能力。一时间，在人们的印象中，经济学成为荒诞的玄学的象征。失去了思想，经济学也就失去了尊严。

科斯交易费用概念的提出及新制度经济学的创立，为经济学的发展提供了一个新的选择。这一选择最初似乎要逆转新古典经济学以来的形式化倾向。科斯没有受过太多的正统经济学的熏陶，对他来讲，开辟一条新的道路不存在太高的机会成本。他的经济学着眼于现实，又奠基于经济学的基本精神。在科斯的世界里，经济学不再是象牙塔里的艺术品，而是真实世界的解释工具。他不构建数学模型，也不使用大型方程式。在来源于现实生活的案例中，他可以洞察出社会经济运行的规律性的东西。立足于真实世界的科斯经济学对现实具有了更强的解释力，同时也具有了更强的政策指导效力。20 世纪末各国的产权改革不同程度受到了科斯理论的影响，应对全球环境恶化的国际环境保护合作，也是科斯产权理论应用的一个范例。科斯一直热爱中国、向往中国，他的理论在中国的经济改革中也发挥了重要的作用。

不过，从经济学的整个历史发展来看，科斯的经济学可能仅仅是一条支流，仅仅是一个例外。作为主流的还是新古典经济学；而且，即使有了科斯的“真实世界经济学”的冲击，“黑板上的经济学”的形式化发展也没有停止下来。主流经济学仍然垄断着经济学教学和研究的主战场。事实上，新制度经济学发展到今天，也呈现出越来越明显的形式化的色彩。有感于与主流经济学的垄断及其对经济学发展的危害，晚年的科斯试图创办一个叫作“人和经济”的杂志，希望将他的“真实世界的经济学”发扬光大。但是，未及完成夙愿，科斯就走了。

科斯来了，带来了一个新的经济学世界；

科斯走了，那个新的世界是否随他而去?

加里·贝克尔："经济学帝国主义"及其他

对前人及其贡献表达敬意不仅是我们的义务，更是我们的需要。我们今天所做的工作是在前人成就的基础上展开的，前人的努力为我们今天的探索提供了至少是可选择的方向、路径、材料及信念支持；对前人表达敬意是我们认同前人工作的一种形式，我们也通过这种形式显示我们自己工作的意义——如果前人的贡献是有价值的，我们今天的努力也将是值得的。

学科的成长是一场接力赛。迄今为止，经济学的成绩还算不错，至少在社会科学领域，经济学被看成是最接近"科学"的学科。我们应该感谢前辈参赛选手，从斯密到萨伊到约翰·穆勒到杰文斯到马歇尔到凯恩斯到萨缪尔森再到弗里德曼和科斯、诺斯、布坎南、施蒂格勒以及杨小凯和张五常，是他们的努力奠定了经济学今天在社会科学中的领先优势。

那些卓越的经济学家，以自己卓越的贡献为经济学大厦的构建添加了材料，如"斯密定理"、"李嘉图等价定理"、"萨伊定律"、"马尔萨斯陷阱"等等；还有瓦尔拉斯的"一般均衡"、马歇尔的"连续原理"、凯恩斯的"流动偏好"、熊彼特的"创造性毁灭"、哈耶克的"知识分立"、萨缪尔森的"新古典综合"、弗里德曼的"单一规则"、科斯的"交易费用"等等。也许还应该加上加里·贝克尔的"经济学帝国主义"。不过，我对加里·贝克尔及其"经济学帝国主义"却不怎么认同，也缺乏像对斯密或者科斯或者哈耶克那样的敬意。

加里·贝克尔（Gary Becker，1930—2014）被认为是最有开拓精神、创新能力最强的当代经济学家，他因为将经济理论扩展运用于非商业的社会关系和人类行为的分析而获得1992年诺贝尔经济学奖。作为经济学家中的创新者和开拓者，贝克尔是新家庭经济学、歧视经济学、犯罪与惩罚经济学、人力资本理论及时间分配理论的重要奠基者，他的这一系列贡献，被叫作"经济学帝国主义"。

学科要发展，就不能故步自封，研究内容的深化和研究空间的扩展是实现发展的重要形式，在这个意义上，贝克尔的"经济学帝国主义"对拓展经济学研究空间的贡献不能忽视。但是，过分强调或者拔高"经济学帝国主义"的意义显然也是不适当的。经济学发展的实际情况也许不如"经济学帝国主义"所表现出来的那样成功，而经济学在非经济领域的应用也许也不如经济学自以为是的那样风光。"经济学帝国主义"实质上不过是理性选择原理及成本—收益分析在非经济领域的推广应用。在这里，有两个问题需要面对：首先，经济学家将自己的努力延伸至非经济领域，是否意味着利用现代经济学的方法，已经很好解释或者解决了经济领域的问题？或者，经济学领域的问题是否已经解释清楚，再没有深化和发展的空间？其次，将现代经济学工具运用于非经济领域的分析，是否能够提供更清楚、更有效的解释？

对第一个问题的回答是否定的。每一个时代都会有自己的经济问题需要回答，技术进步和经济组织的变迁会改变经济运行的环境，从而会不断产生新的问题，而且，老问题也会以新的面目出现。没有任何时代的经济学家可以一劳永逸地解决所有的经济问题。就今天的经济学发展而言，不仅经济学家们还没有在所有经济问题上达成共识，就是局部的共识也成问题。相反，由于经济现实趋于复杂，经济解释本身也呈现出越来越显著的多样性。也许，保持争鸣正是经济学发展的要求，多样性不能成为妨碍经济学对外扩张的制约因素。但是，现代经济学在解释和解决经济领域的问题方面，也还算不上成功。

对主流的新古典经济学的怀疑和批判在凡勃伦的时代就不绝于耳，但新古典经济学的解释力问题在最近几十年才真正暴露，对其尖锐而深刻的批判也在最近几十年才充分展现出来。一个学科面临怀疑和批判也不是其缺乏生命力的表现，也不意味着其应该并即将被抛弃；有时候，怀疑和批判恰好可以激发其斗志的焕发，可以促进其发展。但是，面对新制度经济学的怀疑和批判，新古典经济学确实没有为自己解释力的匮乏提供多少可信的解说。“黑板上的经济学”不仅仅是一种嘲弄，也是新古典经济学的真实写照。现代经济学中数学应用越来越普遍且越来越精深，政策建议越来越丰富且越来越复杂，但是，经济学对现实的解释力却越来越匮乏，经济学家辅助制定和实施的经济政策的效果也越来越令人怀疑。经济学自诩的“显学”是一种实实在在的虚假繁荣，在很多情况下，“经济学”和“经济学家”成为自大张狂和不切实际的典型。

那么，当代经济学家能够将经济学应用于非经济学领域，是否意味着他们比前一代经济学家如马歇尔、凯恩斯等有着更广泛的知识空间、更丰富的知识兴趣呢？不见得。在这样一个高度知识爆炸的时代，我们每个人所能获得的知识，只是人类知识海洋中的沧海一粟。社会发展和知识的专业化总是相互推动的，现在早已不是通才的时代。加里·贝克尔的研究进入了婚姻、犯罪等领域，但他对相关学科并没有比一般非专业人士更多的了解。实际上，当代经济学家不仅对他们所侵入的非经济领域缺乏了解，对经济领域的了解和认识也缺乏深度和广度，这是过分依赖技术的结果。

对前述第二个问题的回答依然是否定的。“经济学帝国主义者”借以进行对外扩张的并不是对相邻学科基础知识的理解和相应研究范式的把握，他们所依赖的只是经济学研究的一般原理和方法，如理性选择原理和成本—收益分析。也就是说，他们并不理解和把握相邻学科的研究范式，而是希望将经济学的研究范式强加于其他学科。科斯在其《经济学和相邻学科》一文中，表达了对经济学对外扩张的能力和效果的怀疑。“我很难相信，在其他学科工作的天分很高的学者不会获得或掌握这样高度数学化的工具。事实上，那些学科中的一些学者，比起大多数经济学家，或许更易于获得或掌握这类技术。”[①]

“经济学帝国主义”的一个依据是，作为理性的行为者，人们在经济行为

① 罗纳德·H·科斯：《论经济学和经济学家》，47页，上海，格致出版社、上海三联出版社、上海人民出版社，2010。

和其他社会行为中具有行为动机和方式的一致性，于是经济学的某些原则可以成为理解人们非经济行为的一般原则。但是，"在不同领域，人们所追求的目标不同。尤为重要的是，当人们作出选择时，所处的制度框架迥异。"① 将人们的非经济行为的动机简单化地理解为最大化可能失之偏颇，而抽象掉人们行为的制度背景则可能失去基本的解释力。在理解人们的非经济行为的特征和机制方面，经济学家不可能具有任何优势。"适合分析其他某一社会体系的理论是需要包含一些该体系的重要而特定的相互关系特征的。"② 而"甄别和理解人们所求目标和所处制度框架特征的能力所需要的相关专业知识，似乎不大可能为其他学科的研究者所掌握。"③ 科斯断言，经济学的对外扩张最终会铩羽而归。其实，问题倒不在于"经济学帝国主义"仅仅是一种虚假繁荣，而在于这种虚假繁荣可能掩盖着经济学研究的某些深刻问题，并且可能败坏经济学的科学精神。

看到加里·贝克尔的《一个经济学家的良知与社会责任》，让我联想到乔治·施蒂格勒的《一个自由主义经济学家的自白》。那本书让我对作为经济学家的施蒂格勒平添了很多敬意。"良知"和"责任"这样的措辞对读者是有吸引力的。贝克尔这样的新古典风格的主流经济学家讲"良知"和"责任"，至少是一件值得庆幸的事情。经济学越来越没有良知和社会责任了，更何况是主流的新古典经济学。但是，浏览完整本书，却没有让我看到我所期待和理解的那种"良知与社会责任"，我所看到的，仅仅是一个极端自由主义者的偏执和疯狂，比如人体器官交易、放开毒品管制、更加开放的金融市场等等。这些其实都没有什么让人惊异的。这些不过是新自由主义经济学一贯的把戏。所有新自由主义经济学家的政策主张，加起来也就这些。

至少从亚当·斯密的时代开始，经济学家就总有一些让人敬畏的精神和品质，那就是怀疑和批判。经济学总是与自由主义相联系，从而总是与政府及其政策保持适当的距离和张力。其实，最初的经济学就产生于对重商主义的国家政策的质疑和批判。施蒂格勒说，经济学因为经常质疑政府而被看成

①②③ 罗纳德·H·科斯：《论经济学和经济学家》，51页。

是坏的信使，但敢于说真话、敢于怀疑和批判恰好说明经济学家才是好的信使。怀疑和批判，大概是经济学家最让人敬畏的品质和精神，在一定意义上也是经济学立身之法宝。但是，从贝克尔关于“良知与社会责任”的这个文集中，我们很少看到那种独立意识和批判精神，更多看到的是对政府政策的附和与吹捧。这个文集中居然有多篇文章是给小布什捧臭脚的。

更让人惊诧的是，这个文集中居然有两篇文章为美国发动对伊拉克的战争公开辩护。《攻击萨达姆不会使油价大幅上升》一文讨论了美国对伊拉克发动战争的合法性问题。这是赤裸裸地为战争辩护。按照作者的逻辑，有人反对战争，只因为战争可能提高油价；如果战争不会抬高油价，战争就具有合法性了。而作者预期，战争不会显著大幅度地抬高油价——当然只是美国的油价，因为美国对中东石油的依赖性不是很高。《为什么对伊拉克的战争不是关于他的石油》仍然在讨论战争的合法性问题，仍然在为美国的对外扩张辩护。按照作者的解释，有人认为美国发动战争是为了伊拉克的石油，如果出于这样自私的理由，战争的合法性就应该受到怀疑；作者想要说明，美国发动战争的目的不在于获得石油，而是因为萨达姆·侯赛因的大规模杀伤性武器对世界和平的威胁；为了世界秩序，发动战争就具有合法性。

秉持怀疑和批判，独立和自由，这是经济学的精神和品格；起码，作为一个学者，应有自己的独立判断。在贝克尔这里，已经看不到一个学者的精神和品格，甚至看不到一个公民的“良知与社会责任”。我甚至觉得贝克尔的某些言论，对经济学来说是一种侮辱。为此，我要收回我对他仅有的一点点敬意。

图书在版编目（CIP）数据

与大师同行：经济思想史公开课 / 赵峰著．—北京：中国人民大学出版社，2016.5
ISBN 978-7-300-22745-0

Ⅰ.①与… Ⅱ.①赵… Ⅲ.①经济思想史-世界 Ⅳ.①F091

中国版本图书馆 CIP 数据核字（2016）第 074088 号

与大师同行——经济思想史公开课
赵 峰 著
Yu Dashi Tongxing

出版发行	中国人民大学出版社		
社　　址	北京中关村大街 31 号	**邮政编码**	100080
电　　话	010－62511242（总编室）		010－62511770（质管部）
	010－82501766（邮购部）		010－62514148（门市部）
	010－62515195（发行公司）		010－62515275（盗版举报）
网　　址	http://www.crup.com.cn		
经　　销	新华书店		
印　　刷	涿州市星河印刷有限公司		
开　　本	720 mm×1000 mm　1/16	**版　　次**	2016 年 5 月第 1 版
印　　张	15.5	**印　　次**	2024 年 6 月第 2 次印刷
字　　数	223 000	**定　　价**	78.00 元

版权所有　侵权必究　　印装差错　负责调换